典型国家和地区政府预算制度研究丛书

中国财政发展协同创新中心、中央财经大学政府预算管理研究所资助项目

丛书主编 \ 李 燕

加拿大政府预算制度

卢 真 \ 编著

中国财经出版传媒集团
中国财政经济出版社

图书在版编目（CIP）数据

加拿大政府预算制度／卢真编著．－－北京：中国财政经济出版社，2021.3
（典型国家和地区政府预算制度研究丛书）
ISBN 978－7－5095－9916－7

Ⅰ．①加… Ⅱ．①卢… Ⅲ．①国家预算－预算制度－研究－加拿大 Ⅳ．①F817.112

中国版本图书馆 CIP 数据核字（2020）第 128442 号

责任编辑：陆宗祥	责任印制：史大鹏
封面设计：卜建辰	责任校对：胡永立

中国财政经济出版社 出版

URL：http://www.cfeph.cn
E-mail：cfeph@cfeph.cn

（版权所有　翻印必究）

社址：北京市海淀区阜成路甲 28 号　邮政编码：100142
营销中心电话：010－88191522
天猫网店：中国财政经济出版社旗舰店
网址：https://zgczjjcbs.tmall.com
北京财经印刷厂印刷　各地新华书店经销
成品尺寸：185mm×260mm　16 开　17.75 印张　374 000 字
2021 年 3 月第 1 版　2021 年 4 月北京第 1 次印刷
定价：69.00 元
ISBN 978－7－5095－9916－7
（图书出现印装问题，本社负责调换，电话：010－88190548）
本社质量投诉电话：010－88190744
打击盗版举报热线：010－88191661　　QQ：2242791300

《典型国家和地区政府预算制度研究丛书》

编委会成员

顾　　问：	姜维壮　李保仁　汤贡亮　李俊生
主　　任：	马海涛
副 主 任：	李　燕
委　　员：	白彦锋　樊　勇　肖　鹏　何　杨　任　强
	宋立岩　李小荣　汪　昊　曾康华　乔志敏
	高　萍　蔡　昌　王文静
丛书主编：	李　燕

丛书总序

从世界范围来看，现代预算制度的产生发展历程与现代法治国家的建设如影随形，预算是控制和制约政府权力扩张的重要手段。从形式上看，政府预算是经过法定程序批准的、具有法律效力的政府年度财政收支计划，但从其实质而言，是社会公众对政府权力进行"非暴力的制度控制"的有效途径。同时，由于预算还决定着对有限的公共资源在不同利益主体之间如何分配的问题，因而，预算过程中也充满了各种利益集团为争夺有限预算资源的政治博弈。预算过程为各利益集团及公众提供了一个相对开放的平台和渠道，使他们可以通过法定的程序提出自己的预算诉求，了解预算配置的信息，监督预算资源的使用及政府承诺的兑现。因此，预算是实现政府自我约束和立法机构外部控制的重要制度安排与机制。

随着中国公共财政框架体系的逐步建立和完善，预算在保证政府对有限公共资源的配置及使用上的合规有效，强化人大对各部门、各单位使用财政资金的控制功能方面，正在发挥着越来越重要的作用。我国自 2000 年以来将财政改革及公共财政框架体系的建设聚焦于支出管理后，围绕预算制度的改革与创新就从未间断过：如部门综合预算改革旨在细化预算编制，实现部门预算的完整性；政府采购制度改革旨在将政府的支出管理纳入到"公开、公平、公正"的轨道，杜绝暗箱操作；国库集中收付制度改革旨在提升财政部门对预算资金收支流的控制功能，防止财政资金被截留挪用和提高其使用效率；预算外资金管理改革旨在将完整的政府收支纳入财政管理和社会监督视野；政府收支分类改革旨在使政府每一项支出通过功能和经济分类得到"多维定位"，以清晰的反映支出最终去向等等。特别是"十八大"以来党和国家的重要会议和重要文件中均密集涉及政府预算问题，从十八大报告中提出的"加强对政府全口径预算决算的审查和监督"到十八届三中全会决议提出的"实施全面规范、公开透明的预算制度"，再到 2015 年 1 月 1 日起正式实施的新修订的预算法以及 2020 年修订的预算法实施条例出台等，可以说，预算改革已经成为中国当前行政体制改革、财政体制改革的关键突破口，引起了决策层的高度关注。

从理论研究而言，近十年来中国的政府预算研究也呈现出"百花齐放"的繁荣景象。政府预算突破了传统财政学的研究范畴，政治学、社会学、法学、行政管理学等学科纷纷从各自的研究视角加大对政府预算的研究，跨学科的研究视角和国际化的研究视野也有力地推动了政府预算研究的广度和深度。

西方国家现代预算制度作为政府治理的重要手段，其建立与完善走过了几百年的历史，经历了新兴资产阶级力量与落后王权力量的斗争过程，经历了暴力式的革命路径和非暴力式的改良路径。一个国家预算制度的选择与该国的政治体制、政党政治、经济体制、经济发展阶段、历史文化等环境因素密切相关，各国预算制度的优化也始终与政府改革、政府效率的提高紧密联系在一起，但在发展与改革过程中越来越清晰的是预算已逐渐成为社会公众和立法机构控制约束政府权力扩张的有效工具，是给权力戴上"紧箍咒"的重要载体。

"他山之石，可以攻玉"，编纂《典型国家和地区政府预算制度研究》丛书的根本目的，在于全面、完整、系统的提供典型国家及地区预算管理的做法，归纳典型国家与地区在建立现代预算制度过程中的成功经验与教训，为预算理论及实际工作者了解他国及地区现代预算制度的建立历程、管理模式、关键改革等提供文献资料及经验借鉴，同时也可以为我国建立起现代预算制度及至预算国家提供参考依据。因此，本丛书定位于具有决策参考价值和研究文献价值的专辑，目的不在于说教，而在于为决策者和理论与实际工作者提供一种选择和借鉴的可能。我们也希望本丛书的出版与问世能引起各界和决策层对政府预算的广泛关注，为我国现代预算管理制度的建设与完善，为建设法治中国添砖加瓦。

《典型国家和地区政府预算制度研究》丛书已经出版了俄罗斯、美国、英国、澳大利亚、法国、德国、日本、印度八个国家的政府预算管理制度，本次出版的是第九本加拿大政府预算制度。2020 年《香港预算与税制》由香港中华书局出版。本套丛书内容根据各国和地区的特点，侧重梳理介绍其政府预算管理制度，主要包括组织体系、管理流程、管理制度、监督机制、法律法规以及预算改革的趋势等相关内容，重在诠释各国及地区预算管理的基本事实和最新改革动态，力图总结出可供我国借鉴之处。

本套丛书是依托中央财经大学中国财政发展协同创新中心和政府预算管理研究所的力量组织编著的。中央财经大学政府预算研究团队集合了国内外高校、研究机构、实务部门构成的专兼职研究人员，主要从事政府预算管理理论与政策的研究，研究范围涉及政府预算理论、财政信息公开与透明度、预算监督与预算法治化、国库制度研究、政府会计与政府财务报告、中期财政规划等。研究团队还紧跟国际预算理论发展与我国政府预算管理改革动态，借鉴国际经验，加强对政府预算理论、预算政策、预算制度和预算程序以及中外预算的比较研究。研究团队的特色定位于倡导问题导向型的研究模式，强调研究成果的决策实用价值；随着学科交叉与融合，提倡对政府预算进行跨学科研究；推动研究方法的创新，提倡对政府预算问题开展实证研究。研究团队在运作模式上，提倡"学研一体"的运作模式，以期将科学研究与人才培养工作结合起来。

丛书编写主要基于各国政府相关部门网站、政府预算报告、最新立法及政策方案、各种统计年报等所载大量一手资料和有关文献编纂而成，力图尽可能客观地反映各国的政府预算制度体系及改革近况。但是，由于受各种因素及语言局限在资料收集上存在一定的难度，该套丛书还存在一些缺憾与疏漏，希望广大读者理解，也欢迎批评指正，以利于我们不断总结，逐渐扩大丛书所涉国家及地区的范围，为广大读者提供更多更好地开展预算研究与指导实践的书籍。

丛书编委会

2021 年 2 月

前　言

　　作为发达的市场经济国家，加拿大在长期的市场经济实践中，形成了一整套较为完善的政府预算管理制度。虽然因实行联邦制、议会制及君主立宪制，加拿大政府预算管理在机构设置及程序等方面，与我国存在较大的差异，但其较为先进的预算管理理念、方法及技术，值得我国学习和借鉴。目前，我国政府预算管理正处于改革的攻坚阶段，在有关社会性别预算、中期滚动规划及债务预算管理等方面还处于探索阶段，基于权责发生制的政府资产负债表及政府财务报告制度的编制也刚刚起步，政府预算信息的公开、透明和绩效预算也正在逐步提高和完善等等。而加拿大较为完善的政府预算制度及其政府预算改革经验正是我国当前深化政府预算改革过程中可资学习借鉴的材料。

　　各国由于政治体制、立法程序及政府结构的差异，政府预算制度都表现出其独有的特点。本书将以预算周期管理的流程为主线，梳理介绍加拿大的政府预算制度。具体来说，本书包括十二章内容：第一章介绍加拿大的政治体制及经济发展状况；第二章分析联邦及省级政府财政收支情况，总结联邦、省级政府事权和财权的划分，及政府间的转移支付制度，以便读者对加拿大的财政状况有个初步了解；第三章梳理加拿大预算管理的相关机构及相应的职责分工。第四章从纵向角度，分别对加拿大联邦政府和省级政府预算管理相关法律进行梳理，建立加拿大政府预算管理法律体系的整体框架。第五章、第六章、第七章分别介绍加拿大政府预算的编制、审批、执行与决算工作。第八章从历史的角度详述加拿大政府会计基础及其演变过程，对其政府会计准则、会计基础及政府财务报告制度进行系统介绍。第九章系统回顾加拿大绩效预算改革历程及其针对部门和项目所实施的绩效评价。第十章对加拿大社会性别预算及中期预算实施情况进行梳理；第十一章介绍加拿大联邦政府及省级政府债务管理的情况。第十二章从预算内容、预算过程两个角度梳理加拿大政府预算公开情况，并介绍其预算透明的国际评价情况。

　　本书在写作过程中得到中央财经大学副校长马海涛教授的关心和支持，中央财经大学政府预算管理研究所所长及本丛书的主编李燕教授为本书的框架结构安排也提出了很多建设性的意见，并在书稿的完成及出版过程中做了很多工作，在此一并表示深深的感谢！

此外，感谢中央财经大学财政税务学院彭超博士对本书法律法规一章的写作贡献，以及刘千瑞、付妍雯、莫松奇、李星航等同学在本书写作过程中为搜集和翻译加拿大一手资料所付出的努力。

本书在写作过程中除参考国内介绍加拿大政府预算制度的相关论文外，还利用了大量的外文一手文献资料。这些资料来源于加拿大联邦政府、国会、财政部、国库委员会、国库委员会秘书处、审计署、部分省政府的官方网站，加拿大年度政府预算报告，加拿大法律法规及介绍加拿大政府预算制度的外文专著和期刊文献等。此外，作者所在的政府预算研究团队前期的研究成果，包括课题和研究报告等，也为本书的研究提供了良好的研究基础。

尽管如此，受研究能力和水平所限，本书一定还存有不尽如人意之处，恳请各位读者不吝赐教，提出宝贵的意见，以供我们进一步修改、完善与提高。

卢 真

2021 年 3 月 8 日

目　录

第一章　政治、经济概况 / 1
　　第一节　政治体制概况 / 2
　　第二节　经济概况 / 10

第二章　财政概况 / 17
　　第一节　联邦政府财政收支概况 / 18
　　第二节　省级政府财政收支概况 / 24
　　第三节　政府间财政关系 / 29
　　第四节　财政转移支付制度 / 32

第三章　加拿大预算管理机构设置及职能 / 39
　　第一节　立法机构 / 40
　　第二节　预算管理的主导机构 / 43
　　第三节　预算管理的其他机构 / 55

第四章　预算管理的法律体系 / 61
　　第一节　联邦政府预算管理相关法律及规定 / 62
　　第二节　省级政府预算管理相关法律及规定 / 73

第五章　政府预算编制管理 / 79
　　第一节　预算收支分类 / 80
　　第二节　预算编制依据 / 83
　　第三节　预算编制程序 / 86
　　第四节　预算编制方法 / 88
　　第五节　基于支出管理系统的编制管理 / 89

第六章 政府预算审批管理 / 94

第一节 预算审批机构 / 95
第二节 筹款程序的审批 / 102
第三节 拨款程序的审批 / 109

第七章 政府预算执行与决算管理 / 114

第一节 政府预算执行 / 115
第二节 国库集中支付制度 / 122
第三节 国库现金管理 / 127
第四节 政府采购管理 / 130
第五节 政府决算 / 134

第八章 加拿大政府会计与政府财务报告制度 / 139

第一节 政府会计基础及其演变 / 140
第二节 政府会计准则 / 143
第三节 政府财务报告制度 / 152
第四节 对我国政府会计与财务报告制度的启示 / 158

第九章 绩效预算改革 / 161

第一节 绩效预算的改革历程 / 162
第二节 绩效管理的政策与法律依据 / 164
第三节 部门和机构绩效评价 / 168
第四节 项目绩效评价 / 185
第五节 对我国预算绩效管理的启示 / 191

第十章 社会性别预算和中期预算改革 / 193

第一节 社会性别预算 / 194
第二节 中期预算改革 / 204
第三节 对我国相关预算改革的启示 / 214

第十一章 政府债务管理 / 218

第一节 政府债务概况 / 219
第二节 联邦政府债务管理 / 225
第三节 省级政府债务管理 / 236
第四节 对我国政府债务管理的启示 / 240

第十二章　政府预算信息公开 / 243

　　第一节　预算信息公开概述 / 244
　　第二节　预算内容的公开 / 249
　　第三节　预算过程的公开 / 254
　　第四节　预算公开的国际评价 / 258
　　第五节　对我国预算信息公开的启示 / 264

参考文献 / 266

第一章

政治、经济概况

■ 本章导读

　　加拿大政府的财政管理制度一定程度上受到国内政治和经济因素的影响。政治上，加拿大是君主立宪制下的议会民主制国家，实行联邦制；经济上，加拿大实行自由竞争的市场经济体制。本章在介绍加拿大君主议会制等政治体制的基础上，梳理加拿大经济发展历史及现状，以使读者对加拿大的政治、经济环境有个初步了解。

加拿大（Canada），位于北美洲最北端，东迄大西洋，北至北冰洋，东北部和丹麦领地格陵兰岛相望，东部和法属圣皮埃尔和密克隆群岛相望，南方与美国接壤，西北方与美国阿拉斯加州为邻，土地面积998.467万平方公里，是世界面积第二大的国家。加拿大是一个双语制国家，英语和法语同为官方语言，2018年人口约为3706万人①。加拿大首都是渥太华，全国分阿尔伯塔省（Alberta）、不列颠哥伦比亚省（British Columbia）、马尼托巴省（Manitoba）、纽芬兰与拉布拉多省（Newfoundland and Labrador）、新不伦瑞克省（New Brunswick）、新斯科舍省（Nova Scotia）、安大略省（Ontario）、爱德华王子岛省（Prince Edward Island）、魁北克省（Quebec）、萨斯喀彻温省（Saskatchewan）10个省与努纳武特地区（Nunavut）、西北地区（Northwest Territories）与育空地区（Yukon）3个地区。

加拿大是一个高度发达的资本主义国家。得益于丰富的自然资源和高度发达的科技，加拿大是世界上拥有最高生活品质、最富裕社会、最发达经济的国家之一，是世界上最大、最重要的钻石生产国之一。加拿大在教育、政府透明度、社会自由度、生活品质及经济自由等方面的国际排名都名列前茅。同时，加拿大积极参与国际事务，是八国集团、二十国集团、北约、联合国、法语国家组织、世界贸易组织等国际组织的成员。

第一节 政治体制概况

加拿大实行三权分立的政治制度。加拿大至今没有一部完整的宪法，主要由在各个不同历史时期通过的宪法法案共同构成，其中包括1867年在英国议会通过的《英属北美法案》（British North America Act），1867~1975年期间通过的系列宪法修正案，以及1982年加拿大议会通过的《1982年宪法法案》。根据宪法，加拿大实行联邦议会制，国家元首为英国女王，由总督代表英女王执掌国家行政权，总督由总理提名，女王任命。联邦议会是国家最高权力和立法机构，由参议院和众议院组成，参、众两院通过的法案由总督签署后成为法律。总督有权召集和解散议会。政府为内阁制，是执行机构，由众议院中占多数席位的政党组阁，其领袖为总理，领导内阁（参见图1-1）。

一、联邦制

1867年7月1日，《英属北美法案》正式生效。安大略省、魁北克省、新斯科舍省和新不伦瑞克省共同组成统一的加拿大自治领，以约翰·麦克唐纳为总理的第

---

① 数据来源：世界银行数据库，https://data.worldbank.org.cn/country/canada。

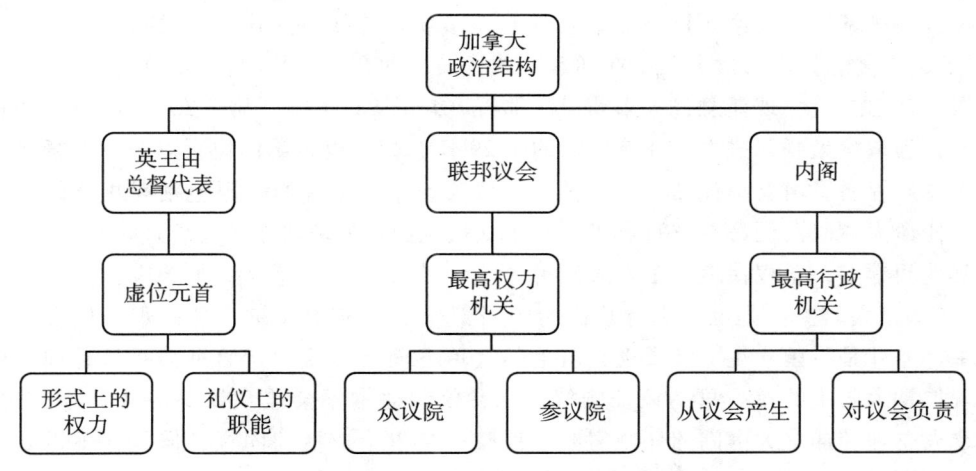

图 1-1 加拿大政治结构图

一届自治领联邦政府同时宣布成立，这标志着加拿大联邦制的正式确立①。

《英属北美法案》（以下或简称《法案》）按照分权原则划分了加拿大中央与地方各自的权限。《法案》第 91 条列举 29 项属于自治领议会的权力，其中包括公共债务和财产、贸易和商业规章、税制、邮政、军队、国防、货币和铸币、度量衡、版权、印第安人及其保留地、婚姻、刑法、外侨及其归化等。《法案》第 92 条列举了专属各省的权力，其中包括省内直接税、借贷、地方公共设施、省内市政机构、非再生性自然资源、森林资源、电力、财产和民权以及纯属各省地方或私人性质的所有事物。该《法案》还规定了自治领和各省共管的权力，这主要包括移民和农业。

除了上述列举权力外，《法案》第 91 条授权自治领议会"为加拿大的和平、秩序和健全的政府，就一切不属于本法指定专由各省议会管辖的各类事项进行立法"。也就是说，《法案》将那些没有明确授予各省的剩余权力留给联邦。这与美国联邦制的分权原则形成了鲜明的对比。根据美国宪法第 10 条修正案的规定，"举凡宪法未授予合众国政府行使，而又不禁止各州行使的各种权力，均保留给各州政府或人民行使之"。这表明美国宪法的目的在于限制联邦的权力，而《英属北美法案》则旨在加强联邦的权力。

二、君主立宪制

加拿大在君主立宪制的背景下拥有议会制度，加拿大的君主制是行政、立法和

---

① 加拿大原为印第安人与因纽特人居住地，16 世纪沦为法、英殖民地，后又被法国割让给英国，1931 年成为英联邦成员国。1867 年英国议会通过的《英属北美法案》同意加拿大获得自治领地位，1982 年英国女王签署的《加拿大宪法草案》取代《英属北美法案》，成为加拿大新宪法。从此，加拿大在立法上脱离英国而宣告独立，成为一个具有完全主权的国家。

司法部门的基础。国家元首是加拿大君主（加拿大与英国及其他英联邦王国戴一君），加拿大总督为加拿大君主在加拿大的代表，拥有象征性的权力。现任国家元首为伊丽莎白二世，现任总督为朱莉·帕耶特（Julie Payette），她于2017年10月2日任职，为加拿大联邦成立150年以来的第29任总督，也是第四位女总督。总督经加拿大总理提名，由女王任命产生，任期一般为5年。总督的权限包括召集和解散议会、任命大使以及任命军方官员等。对于众议院通过的新法案，总督代表皇家批准，在其他问题上，全权代表女王发表意见。

"加拿大君主"是国会和行政机构的一部分。在加拿大，总督一职是代表皇室君主，亦即是英国君主。实质上，君主不会单方面行使权力，而是会听从总理的建议。加拿大君主的权力只是象征的仪式，参议院通常不会让众议院的法案不通过。加拿大总理和加拿大内阁的任职需要众议院一半以上成员的同意，但是并不需要参议院的同意。

三、议会制

（一）议会发展史

17世纪起，法、英殖民主义者先后入侵加拿大，建立殖民地。1756~1763年，英、法在加拿大爆发"七年战争"，法国战败，并将殖民地割让给英国。1791年，殖民地被分为上加拿大省（Upper Canada，现安大略省）和下加拿大省（Lower Canada，现魁北克省），上、下加拿大省分别设立一个经选举产生的立法大会（Legislative Assembly）和一个通过任命组成的立法委员会（Legislative Council）。1841年英国议会将上、下加拿大省合并成立加拿大省（Province of Canada），并设立一个经选举产生的由84名议员组成的立法大会和一个通过任命组成的立法委员会。1857年，该机构迁至渥太华，之前因多种原因分别辗转于金斯顿、蒙特利尔、多伦多和魁北克市。

加拿大联邦在1867年建立时，承袭了英国君主立宪制下的内阁制（Responsible Government），或称议会制。是年，英国议会通过《英属北美法案》，将加拿大省、新不伦瑞克和诺瓦斯科舍合并为一个联邦，成为英国最早的一个自治领，称加拿大自治领，后其他省陆续加入联邦。1926年英国承认加拿大在国际谈判和事务中的主权，加拿大获得外交上的独立。1931年加拿大成为英联邦成员后，其议会也获得了同英国议会平等的立法权。1982年3月，英国上、下院通过《加拿大宪法法案》后，加拿大议会从此获得立法和修宪的全部权力。

（二）议会构成及职责

联邦议会为最高立法机构，由女王（由总督代表）、参议院和众议院组成。总督没有行政实权，主要职责是召集和解散议会，签署议会通过的法案。在大选中获得众议院多数席位的政党组成政府，该党领袖担任总理，总理和内阁成员必须是议员。另外，内阁成员中至少有一名参议员，其职务是政府驻参议院领袖。内阁集体向议会负责。

从各国实践来看，设立两院制的理由主要有四个方面①：（1）阶级制衡的需要，以较为保守的阶级制约较为激进的阶级，以维持社会力量的平衡和政治的稳定，这在英国的历史上有典型的表现。（2）立法完善的需要，人性的弱点和利益上的关联使得一院通过的法律可能存在缺陷，两院制为纠正缺陷提供了机会。（3）联邦政治的需要，在联邦制国家，尤其是美国，正统理论认为立法机构除了有代表公民个人的议院外，还要有代表联邦成员的议院，否则，联邦制精神就无法体现。（4）利益结构的需要，有的国家设立上院专门用来反映社会利益群体的构成。但加拿大的两院制似乎不完全合乎上述的任意一种模式。

1. 参议院。参议院，即国会上议院，共 105 席，名额按各省人口比例和历史惯例分配。② 参议员不经民选，由总理提名，总督以英国女王的名义委任。一般来讲，总理提名的均是代表其政党和全国有影响的知名人士，如前内阁部长、省长、市长和具有经验的律师等。在西方国家，加拿大是唯一任命参议员的国家。它既不反映阶级制衡，也不反映利益构成，被任命的议员既不直接是联邦成员的代表，也很难在立法上发挥多大作用。因此参议员很难对其所代表的省负责，因为该省与其本人无太多利益关系。参议员的资格是年满 30 岁，在他（她）代表的省份拥有 4 000 美元或以上的财产。③ 1965 年 6 月 2 日前任命的为终身制，此后任命的到 75 岁退休。截至 2019 年 11 月，参议院议席情况为：独立参议员小组 51 席，保守党 24 席，加拿大参议员小组 13 席，无党派人士 12 席，空缺 5 席。现任参议长为乔治·富里（George Furey），2015 年 12 月就任。④

参议院的主要作用是制衡立法，使立法更加慎重、完备。其主要职责是审议并通过众议院提出的立法法案。凡众议院通过的法案，均须经参议院通过，然后才能提交总督签署。参议院对众议院提出的法案有权驳回和修改，但修改后的法案必须经众议院通过。参议院也可提出议案或法案，但不能提出任何涉及财政预算问题、税收和修改宪法问题的议案。财政法案必须由众议院提出。过去 40 多年的实践中，参议院从未驳回众议院呈交的法案，或拒绝众议院对法案的修改。

2. 众议院。众议院，即国会下议院，是加拿大国会权力的核心。众议院现共有 338 个席位，与全国选区数相等，各省按约 10 万人口划分为一个选区，每 10 年按人口普查情况调整一次。众议员由按各省人口比例划分的联邦选区直接选举产生。

---

① 余可平：《当代各国政治体制——加拿大》，兰州大学出版社 1998 年版。
② 各省（地区）席位分配情况为：安大略 24 席，魁北克 24 席，诺瓦斯科舍 10 席，新不伦瑞克 10 席，曼尼托巴 6 席，不列颠哥伦比亚 6 席，爱德华王子岛 4 席，萨斯喀彻温 6 席，阿尔伯塔 6 席，纽芬兰 6 席，育空 1 席，西北地区 1 席，努纳沃特地区 1 席。
③ 1867 年的《英属北美法案》规定参议员必须拥有至少 4 000 美元的财产，此举意在保持参议院的上流社会构成，有阶级制衡的含义。因为当时 4 000 美元是一笔可观的收入。但社会的发展让阶级制衡的含义自然终止。不过"4 000 美元限额"本身仍可被视为不民主的一个痕迹。
④ 外交部：《加拿大国家概况》，https://www.fmprc.gov.cn/，2019 年 11 月。

根据加拿大《选举法》，年满18周岁的公民均有权竞选众议员。但参议员、法官以及省、市议员等不能参选。众议员的选举效仿英国确立的"简单多数"选举制度，赢得某选区最多选票的候选人，即当选。候选人应获得至少100位选民的提名，所有候选人在选区内进行筛选，最终获胜的代表各政党参加选举。每位候选人须交1 000加元的押金，如果该候选人获得本选区10%以上的有效选票，可退回押金的60%。候选人获得的每笔竞选捐款的数额不得超过1 100加元。众议院每届任期5年，但传统做法是满4年或不满4年就进行全国大选。众议员可连选连任，无任期限制。截至2019年11月，众议院议席情况为：自由党157席，保守党121席，魁北克集团32席，新民主党24席，绿党3席，独立人士1席。[①]

新的众议院组成后，首先由全体议员选举产生议长。众议长过去一直由多数党任命。1985年开始，众议长在新一届议会组成后通过匿名投票选出。2019年10月21日，加拿大举行第43届联邦大选，自由党领袖贾斯廷·特鲁多胜选连任，但未能获得众议院过半议席，组成少数党政府。众议长必须在议会持中立态度，其主要职责是主持会议，决定议会程序和管理日常事务等，代表众议院出席礼仪、外交活动，不参加辩论，也不参加投票。众议院还设副众议长1名（兼全院委员会主席）、全院委员会副主席1名、助理全院委员会副主席1名，分别由众议长提名并征得众议院全体会议同意，一般由反对党议员担任，其职责是在众议长缺席时行使议长权力。

众议院的主要职能是监督政府工作，制定各种法案。众议院内设有各种委员会和小组委员会，分别负责监督政府各部门的工作和审议各方面的立法。联邦政府各部门，包括总理在内，对众议院负责并定期报告工作。众议院及其所属各委员会有权向政府各部门提出质疑，并要求做出解释。任何涉及国家财政预算问题的法案，只有众议院有权提出。众议院可以通过预算拨款等途径影响政府政策，对政府提出不信任案，必要时还可采取否决预算法案或迫使政府下台。一旦解散政府，正式反对党可受命联合组阁或举行全国大选。从这个意义上来讲，众议院的权力要比参议院大得多。

加拿大联邦与省一级的选举基本上采取政党制度，即某一候选人代表某一政党参加选举，故众议院内明显地分成两大集团。议席占多数的多数党为执政党，该党领袖成为总理并组织政府。议席占少数的为少数党。少数党中占有席位最多的称为反对党，反对党的主要作用是监督执政党的政府。在联邦大选中，如果没有政党获得众议院全部席位的半数，获席位最多的政党组成少数政府（Minority Government）。少数政府基础脆弱，缺乏稳定性，提出的议案随时有可能被其他政党联合所否决，也有可能因不信任案下台。如政府不能获得众议院中多数议员的支持，总理必须辞职，总督可宣布大选或要求反对党重新组阁。非执政党在议会中都是反对党，各反对党的地位根据它们在议会所占席位多少分为正式反对党（Official Opposition）和反对党。席位仅次于执政党的政党称为正式反对党。正式反对党组成影子内阁，其

---

① 外交部：《加拿大国家概况》，https：//www.fmprc.gov.cn/，2019年11月。

成员分工几乎对应政府的所有部门。

四、政党制度与政党

（一）政党制度

加拿大是资本主义国家，它的政治制度与其他资本主义国家大体相同。但是，它的政党制度却与其他资本主义国家有所区别，具体体现在如下五个方面：

第一，加拿大政党兼有英国政党制度和美国政党制度的特点。加拿大政党制度和加拿大的其他机构一样，是按英国模式建立起来的。像英国一样，加拿大实行两党制，但是，加拿大政党的组织并不像英国政党那样强大，它们类似于美国政党体系，组织松散，而且没有任何永久性的中央组织机构，在选举时，通过组织去赢得尽可能多的席位，达到政治分肥。

第二，大党占统治地位，两党制是主体。从19世纪末政党制度的确立至今，在加拿大全国性的政治生活中，两党制始终是主体，即保守党和自由党占据统治地位，虽然这种格局在20世纪二三十年代有所波动，许多小党还曾长期控制某些省的政府，但在联邦一级，两大政党轮流执政的局面一直未改变。1993年，改革联盟党和魁北克集团的突起使得加拿大的政党制由两党制向多党制过渡。但是，在2004年联邦众议院选举中，自由党获得135个席位，经过改革后的保守党（2003年由改革联盟党和进步保守党合并而成）则获得99个席位，而魁北克集团获得54席，新民主党获得19席，由此可见，自由党和保守党仍然是加拿大政治生活中占据统治地位的两大党。

第三，政党长期执政。在1982年之前，加拿大总理的任职资格权限从未写入成文宪法。1982年的《加拿大宪法法案》赋予联邦总理有权召集宪章会议，但对总理任选的任职条件，如何推选和改选及总理的其他权限却只字未提。联邦"内阁"没有任期限制，随总理共进退。加拿大总理任期的不固定对政党都有巨大的诱惑力。他们一旦执政，就会竭尽全力坐稳总理宝座。在联邦一级，自由党连续执政最长达21年8个月，保守党最长达17年9个月。加拿大选民对他们省政党的支持则更持久。保守党在阿尔伯塔省执政长达42年（1943～1985年）。社会信用党在阿尔伯塔省执政36年（1905～1941年），在不列颠哥伦比亚省执政近40年（1952～20世纪90年代早期，1972～1975年由新民主党执政）。乔伊·斯摩伍德的自由党从1949～1971年一直控制着纽芬兰。加拿大政党较长的执政期与其他西方国家形成了鲜明的对照。在特鲁多任加拿大总理期间（1968～1984年），美国更换了5任总统（约翰逊、尼克松、福特、卡特、里根）。

第四，选票与席位不成正比。加拿大实行单选区制，即每一选区选一名议员，候选人只需要获得所属选区人多的选票就可以获胜，而不是获总选票的大多数。从全国范围来看，得到少数选票的政党，反而可能得到多数议席。加拿大的这种选举制度不以保证一个政党的席位与该党所得选票成正比。从1921年以来，获胜党仅有三次取得选民票的大多数，在1957年、1962年、1972年、1979年组建少数党政府的政党在全国获得的选民票数均低于40%。另外，如果党派的选民票比较分散，则会降低它在议会中所占席位的比例。1979年，自由党获得39.8%的选民票。保守党只有35.6%，而保守党在众议院获得136席，自由党只有114席。

选票与席位不成正比使得选举不能够真实地反映选区和选民的意愿，公民、政府间的双向交流遭到破坏，从而导致各种冲突的出现。加拿大学者阿兰·柯尼斯指出："政党制度加剧了地方分裂，使得国家更加不统一。"在特鲁多执政期间，代表西部利益的自由党在西部加拿大的地方选举中共获得30.7%的选民票，却只换来了14.5%的席位。这样，自由党议员不足以在联邦政府有效代表地方利益，使西部加拿大人感到孤立。

第五，政党制度在联邦和省级政府的运作方式不同。在加拿大，政党制度在联邦政府和省级政府的运作具有较大的差异。1941～1985年，保守党控制着安大略省政府，而自由党则控制联邦政府。1993年，保守党和新民主党在联邦一级的选举中受挫，但新民主党却仍控制着安大略省政府。在魁北克，控制着联邦政府的政党很难控制该省政府，反之亦然。民族联盟在1936～1970年期间控制省政府，却没有一位联邦总理候选人。1976～1985年执政的魁北克集团也没有一位联邦总理候选人。

从现实情况来看，加拿大政党制度独特的运作模式往往不能真实地代表民意，也不能反映各地区的利益，从而不利于加拿大的统一与领土完整。不过，政党制度是加拿大政治制度中最富有活力的组成部分，在法律范围内活动。各政党在调节社会政治关系、缓和阶级矛盾、促进经济发展和避免大的省会动荡等方面起着积极作用。

（二）政党

目前，加拿大的政党主要包括自由党（Liberal Party）、保守党（Conservative Party）、新民主党（New Democratic Party）及魁北克集团（Bloc Quebecois）。

1. 自由党。自由党于1873年成立，代表工业垄断资本集团利益并兼顾中、小企业利益，前身是1791～1840年各省实行代议制时期上、下加拿大省的改革党。1854年，加拿大省东西部各派政治力量重新组合，以西加拿大的砂砾派和东加拿大的红党为核心发展成自由党。加拿大自治领成立后，1873年组成第一届自由党政府，亚历山大·麦肯齐（Alexander Mackenzie）任总理。但这时自由党仍未能形成全国统一的政治力量。1887年W. 洛里埃出任领导人后，经过整顿，才成为具有全国规模的、强有力的政党。1919年洛里埃去世，威廉·莱昂·麦肯齐·金（William Lyon Mackenzie King）任自由党领袖达30年，三次出任加拿大总理。1935～1957年，自由党执政达22年。2015年10月自由党以较大优势击败保守党赢得大选，现任自由党领袖贾斯汀·特鲁多（Justin Trudeau）出任第23任总理。

2. 保守党。加拿大保守党是一个加拿大右翼政党，由加拿大联盟及进步保守党于2003年12月合并而成，代表银行保险业、铁路运输业、能源工业垄断资本和大农场主利益。作为一个中间偏右的政党，加拿大保守党倾向低税、小政府、向罪恶采取强硬的态度、军事化、反对堕胎、同性婚姻及卖淫的合法化。同时，身为一个加拿大联盟的后继者，保守党还支持改革参议院，改变成为"选举、均等、有效"的参议院代替加强加拿大总理的权力。直到2005年11月29日国会被解散前，保守党是加拿大国会的最大反对党。在2006年1月23日举行的"2006年加拿大国会选举"中，保守党取得最多席位，然而未能够达到半数（155个），只能够形成一个少数政府。2015年10月，保守党在联邦大选中落败。现任保守党领袖为安德鲁·希尔（Andrew Scheer），2017年5月当选。

3. 新民主党。新民主党是加拿大的一个社会民主主义的政治党派，1961年由"平民合作联盟"与"加拿大劳工大会"联合而成，代表中下劳动阶层利益，主张政府提供更多公共产品以弥补市场缺陷，并参加联邦和省级选举。在加拿大众议院，它以左翼政党的姿态参政。它是国际民主社会主义运动的产物，又与国内环境不可分割。加拿大所独有的联邦结构、政党制度让民主社会主义在北美地区找到了发展的土壤，在西部地方主义的推动下民主社会主义在加拿大西部草原扎根；在国内各种力量的共同作用下，新民主党应运而生。可以说，正是在民主社会主义思想的指引下，加拿大社会民主运动才得以展开，平民合作联盟才从一个弱小的政治组织发展成为一个代表社会中下层人民利益的地方党，并成为活跃在加拿大政坛上的政治力量。现任新民主党领导人为贾格米特·辛格（Jagmeet Singh），2017年10月当选。

4. 魁北克集团。魁北克集团是加拿大第二大反对党，于1990年成立。该集团代表魁北克人的利益，主张魁北克独立。它是一个地区性的政党，其宗旨就是要使魁北克从加拿大独立出去，在加拿大魁北克省以外没有任何群众基础，但由于魁北克人口众多，所以该党在联邦议会众议院中占有一定分量的席位。现任魁北克集团领袖为伊夫—佛朗索瓦·布朗谢（Yves-François Blanchet），2019年1月当选。

此外，加拿大还有绿党、社会信用党、加拿大党和加拿大共产党等。

五、政府制度

加拿大实行三级政府制度，即联邦政府、省/地区政府和市政府，并在政府制度上实行内阁制，即由众议院中占多数席位的政党领袖出任总理并组阁。本届自由党政府于2019年11月就职。联邦政府的首要责任就是保证并支持国家经济的运营。此外还负责国防、各省之间和各国之间的商业贸易、移民、银行和货币系统、刑法和渔业等方面的事务。联邦政府还对一些产业，如航空、船运、铁路、通讯和原子能实施监督。

省/地区政府的组织结构类似联邦政府的结构，并负责各自地区在教育、财产与公民权利、司法审判、医院系统、自然资源、社会保障、保健和市政机构等方面的事务。近年来，联邦政府已开始将一些方案和服务方面的更大责任转交给各省/地区，比如劳务培训以及矿业和森林开发。

市政府在其他方面，如教育、土地开发、地区商业法规以及民事及文化活动等方面起着重要的作用。市政府的结构在全国各地各有不同。

六、司法制度

加拿大设联邦、省和地方（一般指市）三级法院。联邦法院一般受理财政、海事和有关经济方面的案件。最高法院由1名大法官和8名陪审法官组成，主要仲裁联邦和各省上诉的重大政治、法律、有关宪法问题以及重大民事和刑事案件。最高法院的裁决为终审裁决。最高法院法官均由总理提名，总督任命，75岁退休。首席大法官理查德·瓦格纳（Richard Wagner）于2017年12月就任。司法部长兼总检察长戴维·拉梅蒂（David Lametti）于2019年1月就任。各省设有省高等法院和省法院，主要审理刑事案件及其他与该省有关的重要案件，但也有一些省级法院审理民事案件。地方法院一般审理民事案件。

第二节 经济概况

一、资源经济

加拿大是传统的资源大国。从自然资源情况看，地域辽阔，森林和矿产资源丰富。矿产有60余种，主要有钾、铀、钨、镉、镍、铅等。原油储量仅次于委内瑞拉和沙特，居世界第三，其中97%以油砂形式存在。已探明的油砂原油储量为1 732亿桶，占全球探明油砂储量的81%。森林面积4亿多公顷（居世界第三，仅次于俄罗斯和巴西），产材林面积286万平方公里，分别占全国领土面积的44%和29%；木材总蓄积量约为190亿立方米。境内约89万平方公里为淡水覆盖，可持续性淡水资源占世界的7%[①]。

加拿大是全球第十大经济体，是西方七大工业国之一[②]，是世界上最富有的国家之一，是经济合作与发展组织（OECD）和八国集团（G8）的成员，也是世界十大贸易国之一，经济高度全球化。2019年，加拿大国内生产总值（GDP）为17 400.0亿美元，占世界经济总量的1.44%，2018年，加拿大人均国内生产总值为51 357.8美元。2009~2019年，加拿大的平均国内生产总值为16 742.8亿美元，其中，最高的为2013年的18 420.2亿美元，最低为2009年的13 711.5亿美元。除受2008年经济危机的影响，2009年经济增长率出现负数外，其他年份经济均保持了较好的经济增长率（参考图1-2）。加拿大经济整体基础扎实，金融机构监管严格，

---

① 数据来源：加拿大统计局网站，https://www.statcan.gc.ca/eng/start/。
② 西方七大工业国指的是：美国、英国、德国、法国、日本、意大利和加拿大。

2008年受到经济危机冲击较其他OECD国家更轻,在八国集团(G8)中率先走出经济危机的影响。

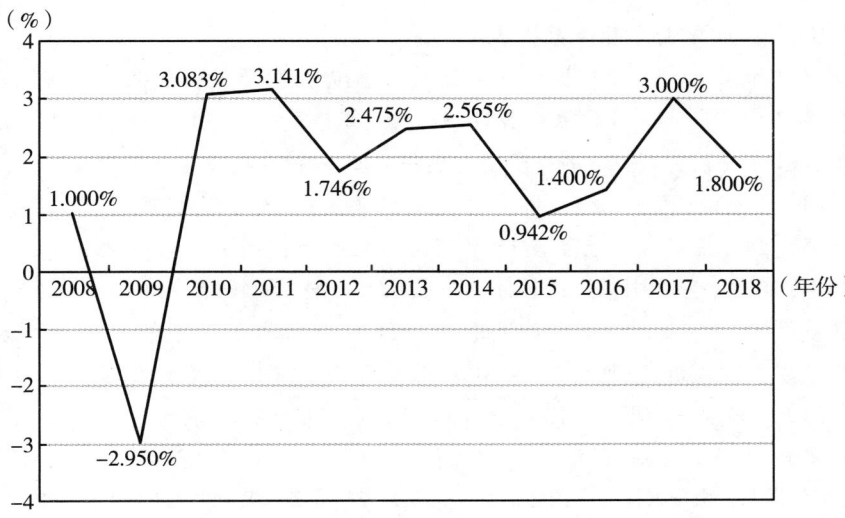

图1-2 2006~2018年加拿大GDP增长率

资料来源:世界银行,https://tradingeconomics.com/canada/gdp。

在2019年的《财富》500强名单中,加拿大企业有12家上榜。分别是排名180名的布鲁克菲尔德资产管理公司(Brookfield Asset Management),其后依次是Couche-Tard公司(Alimentation Couche-Tard,210位)、加拿大皇家银行(Royal Bank of Canada,256位)、多伦多道明银行(Toronto-Dominion,295位)、麦格纳国际(Magna International,299位)、乔治威斯顿公司(George Westion,325位)、加拿大鲍尔集团(Power Crop of Canada,331位)、安桥能源公司(Enbridge,346位)、加拿大丰业银行(Bank of Nova Scotia,398位)、森科能源公司(Suncor Energy,417位)、宏利金融(Manulife Financial,418位)、Onex公司(491位)和蒙特利尔银行(Bank of Montreal,497位)。

从区域经济发展看,开发较早的东部地区(纽芬兰、诺巴斯科堤亚等省份),由于传统支柱产业——渔业的衰落而成为落后地区;西部地区(阿尔伯特省)传统的林、矿等资源型产业发展平稳,并且在经济的多元化方面取得了成功,因此经济发展态势相对较好;以多伦多和蒙特利尔为中心的中部地区,由于以汽车及零部件制造为主的制造业的崛起而成为加拿大的经济中心和最发达的地区。

二、产业结构[①]

加拿大的制造业、高科技产业、服务业发达,资源工业、初级制造业和农业是

---

① 本部分内容所引用的数据,除特别说明外均来源于:中华人民共和国驻加拿大大使馆经济商务参赞处:《加拿大产业体系及政策初步分析》,http://www.mofcom.gov.cn/,2018年1月10日。

国民经济的主要支柱。近年来,加拿大经济增长较为强劲,增速在发达工业国中名列前茅。加拿大以贸易立国,对外贸依赖较大,经济上受美国影响较深。

专栏1-1:加拿大产业体系构成

依照加拿大、美国和墨西哥三国统计机构共同开发并使用的产业分类标准,即北美产业分类体系(NAICS),加拿大政府将国内产业分为广义制造业和服务业两大类共20个产业。其中,广义制造业涵盖5个产业,依次为:(1)农业、林业、渔业和狩猎;(2)矿业;(3)公用事业;(4)建筑业;(5)制造业。服务业涵盖15个产业,依次为:(1)批发贸易;(2)零售贸易;(3)运输与仓储;(4)信息;(5)金融和保险;(6)不动产和租赁业;(7)专业、科学与技术服务;(8)公司和企业管理;(9)行政、支持、废物管理和救助服务;(10)教育服务;(11)卫生保健和社会救助;(12)艺术与娱乐;(13)膳宿和餐饮服务;(14)其他服务业(除政府管理);(15)政府管理。

资料来源:中华人民共和国驻加拿大大使馆经济商务参赞处:《加拿大产业体系及政策初步分析》,http://www.mofcom.gov.cn/,2018年1月10日。

(一)第一产业

加拿大是传统农业和资源大国,林业、渔业也十分发达,第一产业占GDP比重保持在10%左右,其中农业占比约1%,油气开采占比约6%。近年来,受国际大宗商品价格波动影响,加拿大第一产业增速也随之大幅变化,但总体保持增长势头。2000~2015年,农业、林业、渔业和狩猎年增速为1.8%,略低于全产业年均增速,其中种植业平均增速达到2.7%;同期,矿业年均增速为1.4%,其中油气开采年均增速为1.7%。

2018年,加拿大农、林、渔业总产值为406亿加元,占GDP比重为2%;2017年1月就业人口28.5万人,占全国劳动人口的1.6%。加拿大渔业发达,75%的渔产品出口,是世界上最大的渔产品出口国。加拿大农业机械化程度较高,可耕地面积占国土总面积的16%,其中已耕地面积6 800万公顷,占国土面积的7.4%。主要农产品有小麦、大麦、油菜籽、亚麻籽、燕麦等,主要畜产品包括牛肉、猪肉、牛奶和乳制品等。加拿大50%以上农产品用于出口,系全球第5大农产品出口国和第2大小麦出口国。

2015年,加拿大油气行业产值1 009亿加元,占GDP比重为6.1%。加油气资源十分丰富:已探明石油储量1 730亿桶,主要以油砂形式存储(95%以上油砂储量位于阿尔伯塔省),仅次于委内瑞拉和沙特居世界第3位,年产量1.93亿吨,日均产量370万桶,居世界第5位;已探明天然气储量达2万亿立方米,年产量约1 620立方米,居世界第5位。

加拿大是全球第5大矿业生产国,2015年矿业产值(不含油气开采)342亿加元,占GDP比重为2.1%。其中,钾矿储量和产量均居全球首位,探明储量达44亿吨，占全球探明储量的46%，主要分布在萨斯喀彻温省，2015年产量达1 135万吨；铀矿储量57.2万吨，居全球第3位，主要分布在萨斯喀彻温省，2015年产量1.5万吨；镍矿储量330万吨，居世界第4位，2015年产量22.5万吨。铁矿储量86亿吨，主要分布在纽芬兰和拉布拉多省、魁北克省，2015年产量4 595万吨。

（二）第二产业

加拿大制造业门类齐全，在经济体系中占据重要地位，安大略省、魁北克省和阿尔伯塔省等经济大省是制造业较为集中地区。2008年全球金融危机爆发时，加拿大制造业受冲击较大，2008年和2009年产值分别下降5.3%和13.8%。受此拖累，加拿大制造业产值由2000年的1971亿加元大幅下降至2015年的1 733亿加元，年均下降0.9个百分点，是加拿大20个产业中唯一的负增长产业；占GDP比重也由15.9%下降至10.5%。

制造业是其他行业资源、能源和服务的重要需求方，也是加拿大经济体系中最重要的创造财富产业。据统计，制造业每1加元产出可为整体经济活动带来3.15加元的增值，是推动加经济增长的重要力量；制造业还为加拿大政府贡献了约30%的税收。因此，加拿大各级政府高度重视制造业发展，在金融危机后利用直接投资、支持企业创新、发展重点产业等多重政策支持制造业发展。在各方共同努力下，2010～2015年加拿大制造业扭转下滑态势，年均增长率达到1.5%，已接近全产业增速。2018年制造业总产值2 011亿加元，占国内生产总值的9.7%，从业人员173.4万人，占全国就业人口的9.2%。

在带动对外贸易方面，加拿大制造业表现十分突出。2010～2015年，加拿大制造业出口总值由2 595亿加元大幅上升至3 492亿加元，年均增长率达到6.1%，占货物出口总额比重也由65.1%上升至66.6%；同期，加拿大制造业进口总值由3 409亿加元大幅上升至4 717亿加元，年均增长率达到6.7%，占货物进口总额比重也由84.4%上升至88.0%。2015年当年，制造业进出口总额已占据货贸进出口总值的77.4%，地位举足轻重。

具体产业方面，加拿大航空工业发达，是世界第3大飞机生产国，80%的产品出口海外市场，且拥有全球最大的支线飞机制造商庞巴迪公司；加拿大也是世界五大生物技术产业市场之一，在生物技术科学探索和应用的诸多门类中，如医疗卫生、农业、环境技术、工业和生产解决方案等，处于世界领先水平，在生物技术综合指标排名中位居世界第3位。此外，加拿大在核能、水电、通讯、环保及清洁技术、汽车制造、石化、地球物理勘探、造纸等领域拥有先进技术和设备，竞争优势突出。

（三）第三产业

近年来，加拿大服务业稳健增长，占GDP比重呈上升趋势。2000～2008年，受金融和保险业、不动产及租赁业、批发贸易等行业快速发展带动，加拿大服务业年均增速达到3.0%，超出广义制造业2.3个百分点。服务业占GDP比重也不断上升：2000年，服务业占GDP比重为64.5%；至2008年，该数字已达到68.6%。

2008年,加拿大服务业虽然遭受金融危机的冲击,但受益于审慎的国民性格、金融业稳健的经营策略和低开放水平,加之政府经济刺激措施及时、得当,整体受影响程度比较有限。2009~2015年,服务业依然保持了2.3%的年均增速,至2015年服务业占GDP比重已经达到70.2%。据加拿大统计局最新数据,2018年服务业产值为13 733亿加元,约占当年GDP的66.6%,从业人员1 493.7万人,占当年全国总劳动力的79.1%。在加拿大服务业中,批发贸易、零售贸易、不动产和租赁业、金融和保险业等4个行业发展迅速,2000~2015年年均增长率均接近或超过3%;不动产和租赁业、金融和保险业、卫生保健和社会救助、政府管理等4个行业规模较大,产值已超过1 000亿加元。

三、财政金融

(一)财政状况

2015年11月特鲁多就任总理后,提出加大政府支出,通过赤字财政刺激经济增长。2019年3月,加拿大财长莫诺公布2019/2020财年预算案,该财年预算赤字198亿加元,将加大对创新、基础设施建设、职业培训等重点领域投入,并加大对妇女、儿童、学生、原住民和弱势群体的扶持。近年财政预算情况如表1-1所示:

表1-1 　　　　　　加拿大政府财政预算情况　　　　　　单位:亿加元

时间	2015/2016财年	2016/2017财年	2017/2018财年	2018/2019财年	2019/2020财年
财政收入	2 955	2 935	3 112	3 322	3 388
财政支出	2 964	3 113	3 302	3 471	3 556
财政盈余	-9	-178	-190	-149	-168

数据来源:加拿大2019年预算报告,https://www.budget.gc.ca/2019/docs/plan/anx-02-en.html。

加拿大各省间经济发展的水平差距明显,如经济发达的阿尔伯塔省人均GDP是经济较落后的爱德华王子岛省的2倍。加拿大人口分布也很不平均,90%的人口分布在南部与美国边界相邻的160公里范围内。由于经济发展水平和人口的差异,加拿大各省和地区间的财政能力差别很大。加拿大通过实施财政转移支付制度,有效缓解了各级政府间收支不平衡的矛盾,增强了省政府对教育、医疗等社会事业的保障能力,缩小了地区间收入差距,提高了落后省份提供公共服务的能力和社会福利水平。

(二)外汇管理

加拿大没有专门的外汇管理机构,也没有外汇管制。在加拿大注册的外国企业可以在当地银行开设外汇账户,用于进出口结算。外汇的进出一般无须申报,也无须缴纳特别税金。加拿大海关规定,携带现金出入境需要申报,每人最多可携带相当于 1 万加元的外币入境。在加拿大工作的外国人，其合法税后收入可全部汇出国外。

（三）银行机构

加拿大中央银行（Bank of Canada）是根据 1934 年加拿大中央银行法案而成立的，旨在促进经济和维护加拿大的财政稳定，是加拿大唯一的发钞银行。

加拿大的主要商业银行有加拿大皇家银行（Royal Bank of Canada）、加拿大帝国商业银行（Canadian Imperial Bank of Commerce）和蒙特利尔银行（Bank of Montreal）等。加拿大皇家银行成立于 1869 年，现为加拿大最大的商业银行，是加拿大市值最高、资产最大的银行，也是北美领先的多元化金融服务公司之一，其在全球拥有约 7 万名员工，在 30 多个国家设有分支机构，为 1 400 多万客户提供各类金融服务。加拿大帝国商业银行由加拿大商业银行（1867 年成立）与加拿大帝国银行（1875 年成立）于 1961 年合并而成，为加第二大银行。蒙特利尔银行成立于 1817 年，是加拿大最早的商业银行，现为加第三大银行。

此外，加拿大有 70 家外资银行。其中，主要中资银行包括中国银行（加拿大）、中国工商银行（加拿大）、中国建设银行多伦多分行等。

四、对外贸易

根据加拿大政府网站 2020 年 2 月上旬发布的数据，2019 年加拿大货物进出口贸易额为 11 938.5 亿加元，比上年增长 1.1%。其中，出口 5 925.5 亿加元，同比增长 1.4%；进口 6 031 亿加元，同比增长 0.9%①。

（一）贸易政策

加拿大政府奉行自由贸易政策，贸易和投资体制透明度与市场开放度均较高。加拿大贸易政策目标为：确保加拿大的外交贸易政策如实反映加拿大价值观和国家利益；加强以原则为基础的贸易安排，拓展双边、区域和全球领域的自由、公正市场准入；创造经济机会，加强国家和公民安全。

（二）多边及双边优惠贸易安排

加拿大是 WTO 和 APEC 的重要成员，它与美国和墨西哥签署的《北美自由贸易协定》于 1994 年 1 月 1 日生效。此外，加拿大还分别与以色列、智利、哥斯达黎加、欧洲自由贸易联盟（EFTA）、秘鲁、哥伦比亚、约旦、巴拿马、洪都拉斯和韩国签署了自贸协定，与欧盟签署了原则性协议。目前，加拿大正在积极参与跨太平洋伙伴关系（TPP），并与日本、印度、乌克兰、新加坡、土耳其等国家和地区进行

---

① 数据来源：中国驻温哥华总领馆经商室：《2019 年加拿大货物贸易总额 11 938.5 亿加元》，http://vancouver.mofcom.gov.cn/article/zxhz/tjsj/202002/20200202935650.shtml。

自贸谈判。

（三）主要贸易伙伴

2019年，美国、中国、英国、日本、墨西哥、德国、韩国、荷兰、印度、中国香港是加拿大前十大出口国家（地区）（参考表1-2）。加拿大对美国市场高度依赖，加美双边贸易额约占加拿大对外贸易总额的63.0%，较2017年下降0.4个百分点。

表1-2　　2019年加拿大前十大出口市场和进口来源地　　单位：10亿美元

出口国家（地区）	金额	出口占比（%）	进口国家（地区）	金额	进口占比（%）
美国	336.53	75.0	美国	229.69	51.0
中国	17.49	3.9	中国	56.53	13.0
英国	14.92	3.3	墨西哥	27.84	6.2
日本	9.45	2.1	德国	14.53	3.2
墨西哥	5.51	1.2	日本	12.45	2.8
德国	4.57	1.0	韩国	7.25	1.6
韩国	4.16	0.9	意大利	7.13	1.6
荷兰	3.91	0.9	英国	6.96	1.6
印度	3.64	0.8	法国	6.55	1.5
中国香港	3.00	0.7	越南	5.26	1.2

资料来源：全球经济指标数据网，https://tradingeconomics.com/。

2019年，中加双边贸易额740.2亿美元，同比下降7.1%，占加拿大外贸总额的8.38%。其中，加拿大对华出口174.9亿美元，同比下降18.1%，占加拿大出口总额的3.9%；加拿大从华进口565.3亿美元，同比下降3.1%，占加拿大进口总额的12.99%[①]。中国仍保持加拿大第二大贸易伙伴、第二大进口来源地、第二大出口市场地位。

---

① 数据来源：全球经济指标数据网，https://tradingeconomics.com/。

第二章

财政概况

■ **本章导读**

　　加拿大是联邦制国家,由联邦、省和地方三级政府组成。与行政体制相适应,加拿大实行比较彻底的分级预算体制。本章首先介绍加拿大联邦政府及省级政府财政收支的基本情况,然后梳理各级政府之间的财政关系,最后对加拿大转移支付制度进行介绍。

第一节 联邦政府财政收支概况

加拿大联邦政府从1997年到2008年全球金融危机之前一直保持了财政盈余,但受2008年金融危机影响转入财政赤字并于2010年赤字达到接近470亿加元的高峰,在以后年度里赤字逐渐减少,在2015年扭亏为盈(参考表2-1)。伴随着自由党政府上台以及提出的一系列加大基础设施建设和构建强大的中产阶级政策,联邦政府进入新一轮赤字。

表2-1　　　　　　　　联邦政府历年财政收支状况　　　　　　单位:百万加元

财年	财政收入	财政支出	预算赤字或盈余
1998/1999	167 543	164 659	2 884
1999/2000	165 708	153 410	12 298
2000/2001	178 590	161 442	17 148
2001/2002	171 688	164 669	7 019
2002/2003	177 561	170 593	6 968
2003/2004	186 207	177 124	9 083
2004/2005	198 420	196 790	1 630
2005/2006	222 203	208 985	13 218
2006/2007	235 966	222 214	13 752
2007/2008	242 420	232 823	9 597
2008/2009	233 092	238 847	-5 755
2009/2010	218 600	274 198	-55 598
2010/2011	237 091	270 463	-33 372
2011/2012	249 107	275 386	-26 279
2012/2013	256 635	275 050	-18 415
2013/2014	271 677	276 827	-5 150
2014/2015	282 346	280 435	1 911
2015/2016	295 453	296 440	-987
2016/2017	293 495	312 452	-18 957
2017/2018	311 216	330 177	-18 961
2018/2019	332 218	346 182	-13 964

资料来源:加拿大政府年度财务报告,https://www.canada.ca/en/department-finance/services/publications/annual-financial-report.html,2020年4月7日。

2019年9月17日，加拿大财政部发布2018/2019财年加拿大政府年度财务报告。报告显示，截至2019年3月31日的财政年度，政府的预算赤字为140亿加元。联邦政府正在走向连年财政赤字，专家预计除非政策出现大的转变，否则这种状况至少要持续到2050年。加拿大自由党政府之前承诺，将在未来拨款1 200亿加元用于全国的基础建设，包括水利和绿色基础建设项目，但是至今迟迟未见行动。有专家认为，这与国家经济增长乏力、财政收入减少有关。

专栏2-1：构建强大的中产阶级

在2019年的政府预算中，政府仍然把重点放在对中产阶级的投资上，采取新的措施帮助建立一个在较长期内对每个人都有利的经济体系。这些新的措施主要包括以下几个方面的内容：

第一，降低购房负担。加拿大政府在2017年预算中推出了"国家住房战略"，在2019年预算报告中更是通过指定一系列具体的措施来支持住房负担能力，这些措施包括：（1）通过减少首次购房者拥有住房的障碍，对符合首次购房者奖励计划的购房者提供多达12.5亿加元的贷款；（2）增大加拿大住房和租赁市场的供应；（3）提高房地产市场的公平性，解决房地产交易过程中税收不符合规定的问题。

第二，解决中产阶级的就业问题。2019年预算提出了对所有年龄段的加拿大人都适用的、当他们进入到劳动力市场时的支持措施，包括向有资格获得就业机会的工人提供技能培训和就业援助。这项措施的投资在2017年预算中公布为6年18亿加元；除此之外，针对没资格享受就业机会的加拿大工人（包括残疾人）提供支持，这项措施的投资为6年9亿加元。

第三，完善全民医疗卫生体系。为了降低处方药购买成本，2019年预算提议从2019~2020年起，在4年内向加拿大卫生部提供3 500万加元，以设立一个加拿大药物管理局过渡办公室；为了使得治疗罕见病的高成本药更容易被获得，2019年预算计划从2022~2023年起，两年内投资10亿加元，以帮助罕见病患者获得他们需要的药品。

第四，改善退休后福利。为了提高老年人的生活质量，更好地促进老年人融入和参与社区，2019年预算提议在今后的5年内为老年人新视野方案提供1亿加元的额外资金，每年2 000万加元。除此之外，正在逐步实施的加拿大养老金计划（CPP）增强计划将于2019年开始实施，伴随着中央公积金的改善计划，一段时间内CPP的最高退休金将提高50%。

资料来源：加拿大2019年预算报告，《对中产阶级的投资》，https：//www.budget.gc.ca/2019/docs/plan/chap-01-en.html#Chapter-1---Investing-in-the-Middle-Class。

一、财政支出分析

自1985~2019年，加拿大财政支出迅速增长，在2019年达到了3 462亿加元。

加拿大的预算支出一般包括营运支出、资本支出和转移支付支出三部分。营运支出反映了加拿大100多个政府部门、机构和官方公司的经营成本,预计2021/2022财年将降至950亿加元,2023/2024财年增至973亿加元,年平均增速约3%。资本支出包括建筑物、土地、房地产等不动产支出。转移支付包括直接对个人的和对各级政府的转移支付。其中,对个人的转移支付主要包括老年人福利、就业保险福利和儿童福利,预计从2018/2019财年的96亿加元增加到2023/2024财年的1 215亿加元。联邦政府向其他各级政府的主要转移支付预计将从2018/2019财年的239亿加元增加到2023/2024财年的881亿加元(参考表2-2)。

表2-2　　　　　　　　联邦政府项目支出预测　　　　　　单位:10亿加元

财年	2017/2018	2018/2019	2019/2020	2020/2021	2021/2022	2022/2023	2023/2024
对个人的转移支付							
老年人福利	50.6	53.3	56.2	59.7	63.3	66.9	70.6
就业保险福利	19.7	18.8	19.9	21.5	23	24	24.8
儿童福利	23.4	23.9	24.3	24.6	25.1	25.6	26.1
总计	93.8	96	100.4	105.8	111.4	116.4	121.5
对各级政府的转移支付							
健康转移支付	37.1	38.6	40.4	41.8	43.3	44.9	46.6
社会转移支付	13.7	14.2	14.6	15	15.5	15.9	16.4
均等化项目转移支付	18.3	19	19.8	20.5	21.3	22.1	22.9
地区常规转移支付	3.7	3.8	3.9	4.2	4.3	4.4	4.6
天然气税基金	2.1	4.3	2.2	2.2	2.3	2.3	2.4
家庭护理和心理健康	0.3	0.9	1.1	1.3	1.5	1.2	1.2
其他财政安排	-4.7	-4.7	-5.1	-5.3	-5.5	-5.8	-6
总计	70.5	76.0	76.9	79.6	82.6	85.0	88.1
直接项目支出							
燃料费用收益返还	0	0.6	2.6	3.8	4.9	5.7	5.7
其他转移支出	47.1	54.1	52.8	55	54.5	55.1	56.4
运营支出	96.8	96.7	96.7	95.4	95	96.2	97.3
总计	144.0	151.5	152.1	154.2	154.3	156.9	159.4
总项目支出	308.3	323.5	329.4	339.7	348.3	358.4	369.1

续表

财年	预测						
	2017/2018	2018/2019	2019/2020	2020/2021	2021/2022	2022/2023	2023/2024
占GDP的百分比							
对个人的转移支付	4.4	4.3	4.4	4.4	4.5	4.5	4.6
对各级政府的转移支付	3.3	3.4	3.3	3.3	3.3	3.3	3.3
直接项目支出	6.7	6.8	6.6	6.5	6.3	6.1	6
总项目支出	14.4	14.6	14.3	14.3	14.1	14	13.8

资料来源：根据加拿大2019年预算报告整理，https：//www.budget.gc.ca/2019/docs/plan/anx-02-en.html，2019年4月7日。

二、财政收入分析

加拿大联邦政府财政收入主要来源于税收收入，其他还有部分就业保险金收入、国企收入等。通过表2-3可以看出，加拿大政府税收收入占财政收入的比例较为稳定地持续在80%以上，在1999/2000财年和2000/2001财年甚至一度达到了95%。2002年由于国企收入等其他形式的收入有较大幅度的增加，因此税收收入占财政收入的比重下降到了84%并且长期保持着这样的水平，随后的几年保持在83%上下波动，在2019/2020财年这一比例为84%。

表2-3　　　　　　　加拿大联邦政府收入构成　　　　单位：百万加元

财年	税收收入	非税收入	税收收入占财政收入比例（%）
1998/1999	147 726	19 817	88
1999/2000	157 445	8 263	95
2000/2001	169 676	8 914	95
2001/2002	143 801	27 887	84
2002/2003	148 577	28 984	84
2003/2004	156 833	29 374	84
2004/2005	166 206	32 214	84
2005/2006	186 100	36 103	84
2006/2007	198 416	37 550	84
2007/2008	203 591	38 829	84

续表

财年	税收收入	非税收入	税收收入占财政收入比例（%）
2008/2009	191 604	41 488	82
2009/2010	180 174	38 426	82
2010/2011	191 466	45 625	81
2011/2012	202 584	46 523	81
2012/2013	209 338	47 297	82
2013/2014	219 938	51 739	81
2014/2015	228 588	53 758	81
2015/2016	242 651	52 802	82
2016/2017	244 315	49 180	83
2017/2018	263 088	48 128	85
2018/2019	280 846	51 372	85
2019/2020	285 800	53 000	84

资料来源：加拿大政府年度财务报告，https：//www.canada.ca/en/department-finance/services/publications/annual-financial-report.html；加拿大2019年预算报告，https：//www.budget.gc.ca/2019/docs/plan/anx-02-en.html。

按收入来源结构分析加拿大联邦政府财政收入，个人所得税是其最主要的收入来源，其次是企业所得税，然后是商品和服务税，其他主要的税收收入还包括非居民所得税、关税等。如图2-1所示，在2019/2020财年预算中，个人所得税收入占总收入的50.3%，企业所得税占总收入的13.7%，非居民所得税占总收入的2.9%，商品和服务税占总收入的12.0%，包括海关税在内的其他税收占总收入的5.5%。

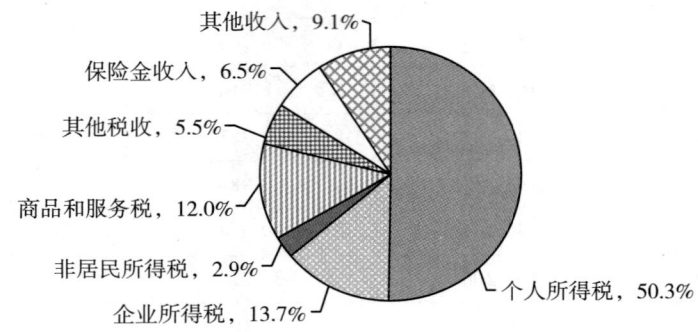

图2-1　2019/2020财年联邦政府财政收入构成

资料来源：根据加拿大2019年预算报告整理，https：//www.budget.gc.ca/2019/docs/plan/anx-02-en.html。

表 2-4 是联邦政府对财政收入的预测。总体而言,预计 2019/2020 财年联邦收入相较 2018/2019 财年将增加 2%。在预测期的剩余时间内,财政收入预计将以年均 3.5% 的速度增长,基本上与 GDP 增速保持一致。个人所得税仍然是财政收入的最大组成部分,预计将会增加 76 亿加元,增幅达 4.7%。受到近几年加拿大高就业率的推动,加上所得税率的累进性以及实际收入的增长,预计今后的个人所得税收入增长速度将会略快于国内生产总值的年均增长速度。

表 2-4　　　　　　　联邦政府财政收入预测　　　　　单位：10 亿加元

财年	2017/2018	2018/2019	2019/2020	2020/2021	2021/2022	2022/2023	2023/2024
所得税							
个人所得税	153.6	162.8	170.4	177.8	185.0	192.7	201.3
企业所得税	47.8	52.0	46.3	47.0	49.7	50.7	52.8
非居民所得税	7.8	9.6	9.7	9.7	9.7	9.8	9.9
消费税/关税							
商品和服务税	36.8	39.6	40.8	42.1	43.6	45.2	47.0
海关进口税	5.4	6.9	6.3	5.9	6.1	6.4	6.3
其他消费税/关税	11.7	12.0	12.3	12.4	12.6	12.7	12.7
税收总额	263.1	282.9	285.8	294.9	306.6	317.5	330.0
燃料费用收入	0.0	0.0	2.3	3.5	4.6	5.7	5.7
就业保险金收入	21.1	21.4	22.0	22.7	23.5	24.4	25.2
其他收入							
皇冠公司收入	7.7	7.4	7.3	7.9	8.7	9.3	10.0
其他项目收入	17.8	19.5	19.40	20.1	20.9	21.3	21.8
净外汇	1.5	1.1	1.9	2.3	2.3	2.6	2.7
预算总收入	311.2	332.2	338.8	351.4	366.7	380.7	395.5
占 GDP 的百分比							
总税收收入	12.3	12.7	12.4	12.4	12.4	12.4	12.4
燃料费用收入	0.0	0.0	0.1	0.1	0.2	0.2	0.2
就业保险费收入	1.0	1.0	1.0	1.0	1.0	1.0	0.9
其他收入	1.3	1.3	1.2	1.3	1.3	1.3	1.3
预算总收入	14.5	14.9	14.7	14.8	14.9	14.8	14.8

资料来源：加拿大 2019 年预算报告，https://www.budget.gc.ca/2019/docs/plan/anx-02-en.html，2019 年 5 月 22 日。

企业所得税方面，2019/2020 财年联邦企业所得税收入相较上一年度下降了 57 亿加元。企业所得税在 2018 年后的下降在一定程度上是由于实施 2018 年政府秋季经济报告中提出的旨在促进商业投资的新税收措施所产生的临时成本,以及企业利润的预期放缓。在临时成本的因素消除后,预期的企业所得税将会以3.3%的年均增长率增长。

2019/2020 财年商品和服务税较上一年度增长了12亿加元,并且预计在今后将保持年均3.5%的增长率,这与加拿大国内应税消费的前景相符合。而对于关税,2019/2020 财年的关税较上一年下降了6亿加元,主要原因是2018年加拿大对钢铁和铝临时实施的报复性关税,使得2018年政府关税收入较上一年增加了27.8%,因而在接下来的几年里,关税收入预计会出现持续的下降。

第二节 省级政府财政收支概况

考虑到加拿大实行比较彻底的财政分权体制,各省在财政收入的取得上拥有较大的自主权,因此本节以不列颠哥伦比亚省(British Columbia,以下简称"BC省")为例,分析加拿大省级政府财政收支情况。

依据BC省2019年预算报告,BC省将采取一系列行动使得人民的生活变得更好,它包括优先投资以实现对人民的三项承诺:减轻人民的生活负担、强化人民所依赖的基本服务和建立一个能够为每个人服务的可持续经济,而这些资金的来源是收入的增加。近年来,BC省政府财政状况良好,保持着收支盈余。具体来看,2019/2020 财年预算盈余为2.74亿加元,2020/2021 财年预算盈余预计为2.87亿加元,2021/2022 财年预算盈余预计为5.86亿加元(参考表2-5)。

表 2-5　　　　　　　　BC 省财政收支概况　　　　　　　单位:百万加元

财年	2018/2019 更新的预测	2019/2020 预算估计	2020/2021 计划	2021/2022 计划
财政收入	56 636	59 047	60 038	62 458
财政支出	55 762	58 273	59 451	61 573
预测津贴	500	500	300	300
盈余	374	274	287	586

数据来源:BC省2019年预算报告,https://www.bcbudget.gov.bc.ca/2019/zh-cn/download.htm。

一、BC省财政支出分析

BC省2019年预算报告的数据显示,BC省的财政支出呈现出持续增长的态势,2018/2019 财年的财政支出为55 762百万加元,2019/2020 财年为58 274百万加元,而 2021/2022 财年预计将会达到 61 573 百万加元，较 2018/2019 财年增长 10.5%（参考表 2-6）。

表 2-6　BC 省财政支出预测（按部门、项目和机构分类）　单位：百万加元

	2018/2019（更新的预测数）	2019/2020（预算估计数）	2020/2021（计划数）	2021/2022（计划数）
首长办公室	11	11	11	11
高等教育、技能和培训	2 212	2 330	2 341	2 348
农业	93	98	99	99
司法机构	584	606	604	606
儿童和家庭发展	1 793	2 065	2 184	2 191
公民服务	532	552	551	551
教育	6 355	6 569	6 536	6 569
能源、矿山和石油资源	65	180	84	94
环境和气候变化战略	179	243	243	244
金融	848	878	921	896
森林、土地、自然资源经营	1 285	823	808	819
医疗健康	19 754	20 846	21 518	22 161
土著居民关系	101	108	107	107
工作、贸易和技术	97	97	97	97
劳动	13	16	18	18
心理健康	10	10	10	10
市政实务	674	828	745	882
公共安全	1 095	800	803	803
社会发展与减贫	3 364	3 572	3 628	3 662
旅游、艺术和文化	144	164	164	164
运输和基础设施	890	926	930	932
首长办公室和各委员会总支出	40 099	41 722	42 402	43 264
公共资金和债务管理	1 259	1 278	1 319	1 382
或有事项	550	1 303	1 583	2 227
资本支出	1 548	2 134	2 578	2 947
退税和税收抵免	1 618	1 489	1 718	1 954
立法会及向其他拨款	164	159	156	159

续表

	2018/2019（更新的预测数）	2019/2020（预算估计数）	2020/2021（计划数）	2021/2022（计划数）
小计	45 238	48 085	49 756	51 933
补充预算	375	—	—	—
拨款总额	45 613	48 085	49 756	51 933
取消拨款之间的交易*	-60	-24	-26	-28
以前年度的负债调整	-77	—	—	—
综合收入基金支出	45 476	48 061	49 730	51 905
从外部实体收回的支出	3 304	3 520	3 225	3 369
向服务提供机构提供的资金	-26 805	-28 631	-29 685	-30 300
直接项目支出总额	21 975	22 950	23 270	24 974
服务提供代理机构费用：				
学区	6 685	6 912	6 923	6 934
大学	4 934	5 128	5 276	5 404
学院和研究院	1 346	1 373	1 388	1 407
卫生主管部门和医院协会	15 682	16 292	16 681	16 953
其他服务提供代理机构	5 140	5 618	5 913	5 901
小计	33 787	35 323	36 181	36 599
总支出	55 762	58 273	59 451	61 573

注*：反映根据协议支付的款项，其中表决拨款的费用由一个特别账户记录为收入。

数据来源：BC省2019年预算报告，https：//www.bcbudget.gov.bc.ca/2019/zh-cn/download.htm。

从具体支出项目来看，2019年BC省设定的支出项目主要针对的是预算报告中对人民的三项承诺。例如，为了减轻人民的生活负担，BC政府加大住房、儿童保育等方面的投入；为了强化人民所依赖的基础服务，BC政府预计在未来三年内向卫生部提供13亿加元的资金来完善医疗卫生服务，向教育部提供5.5亿加元的资金来支持公共教育；为了建立可持续发展的经济，BC政府为清洁能源安排了超过6.79亿加元的计划资金等。

二、BC省财政收入分析

BC省的财政收入主要由五部分构成：税收收入、自然资源收入、联邦政府转移收入、皇冠公司收入和其他收入。其中，税收收入占比最大，在2019/2020财年，税收收入占到全省财政收入的 57.6%，而这一比例预计到 2021/2022 财年将会增加到 59.4%。具体来看，2019/2020 财年 BC 省的财政收入构成如图 2-2 所示：

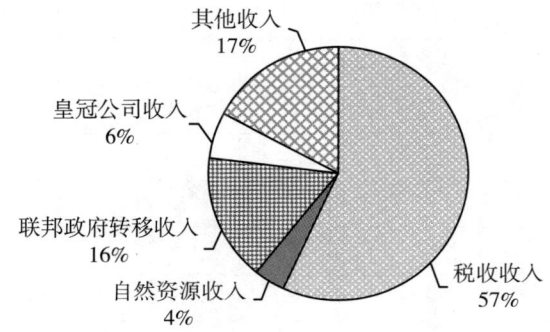

图 2-2　2019/2020 财年 BC 省财政收入构成

数据来源：BC 省 2019 年预算报告，https：//www.bcbudget.gov.bc.ca/2019/zh-cn/download.htm。

表 2-7 展示了对 BC 省财政收入的预测。从 2019/2020 财年到 2021/2022 财年的三年间，预计总财政收入年均增长 3.3%，其中包括因取消医疗服务计划（MSP）所带来的财政收入的减少。2019 年除了自然资源收入有所下降外，其他四种形式的收入均较上年有了一定的增长，财政收入总体上较上一年增长了 4.2%。在财政收入中，占比最大的是税收收入。BC 省的税收种类包括个人所得税、企业所得税、雇主健康税、销售税、燃油税、碳税、烟草税、财产税、财产转移税等，其中最主要的是个人所得税。2019/2020 财年，综合上年度调整，个人所得税收入减少了 2.6%。但在未来三年，个人所得税收入预计年均增长 4.7%，与预计的工资薪金和家庭收入的增长一致。企业所得税收入主要是基于从联邦政府收到的现金和前几年的结算调整，相较上一年，2019/2020 财年下降了 18.3%。但是预计在未来的几年企业所得税将保持年均 7.7% 的增长率。

表 2-7　　　　　　　　BC 省财政收入预测　　　　　单位：百万加元

收入	财年	2018/2019 （更新的预测数）	2019/2020 （预算估计数）	2020/2021 （计划数）	2021/2022 （计划数）
税收收入：					
个人所得税		11 348	11 055	11 583	12 110
企业所得税		5 132	4 192	4 284	4 859
雇主健康税		464	1 854	1 930	2 007
销售税		7 318	7 586	7 937	8 282
燃油税		1 014	1 021	1 031	1 037
碳税		1 460	1 713	1 969	2 200
烟草税		780	780	780	780

续表

收入 \ 财年	2018/2019（更新的预测数）	2019/2020（预算估计数）	2020/2021（计划数）	2021/2022（计划数）
财产税	2 601	2 996	3 120	3 250
财产转移税	1 910	1 910	1 910	1 910
保险费	610	625	635	645
小计	32 637	33 732	35 179	37 080
自然资源收入：				
天然气使用费	164	275	258	234
森林资源收入	1 389	1 155	1 114	1 063
其他自然资源	1 417	1 193	1 066	1 083
小计	2 970	2 623	2 438	2 380
其他收入：				
医疗服务计划费（2020年1月1日废止）	1 355	1 015	0	0
其他收费和执照费	4 210	4 372	4 557	4 640
投资收益	1 173	1 196	1 221	1 217
其他各种收入	3 258	3 375	3 375	3 403
小计	9 996	9 958	9 153	9 260
联邦政府转移支付：				
健康和社会转移支付	7 106	7 404	7 686	7 971
联邦政府的其他资助	1 956	2 019	2 079	2 147
小计	9 062	9 423	9 765	10 118
商业皇冠公司净收入	1 971	3 311	3 503	3 620
总财政收入	56 636	59 047	60 038	62 458

数据来源：BC省2019年预算报告，https：//www.bcbudget.gov.bc.ca/2019/zh-cn/download.htm。

在自然资源收入方面，据预测，未来三年自然资源收入将年均下降7.1%，这主要反映了来自煤矿运营的钻探许可证价格和租赁的租金以及森林资源的收入的下降。而与2018/2019财年相比，未来三年天然气特许权使用费收入将会上涨，天然气特许权使用费收入的上涨将抵消部分其他资源收入的下降。

其他收入主要包括各种费用、投资收益和其他杂项。根据估计，2019年后的三年间，这些收入预计年增长2.3%，大致符合2019年实际GDP的预期。来自联邦政府的转移收入预计在未来的三年平均每年增长3.7%，这主要是因为联邦健康转移支付和社会转移支付的预期增长,这两项转移支付的总和约占来自联邦政府转移收入的79%。对于皇冠公司收入,酒类分销公司和BC彩票公司的业务增长不大,除去BC比亚保险公司(ICBC)和BC Hydor,预计未来三年的年均增长为1.7%。

第三节 政府间财政关系

加拿大实行三级政府制度,政府级次包括联邦、省和市(地方)三级。其中,省级政府由10个省和3个地区组成。加拿大宪法划分了联邦和省一级政权的权力和责任。城市一级(地方)政府没有宪法意义上的权力,他们的职能由省一级政府授权。

一、政府间事权及支出责任的划分

(一)立法权划分

1867年《英属北美法案》第六部分对联邦政府和省政府的立法权划分采用列举法进行了专门规定。

联邦政府权力包括:公共债务和公共资产,商业贸易监管,失业保险,以税收方式筹集收入,信用举借,邮政服务,统计,民兵、军事、海军服务和国防,加拿大政府雇员薪金标准确定以及供给,灯塔、浮标、黑貂岛事务,航海和海运,海军医院资质评定和维护,海岸线和内陆渔业,省内、省际和国际轮渡,货币发行和管理,银行注册成立、银行业,储蓄银行监管,计量单位确认,汇票和本票管理,利率管理,法定货币管理,破产,创造发明专利,知识产权,印第安人和印第安人保留地管理,入籍管理,结婚、离婚事务,刑事法(包括刑事程序但不包括刑事审判法院结构),联邦监狱建立、管理、维护。

省政府权力包括:用于省内事务的省内直接税征收,以本省信用举借,省级政府构建、官员任命以及薪金发放,省属公共土地、森林树木的管理和出售,省属监狱设立、管理和维护,海军医院以外的省属医院、精神病院、慈善机构的设立、管理和维护,省内市政机构管理,为筹集省级资金收入而发放的商店、沙龙、餐饮、拍卖机构营业执照,地区公共事务(跨省以及国际轮渡、航运、铁路、运河,以及由国家议会规定的其他事项除外),省属公司企业注册成立,省内婚姻注册,省内财产和公民权利,省内司法公正事务的管理(包括省内立法和修宪、省级民事和刑事法院组成、民事审判程序),违法行为的罚金、罚款、入狱等判决管理,基本的省内一般事务。

其他另有四项立法权则单列条文详细划分,分别是:不可再生资源、森林资源和电力资源的开采、开发和保护、管理划为省独享权;教育为省独享权;养老金为联邦独享权;农业和移民权为共享权,省有权对省内农业事务、移民事务立法,但联邦也有权就全国范围内的农业及移民事务进行立法。

(二) 支出责任划分

加拿大政府间关系具有较强的协作性,当需要提供某项公共服务时,由涉及该项公共服务的地方政府、省政府和联邦政府共同就每个级次政府的责任比例进行谈判。这样的做法必然将导致同一项公共服务的责任分担比例在不同省区,甚至同一省区的不同城市间都会出现差异。

1. 联邦政府支出。加拿大联邦政府主要承担一些全国性公共服务的供给,通过直接或间接的方式供给。其中直接供给包括国防、国家科学实验室、交通运输基础设施、邮政服务、国家公园、博物馆,以及通过加拿大住房抵押、住房公司提供的住房等。间接供给包括政府雇员、金融政策(包括住房抵押利率政策)、社会和经济政策(决定城市居民福利水平),在某些省份联邦政府还制定环境保护措施、商品交易政策等。间接供给通常需要与省级政府、地方政府单独或同时进行协商,并合作供给公共服务。但是,由于加拿大联邦成员具有较高的独立性,使其联邦政府在全国性政策制定中面临更多困难和不确定:一方面是魁北克等地区要求限制联邦政府在其境内的作用,另一方面联邦政府却又希望能在地方经济、社会和文化往来上发挥更多的作用,其结果是联邦政府与联邦成员间需要就不同公共项目的合作方式展开协商谈判。经联邦政府与联邦成员以及地方政府间就具体项目谈判后,在同类项目中三级政府各自承担的出资比例在省区间可能出现较大差异。

2. 省级政府支出。根据加拿大宪法,其省级政府拥有大部分的省内公共事务的立法权,而包括城市政府在内的省以下政府立法权则没有在国家宪法中明确,所以省政府在理论上应该是大部分省内公共服务的提供者。然而,就加拿大公共服务供给现状来看,省级政府独立提供的公共服务较少,多数是与联邦政府和城市政府合作共同提供某项公共服务。这种省级政府更多地承担政策制定者和大部分资金提供者的作用,而地方政府则是政策实施者。

3. 城市政府作用。在加拿大各级政府当中,城市政府在公共服务当中承担的责任是最大的,包括区域内道路交通基础设施、城市垃圾处理、下水道系统等大部分城市生活和城市化发展当中涉及的公共服务。

以公共交通投资为例,加拿大多由联邦、省、市政府共同出资,但各级政府出资比例在各省都有所差异。联邦政府投资公共交通的资金主要来源于:建设加拿大基金(Building Canada Fund,BCF)、汽油税基金(Gas Tax Fund)、商品和服务税(Goods and Services Tax,GST)、省区基础性基金(Provincial/Territorial Base Funding Initiative)、公共私营合作基金(Public-Private Partnerships Fund,PPPs)。省级政府出资方式有三类:第一类省级政府出资相当有限甚至不出资,主要由市政府投资;第二类由省政府直接投资用于资本项目支出;第三类是省政府按不同比例投资于公共服务运营、资本项目支出。市政府则是公共交通的主要投资者,市政资金基金中的车费收入、市级地方税收收入(物业税收入)是主要资金来源,如多伦多每年公共交通运营经费 70% 来源于该收入，此外还有公共交通资本投入中有 50% 来源于该收入。关于更多公共服务领域，各级政府的支出责任的划分，请参考表 2-8。

表 2-8　　加拿大各级政府公共服务支出比重

公共服务项目	联邦政府	省或区域政府	地方政府
一般政府服务	42%	28%	30%
人员和财产保护	55%	23%	22%
交通运输和通讯	10%~12%	46%~55%	35%~42%
健康	18%~20%	80%	不足1%
医院	不足1%	99%	不足1%
医疗	不足1%	99%	
预防	22%~25%	66%~68%	8%~10%
其他健康服务	50%~54%	45%~48%	1%~2%
社会服务	58%~62%	36%~41%	1%~2%
社会帮扶	78%	20%	
工作人员福利补助		100%	
雇员养老金计划	72%	28%	
退伍军人补助	100%		
机动车事故补助		100%	
教育	6%	80%~84%	10%~12%
基础教育	3%	75%~77%	20%~22%
中学以后教育	4%~5%	95%~96%	
职业培训	35%~40%	51%~55%	10%
资源保护和产业发展	40%~45%	50%~55%	5%
环境	15%	16%	69%
娱乐和文化	25%~30%	20%~22%	50%~54%
劳动就业和移民	60%~68%	32%~40%	
住房	30%~40%	36%~45%	20%~27%
外交事务及国际帮扶	100%		
区域规划和发展	10%~30%	35%~57%	27%~35%
研究启动	80%~85%	15%~20%	
全部支出合计	38%~40%	50%~52%	10%

注：表中数据根据近年加拿大政府财政支出数据整理，由于年度间具体支出比例存在一定波动，表中支出比例多数为区间数据。

资料来源：杨雅琴，"我国政府间事权与支出责任划分再思考——基于对加拿大财政联邦主义制度安排的分析"，《地方财政研究》，2015年第5期。

二、政府间财权的划分

加拿大实行联邦、省、市（县）三级分税制财政管理体制。具体而言包括：（1）税收立法权分立。加拿大实行彻底的分税制，为此加拿大宪法中规定了联邦、省和地方不同的税收权限，这样既在法律上保证了不同级次政府的税收收入，又避免了各级政府因争夺税源而产生矛盾，维护了正常的税收秩序。加拿大宪法规定，联邦议会享有为筹款而规定税收程序或制度的排他立法权，因此联邦政府有权开征任何税种。省级政府只能征收直接税、资源税以及某些收费，征收间接税的权力受到很大限制。地方政府除可对不动产征税外，几乎没有其他任何征税权。在加拿大，联邦和各省的征税权基本上互不相干且两者间总是相互协商的。（2）税收执法权属联邦税收部和省、地方政府的税务局。税收部下属税收征收机关，按经济区域在全国十省三区设立了约50个分支机构（区办事处），从事具体的税收征收活动。各省、地方政府也设有税务局，但只负责征收联邦税务局不代征的省税和地方税。（3）加拿大的税务司法机构包括税务法院、联邦上诉法院和联邦最高法院。

加拿大的税收以直接税为主，包括个人所得税、企业所得税、资本收益税等；属于间接税的税种有销售税、关税、商品和服务税等。具体而言，联邦政府的税种包括个人所得税、企业所得税、商品和服务税、消费税、进口关税等；省级政府的税种包括个人所得税、企业所得税、销售税、社会保险税、财产税、资源税等。市政府的财政收入主要由省政府授权市政府征收的财产税和各类收费构成。由于加拿大国家宪法规定，"省一级议会拥有地方立法权，有权设立税种、税目和税率，具有税收立法权"，所以不同的省份税种、税目和税率全国不完全统一，这种管理形式更具有针对性和照顾不同区域的特殊情况。由于联邦和省都要征收个人所得税和企业所得税，目前大部分省份通过联邦政府代征个人所得税和企业所得税，然后按规定由联邦政府划拨给省级政府。

第四节 财政转移支付制度

1867年的《英属北美法案》赋予联邦政府无限的征税权，相比之下，省政府只可以征收直接税，不能征收间接税，而间接税迄今为止依然是省政府最重要的收入来源。因此，宪法同时规定联邦政府应当保证省政府的财政需要。

一、基本公共服务均等化

加拿大的均等化尝试始于20世纪30年代，当时受经济危机影响，一些省份陷入财政困境，有的省级政府没有足够的税源来确保法定的基本公共服务供给，特别是有的工业欠发达省份根本就没有能力提供与发达省份相同的法定基本公共服务。于是，欠发达省份只好求助于联邦政府。为了应对世界经济大萧条带来的挑战，加拿大政府于1937年成立了处理各省关系的委员会。该委员会通过开展听证活动，广泛听取包括利益相关者在内的全体社会成员的意见，决定在联邦政府设立国家协调基金，对那些没有能力为本省居民提供基本公共服务的省份给予财政援助。第二次世界大战以后，加拿大联邦政府的均等化措施越来越正规化、制度化，1957年建立了财政均等化项目，1982年将其纳入宪法。加拿大既是世界上实施均等化最早的国家之一，也是目前公认的和典型的实施均等化政策的国家之一。按照加拿大人的理解，他们生活在一个具有宪法意义的联邦制国家，均等化是联邦政府确保每个省有能力提供基本公共服务的工具。

加拿大主要是通过建立省级政府财政支出能力均等化来实现均等化目标，为所有加拿大居民提供品质适度的基本公共服务。具体做法是，所有省份都被纳入均等化体系，并计算其所有的财政收入来源（计量各省和地方政府财政收入状况和提供基本公共服务的能力）：包括10个省的30多个不同的财政收入来源，如所得税、销售税、财产税以及经营税等。均等化的标准是财政收入水平，以人均财政收入水平计算。根据人均财政收入水平，联邦政府对财政收入低的省份实行财政转移支付。除了财政均等化，加拿大也为基本公共服务建立国家标准，确定各省公共服务可比较性和平均水平，使居民可以在国内流动，包括跨省流动，甚至跨省分享财富，加强加拿大居民的国家认同感。例如，根据宪法，医疗健康是省级政府应当提供的基本公共服务。为了实现此项基本公共服务均等化，联邦政府与省级政府合作，共同建立一个全国统一或基本接近的照顾标准，通过"加拿大健康转移支付项目"实现医疗健康均等化服务。医疗健康转移支付依据标准是普遍性、简便性、公共保险——可以由公共机构也可以由私人机构提供。另外，加拿大还有社会服务转移支付，内容是所有的加拿大居民都应当享有的社会福利。

近年，围绕着均等化体系的平衡，加拿大公共政策研究部门、决策部门的争论一直没有停止过。一是由于各省的经济发展，新资源不断出现，以税收、税基和税源为基础建立的财政能力均等化体系经常被打破，引发了省与省之间、省与联邦之间的经常性争议；二是由于绩效评估体系存在问题，援助省的被剥夺感和受援助省的资金不经济经常引起争议。此外，经验表明，试图为全民提供基本生活的福利国家并不能在全国不同的区域建立完全相同的公共服务，财政均等化只能提供基本相似的公共服务。在国家均等化政策之外的不平等，只能依赖于地方的投入和发展项目。

二、联邦政府对省级政府的转移支付

联邦政府对省级政府的转移支付主要有四种，分别是"均等化项目转移支付（Equalization，EP）"、"地区常规转移支付（Territorial Formula Financing，TFF）"、"健康转移支付（Canada Health Transfer，CHT）"和"社会转移支付（Canada Social Transfer，CST）"。均等化项目转移支付（EP）和地区常规转移支付（TFF）主要解决省和地区间收入的不平衡问题。健康转移支付（CHT）和社会转移支付（CST）主要针对省与联邦收支责任的不对称问题，地方需要中央的资金转移来弥补其支出的不足。联邦政府对各省和地区的转移支付对支持各地政府解决财政收支矛盾，实现纵向和横向财政平衡，为居民提供均衡的社会公共服务，特别是医疗、教育、社会救助等方面起到了积极、有效的作用。

（一）均等化项目转移支付（EP）

联邦政府为缩小各省之间收入能力差距而设计的无条件转移支付方式，目的是使所有的省政府收入都能达到规定的最低水平。转移支付对象的确定以各省的实际财力为基准，凡财力低于全国标准（即 10 省标准）的省份都有资格获得这种转移支付，但不适用于三个北部地区。支付数额等于该省税收能力与标准税收能力之差乘以该省人口数。同时，联邦政府以立法的形式规定了均等化转移支付的上限和下限。上限，即均等化项目转移支付的年度增长速度不能超过同期经济增长率，以避免联邦政府的过度负担。下限由联邦政府与省级政府协商确定，目标是起码能够保障各省政府具有应对突发的年度经济大幅下降的能力。2019/2020 财年，加拿大的安大略、魁北克、新不伦瑞克、新斯克舍、马尼托巴和爱德华王子岛六个省共计划安排 198 亿加元的均等化项目转移支付①。具体来看，各省 2016~2021 财年所获得以及预计获得的均等化项目转移支付如表 2-9 所示。在上述六个省当中，安大略从 2019/2020 财年起不再符合获得均等化项目转移支付的资格。

表 2-9　　　　分地区均等化项目转移支付情况　　　　单位：百万加元

均等化项目转移支付（EP）	2016/2017	2017/2018	2018/2019	2019/2020	2020/2021
安大略	2 304	1 424	963	—	—
魁北克	10 030	11 081	11 732	13 124	13 253
新不伦瑞克	1 708	1 760	1 874	2 023	2 210
新斯克舍	1 722	1 779	1 933	2 015	2 146
马尼托巴	1 736	1 820	2 037	2 255	2 510
爱德华王子岛	380	390	419	419	454

数据来源：加拿大财政部官网，https://www.canada.ca/en/department-finance/programs/federal-transfers/major-federal-transfers.html#Ontario，2020 年 4 月 15 日。

（二）地区常规转移支付（TFF）

地区常规转移支付是联邦政府为育空、努勒维特和西北地区三个北方特别行政区设立的无条件转移支付，以确保这三个地区政府有足够的收入为其居民提供与全

---

① 根据加拿大 2019 年预算报告整理，https://www.budget.gc.ca/2019/docs/plan/anx-02-en.html。

国可比的公共服务。这些行政区地处北部寒冷地带，人烟稀少，经济总量小，生活成本高，尽管地区政府具有提高税收、租金、出售资产和服务收费的权力，但财政资源有限，不能自给，政府支出在很大程度上依赖联邦政府转移支付。2019/2020财年，三个地区常规转移支付共计划安排39亿加元①。具体来看，各地区2016～2021年所获得以及预计获得的地区常规转移支付如表2-10所示。

表2-10　　　　　　　分地区地区常规转移支付情况　　　　　　单位：百万加元

地区常规转移支付（TFF）	2016/2017财年	2017/2018财年	2018/2019财年	2019/2020财年	2020/2021财年
育空	895	919	950	997	1 055
努勒维特	1 489	1 530	1 579	1 642	1 713
西北地区	1 220	1 232	1 256	1 309	1 413

数据来源：加拿大财政部官网，https：//www.canada.ca/en/department-finance/programs/federal-transfers/major-federal-transfers.html#Ontario，2020年4月15日。

（三）健康转移支付（CHT）

由联邦政府向各省和地区提供长期可预测的医疗健康保健基金，是联邦政府支持实施健康行动计划、加强医疗卫生公共管理的一种转移支付。具有较强普遍性、综合性、可及性，是规模最大、最主要的一种转移支付。2019/2020财年，联邦政府共计划安排404亿加元的健康转移支付②。具体来看，各地区2016～2021年所获得以及预计获得的健康转移支付如表2-11所示。

表2-11　　　　　　　分地区健康转移支付情况　　　　　　　单位：百万加元

健康转移支付（CHT）	2016/2017财年	2017/2018财年	2018/2019财年	2019/2020财年	2020/2021财年
纽芬兰和拉布拉多	528	538	549	561	569
爱德华王子岛	149	153	160	169	177
新斯科舍	944	967	998	1 043	1 081
新不伦瑞克	754	780	803	835	860
魁北克	8 279	8 437	8 736	9 114	9 424
安大略	13 899	14 305	14 904	15 642	16 271
马尼托巴	1 310	1 357	1 410	1 471	1 521
萨斯喀彻温	1 142	1 170	1 212	1 262	1 302

①② 根据加拿大2019年预算报告整理，https：//www.budget.gc.ca/2019/docs/plan/anx-02-en.html。

续表

健康转移支付（CHT）	2016/2017 财年	2017/2018 财年	2018/2019 财年	2019/2020 财年	2020/2021 财年
阿尔伯塔	4 213	4 315	4 478	4 695	4 877
不列颠哥伦比亚	4 731	5 004	5 204	5 447	5 651
育空	38	40	42	44	45
西北地区	44	46	47	48	49
努勒维特	37	38	40	42	44

数据来源：加拿大财政部官网，https：//www.canada.ca/en/department-finance/programs/federal-transfers/major-federal-transfers.html#Ontario，2020年4月15日。

（四）社会转移支付（CST）

联邦政府为加强各省和地区中学后教育、社会救济、社会福利和幼儿早期教育而设立的专项转移支付，旨在使每一个加拿大公民享有平等的受教育权和社会公共服务。各省分别在2000年和2003年成功启动实施了儿童早期发展项目和儿童保育项目，且项目运行良好。社会转移支付的支付范围是加拿大全部13个省和地区。2019/2020财年，联邦政府的社会转移支付共计划安排146亿加元①。具体来看，各地区2016~2021年所获得以及预计获得的社会转移支付如表2-12所示。

表2-12　　　　　　　分地区社会转移支付情况　　　　　　单位：百万加元

社会转移支付（CST）	2016/2017 财年	2017/2018 财年	2018/2019 财年	2019/2020 财年	2020/2021 财年
纽芬兰和拉布拉多	196	199	201	203	204
爱德华王子岛	55	57	59	61	63
新斯科舍	349	358	366	377	388
新不伦瑞克	279	289	295	302	309
魁北克	3 064	3 122	3 206	3 293	3 381
安大略	5 144	5 294	5 470	5 651	5 838
马尼托巴	485	502	518	531	546
萨斯喀彻温	423	433	445	456	467
阿尔伯塔	1 559	1 597	1 644	1 696	1 750
不列颠哥伦比亚	1 751	1 852	1 910	1 968	2 028

① 根据加拿大2019年预算报告整理，https：//www.budget.gc.ca/2019/docs/plan/anx-02-en.html。

续表

社会转移支付（CST）	2016/2017财年	2017/2018财年	2018/2019财年	2019/2020财年	2020/2021财年
育空	14	15	15	16	16
西北地区	16	17	17	17	18
努勒维特	14	14	15	15	16

数据来源：加拿大财政部官网，https：//www.canada.ca/en/department-finance/programs/federal-transfers/major-federal-transfers.html#Ontario，2020年4月15日。

2019/2020财年，加拿大联邦政府这四种主要的转移支付在联邦政府项目支出中所占的比重约为23.9%①。具体来看，2019~2023年联邦政府这四种主要的转移支付支出预测如表2-13所示。

表2-13　　　　　四种主要的联邦政府转移支付预测　　　　单位：亿加元

主要的联邦政府对省级政府的转移支付	预测						
	2017/2018财年	2018/2019财年	2019/2020财年	2020/2021财年	2021/2022财年	2022/2023财年	2023/2024财年
健康转移支付	371	386	404	418	433	449	466
社会转移支付	137	142	146	150	155	159	164
均等化转移支付	183	190	198	205	213	221	229
地区常规转移支付	37	38	39	42	43	44	46

数据来源：根据加拿大2019年预算报告整理，https：//www.budget.gc.ca/2019/docs/plan/anx-02-en.html。

其中，均等化项目转移支付和地区常规转移支付是为调剂各地区之间财政能力的差异，分别针对省和地区政府的无条件转移支付，省级政府具有完全的支配权。健康转移支付和社会转移支付属于有条件的专项转移支付，目的均是以提高地方政府提供一种或几种公共产品的能力为主，具有全民性、双渠道、限制性的共同特征。全民性，即所有的省、市政府都可以得到该项资助，资助的金额按人口数量计算，不涉及各省、市的财政实力。双渠道，即转移支付的实现方式采取现金转移支付和税收转移支付两种形式向省和地区政府提供资金，改变了以往单一的现金方式。其中，税收转移支付是重要组成部分，联邦个人所得税收入的13.5%和企业所得税收入的1%让渡给省级政府，专项用于健康和社会项目支出。现金转移支付由联邦政府直接拨付，其总量标准由联邦政府制定，以补足省级政府在得到税收转移后仍存在的实行"加拿大健康行动"的资金缺口。限制性，即联邦政府向各省和地区提供

---

① 根据加拿大2019年预算报告整理，https：//www.budget.gc.ca/2019/docs/plan/anx-02-en.html。

长期可预测的医疗保障资金、继续教育资金、社会救助和社会福利资金、儿童早期保育和发展专项资金等,是带有限制性条件的转移支付,资金使用范围均有具体规定。如果省级政府没有按上述法案原则和法定范围使用该项资金,联邦政府有权拒绝支付或将其收回。同时,省级政府为了得到这两项转移支付,还必须遵守社会保险最低水准原则,为本地居民提供必要限度以上的社会救济服务。

除上述四种转移支付形式外,加拿大联邦政府每年还给省级政府一些其他具有特定目的的转移支付项目,但数量有限。特定目的转移支付同样是有严格条件的转移支付,即接受此项补助的省份必须把所获得的补助金额用于联邦政府所指定的项目上。目前占该项转移支付比重最大的是加拿大援助计划(Canada Assistance Plan),它是联邦政府对省政府在社会福利领域提供资助的一种形式,允许将当时的盲人津贴、养老金、残疾人津贴和失业补助等四项省政府与联邦政府共同承担的项目合并,形成一个范围更广泛的、对困难人群提供支持的项目。

三、省对下级市的财政转移支付

加拿大全国约有4 000个市级政府,但根据加拿大宪法,权力只在联邦政府和省政府之间进行了划分,市政府不被宪法认可,而由各省管理。省政府可以决定建立或废除市,可以通过立法决定市政府的责任及征收的税种,制定市政府提供的公共服务的要求,如规定水质标准和房屋建设标准,限制市政府借款等。

加拿大市政府的主要收入来源是财产税,其次是使用费收入和省级拨款,但大部分省级拨款是有特定用途和要求的,一般要求用于运输、环境和社会服务。联邦政府也向市政府提供部分专项拨款,包括与天然气税收有关的拨款、基础设施补助、无家可归者补助等一些方面。尽管省对市政府的一般性转移支付不到省对市财政转移支付总量的20%,但一般性转移支付对市政府十分重要。因此,大多数省份都采用某种公平、有效的方法来进行转移。有的以财政能力为基础,根据税基的大小来衡量;有的以支出需求为基础来决定;有的根据城市类型和大小对市政府进行归类。

在这些模型中,公式法是采用最多的方法,一般的计算方法如下:

$GR_i = (E/POP) \times POP_i - t \times B_i$

其中:GR_i = 对于管辖范围内 i 城市的转移金额;

(E/POP) = 人均标准支出;

POP_i = 管辖范围内 i 城市的人口;

t = 平均税率;

B_i = 管辖范围内 i 城市的税基。

公式中E代表变量,省政府根据各城市的大小、人口密度等情况作相应的调整。公式中最主要的是各省财政能力的确定,有些省明确要求省政府设计公式时要征求市政府意见,如邀请市政府参与公式的制定、咨询市政府意见等。

第三章

加拿大预算管理机构设置及职能

■ 本章导读

  在加拿大政治经济概况部分中不难发现，由于历史的、现实的诸多因素，加拿大的政治体制与多数英联邦国家一样受到了英国政治体制的深刻影响。这种政治体制结构的影响，也渗透在加拿大预算管理机构设置和程序的方方面面。加拿大政府预算管理涉及的机构包括各级议会、财政部门、国库委员会、税务部门、审计部门等立法、行政机构，且与多数英联邦国家一样，议会在预算管理中发挥着最高的管理职能。本章将就加拿大在预算管理中涉及的机构及其相应的预算职能逐一进行介绍。

第一节 立法机构

一、立法机构设置

加拿大是实行责任内阁制的联邦制国家,议会是加拿大的立法机构。其中,联邦议会是最高立法机构,行使最高立法权。同时,加拿大省级、市级分别设有相应级别的地方议会,行使地方立法权。

（一）联邦议会

1. 联邦议会的组成。根据加拿大宪法规定,最高立法机构由总督（英国女王代表）、参议院和众议院组成。其中,作为英国女王在加拿大的代表,总督职位仅仅是象征性的,没有行政实权。其主要职责为:①召集和解散议会;②代表英王签署议会通过的法案;③批准条约;④任命参议院议员。

在议会组织形式上,加拿大联邦议会参照美国国会模式采用两院制。加拿大联邦议会的众议院是加拿大议会权力的核心,拥有最大的权力和最高的问责权。相较众议院,参议院实际权力相对有限。在立法实践中,参议院通常不会驳回众议院的法案,所有政府机构只需要向众议院问责,内阁亦只需获得众议院信任。

2. 参议院（上议院）①。参议院的主要职责是审议法案,同时通过质询等方式对政府实行必要的监督。加拿大联邦议会开会期间,每周二至周四的三个下午,参议院举行全体会议。参议院的大部分工作由其所属的 20 个委员会处理,这些委员会包括:土著委员会,农业和森林委员会,1867 年宪法 93 款修改特别联合委员会,银行、贸易和商业委员会,布雷顿角发展公司特别委员会,儿童监护和权利特别委员会,能源、环境和自然资源委员会,渔业和海洋委员会,外交委员会,国内经济、预算管理委员会,立法和宪法事务委员会,议会图书馆联合委员会,国家金融委员会,官方语言研究委员会,规则、程序和议会权利委员会,国家安全委员会,社会事务、科学技术委员会,国家财政委员会,道德和利益冲突研究委员会,人权委员会,遴选委员会,运输与通信委员会等。与开会时间相对短暂的全体会议相比,参议院的各个委员会则经常开会,它们负责审议加拿大农业、渔业、贸易、银行、宪法事务、种族争端、社会政策等问题的一般立法。此外,还有一个特别委员会专门审理有关青年、新闻媒体、国防和贫穷等特殊立法问题。

从宪法理论上来说,参议院的主要作用是制衡立法,在立法中享有与众议院平等的地位,除财政立法的提案权之外,同等地拥有众议院所拥有的一切权力。但在立法实践中,参议院往往只能起到从属作用,其实际职权大致局限于审议私人法案、

---

① 有关参议院的组成等情况请参考第一章第一节的相关内容。

调查涉及公众利益的争议，以及出于政治考虑的有限范围内复议众议院所通过的或者等待通过的法案。在过去的实践中，参议院从未驳回众议院呈交的法案，或拒绝众议院对法案的修改。

3. 众议院（下议院）①。众议院的内部事务一般由内部经济理事会（BOIE）管理。内部经济理事会由议长（担任主席）、2 名枢密院成员（由政府任命为董事）、反对党的领袖或其代表、还有一些其他的委员组成，使理事会中政府和反对派代表人数相等（议长除外），公认的政党（即在众议院中至少拥有 12 个席位的政党）均在董事会中获得代表。内部经济理事会负责雇用众议院所有的工作人员并管理众议院的建筑房产，决定众议院的行政、财政事务，为工作人员提供更优越的工作环境，以更好地为议员服务，且董事会的决定是无党派的。

众议院下设有职能各异的委员会，包括②：退伍军人事务委员会；土著事务和北方事务常设委员会；农业和农业食品委员会；工业、科学和技术委员会；加拿大-中国关系委员会；司法和人权委员会；加拿大遗产委员会；国际贸易委员会；官方语言委员会；公民与移民委员会；联络委员会；环境和可持续发展委员会；国防委员会；政府运营与估算委员会；公共账目委员会；程序和议会事务委员会；外交和国际发展委员会；自然资源委员会；妇女地位委员会；公共安全和国家安全委员会；财政委员会；交通和基础设施委员会；信息获取、隐私和道德规范委员会；渔业与海洋委员会；健康委员会；人力资源、技能和社会发展以及残疾人地位委员会。其中，主要由政府运营与估算委员会负责对政府预算的有效性和功能性进行评估。政府运营与估算委员会于 2003 年发布题为"有意义的审查：估算程序的显著改进"（Meaningful Scrutiny: Practical Improvements to the Estimates Process）的报告，于 2019 年发布题为"提高政府支出计划的透明度及议会监督"（Improving Transparency and Parliamentary Oversight of the Government's Spending Plans）的报告，充分体现了其职能。

4. 联邦议会的工作时间安排。加拿大联邦议会每年从 9 月份开始至次年 6 月份举行议会会议，共约 175 个工作日。1991 年改革后缩短至 134 个工作日，并且每一个会议日增加 1 小时，减少施政演说、预算辩论以及"反对党日"等时间，逢国家法定节假日议会休息。议会休会期间，议员回到自己的选区工作。议会议员必须与选区选民保持密切关系，从而掌握所需要的第一手资料。

（二）地方议会

加拿大的地方行政体制分为省级政府和市级政府，共有十个省和三个地区，它们均设有地方议会，由普选产生行使地方立法权。加拿大一些省议会曾经实行两院制，1968 年以后，各省的立法机关都改为一院制。加拿大联邦和地方立法权限的划分基本上是采取传统的联邦制国家的划分方法，即划分联邦的专属立法权限、地方的立法权限、联邦和地方共有的立法权限以及剩余立法权限的归属。

---

① 有关众议院组成的有关情况请参考第一章第一节的相关内容。
② 加拿大众议院官方网站，https://www.ourcommons.ca/Committees/en/Home。

各省立法机构在符合一定的规定下，可以单独制定关于本省教育方面的法律。在养老金及老人福利规划、农业、移民入境等方面，各省与联邦享有共同立法权。此外，加拿大宪法还规定了联邦和省均衡负担的原则，即为了缩小发展不均衡的各省之间的贫富差距，联邦和省都要承担相应的宪法义务。

二、立法机构的预算职能

加拿大议会作为国家立法机构，其对国家财政预算的审批监督职责被视为整个议会民主制度的重要组成部分。加拿大议会的主要职能是讨论并审议通过政府提交的预算草案，其本身不会提出新的政府财政预算计划，也不会提高特定预算项目的支出水平，只能就收到的政府预算草案进行审议和表决。

（一）对预算的审批职能

预算的审批，是预算案通过议会法定程序的批准，进而成为具有法律约束力的法律文件的过程，是加拿大议会预算职能的集中体现。

大约在 10 月中旬，预算案正式提交给议会前的 4 个月，政府与议会将会就预算形成进行前期磋商，一般由财政部长向议会财政委员会报告当前的财政经济形势及未来走势，阐明政府的预算政策目标，提出具体需要磋商的问题。议会财政委员会在听取各方面意见的基础上，于 12 月初将磋商情况形成预算建议反馈给政府，成为政府编制预算的重要基础。

每年 2 月，财政部长代表政府在议会作预算演说，并陆续由有关部门向议会提交一系列文件，包括预算案、主要估算案、有关项目报告和具有优先权级别的项目报告。具体来说：预算案是政府财政框架的全面阐述，需要就政府财政收入水平、支出、盈余（或赤字）等财政指标，以及与经济发展状况相联系的总量指标进行说明，由财政部长提交，提交时间一般比主要估算案提前几天；主要估算案由国库委员会主席提交，包括有关政府支出的总况、预算与估算的关系，需要议会审批的各个项目的具体的实施方案，即为政府部门在下一年度的具体支出计划、成本估算以及 3 年工作目标；有关项目报告和具有优先级别的项目报告由各部门和代理机构负责提交，主要从战略高度和长期角度对项目结果提供详细信息；对于在财政年度中才获得立法批准授权的项目提案，还需要进行补充预算案来说明。在财政部长和国库委员会主席提交文件后，众议院开始审议工作。自动提交的估算案将由各相应的常务委员会核查，其中政府运营和估算委员会重点对部门预算包括国有企业预算进行审查，并向议会提交报告，各常务委员会应于 5 月 31 日前就估算案向众议院作出报告。部门估算审查通过后，政府估算案的议会表决方可举行，议会拨款案在表决通过后正式生效，此后政府各部门及国有企业按照法定程序进行支出。由于法律规定议会要预留一定时间对政府支出提议进行讨论，一般是 20 天。因此在 6 月底，议会将对估算案进行投票。

预算案的议会审批在 6 月底之前方能实现，而加拿大政府的财政年度开始于每年的 4 月 1 日，因此政府预算案审批通过时，财政年度已过去将近 1/4，需要议会对这段时间的临时资金供应进行授权，以保持必要的支出，维持政府的正常运转。同时为了加强议会的预算审查监督，加拿大联邦议会在 2007 年新设预算专员。该专员在议会图书馆工作，负责为议会审查预算提供信息和分析服务。

（二）对预算执行的监督职能

加拿大众议院下设有财政委员会、公共账目委员会和政府运营与估算委员会，承担预算全过程审查监督的主要工作。其中：财政委员会负责总预算审查和监督，公共账目委员会负责对审计报告的审议，政府运营与估算委员会负责对部门预算支出的审查监督。

在财政年度结束以后，财政部长要向议会提交年度财政报告，汇报上一年度预算的执行情况；国库委员会主席也要向议会提交公共账目、政府及各部门绩效报告。政府年度绩效报告通常会列出政府的目标、可衡量指标及指标反映的内容，部门绩效报告会说明部门所承诺的服务计划、主要项目的预期目标与实际结果等内容。

公共账目委员会是加拿大议会的常设审计委员会，通常由反对党议员担任公共账目委员会主席，主要负责对预算的执行情况和联邦政府审计长的工作进行监督，紧紧依托审计署履行职权①。具体来说：公共账目委员会收到审计署提交的审计报告后，选择报告中要研究的部分，与审计长和被审计组织代表一同开会讨论审计署调查结果。除此之外，委员会还将对联邦政府公共账目进行审查，审查审计长提出的财务和会计缺陷。在研究讨论后，委员会可向参议院提交包含对政府行政改进、财务模式与对联邦部门和机构控制方面的建议。

（三）努力扩大社会公众的参与

为有效发挥社会公众在预算过程，特别是预算编制环节中的作用，加拿大议会在预算编制过程中努力扩大社会公众的参与。具体措施包括：为更广泛地了解不同社区的经济活动及其需求，议会财政委员会会在政府提交预算案前进行实地走访；在各地组织一系列由专家、利益集团和普通公众参与的公开听证会，听取多方意见，并且开通电子邮件及传真的渠道，广泛征集公众对预算的意见和建议。财政委员会在分门别类地进行梳理后，会向财政部提交一份报告，印发并向公众公布。

第二节　预算管理的主导机构

一、预算管理主导机构概述

加拿大联邦政府机构与预算管理直接相关的有议会、内阁、财政部、枢密院、

---

① 公共账目委员会官方网站，https：//www.ourcommons.ca/Committees/en/PACP/About。

国库委员会、税务局、审计署等,其中起主导作用的是财政部、枢密院和国库委员会,因此又被称为"三大部"。从政治结构上看,枢密院是由现任总理及内阁与前任总理及内阁等成员组成,因此内阁从行政结构上讲,枢密院的一个委员会。而国库委员会是内阁唯一靠立法确定的委员会,所以国库委员会也会间接接受枢密院领导。但是从预算职能方面分析,枢密院、财政部、国库委员会三个机构中:枢密院会同财政部,或者单独向总理提出预算战略要点建议;财政部负责具体编制预算;国库委员会协助编制预算并具体监督执行。

总体来看,加拿大财政在管理机构设置上遵循"预算编制与预算执行相分离,政策制定和事务管理相分离,职能机构互相协调制约"的原则,枢密院、财政部、国库委员会在预算职能方面也体现出这种西方思想中权力制衡的关系。

二、枢密院

(一) 枢密院的机构设置

女王加拿大枢密院(PCO, Her Majesty's Privy Council for Canada),是1867年首次依据《英属北美法案》(后来更名为"加拿大1867年宪法法案")建立的。自那以来,女王加拿大枢密院一直在增加成员。目前,加拿大女王枢密院主要由以下人员组成:(1)内阁大臣;(2)前内阁大臣;(3)首席大法官;(4)前首席大法官;(5)众议院前发言人;(6)前参议院议长;(7)前总督;(8)杰出个人(作为荣誉)。加拿大总督在听取总理推荐的基础上任命枢密院成员,枢密院成员任期实行终身制,枢密院书记实际担任副总理。

枢密院的主要职责是向总理和内阁提供决策建议和秘书服务,包括为总理准备最高演说;就重大国家政治、宪法事务,向政府提供援助和咨询。需要注意的是,它不应与总理办公室(PMO)混为一谈,枢密院是控制公务员制度的最高级办事处,具有明显的非党派性质,而总理办公室具有全党派的性质。

专栏3-1:加拿大枢密院办公室

枢密院办公室(PCO)是在总理和内阁做出决策时,提供无党派意见以及公共服务支持的中心。在枢密院书记的带领下,PCO协助政府实施其愿景,并对政府和国家面临的问题作出有效快速的回应。在当今复杂的经济和社会问题的世界中,这项工作大部分涉及联邦政府内部和外部的磋商和协调。该PCO秘书处在确保这种合作的关键作用。为此,PCO致力于在联邦公共服务部门实现最高的专业和道德标准。枢密院办公室主要扮演三个角色:

第一,总理顾问:就国家和国际重要事项向总理、投资部长、内阁和内阁委员会提供专业的无党派咨询。枢密院汇集了高质量的政策咨询和信息,以支持总理和内阁。这包括:来自公共服务部门的非党派意见和信息;

与政府内外（包括省，区）的国际和国内目标对象进行协商与合作；关于加拿大人优先事项的信息。

第二，内阁秘书：确保内阁决策过程顺利进行，并帮助执行政府的议程。枢密院应该协助政府和内阁实现流畅、有效且高效的日常运作。内阁秘书的工作内容包括：（1）管理内阁决策制度；（2）为内阁和内阁委员会会议安排和支持服务；（3）推动联邦各部门和机构以及与外部利益相关者的政府议程；（4）提供政府结构和组织建议；（5）制定立法会命令及其他法定文书，落实政府决定；（6）在某些情况下向总理办公室，PCO 部长下向调查委员会提供行政服务；（7）向部门协调部门政策建议（配套政策分析）。

第三，公共服务的领导者：建立高绩效和负责任的公共服务。枢密院通过提供专业咨询和服务，并努力达到最高的问责标准、透明度和效率，以确保整个国家和国人享有高质量的公共服务。其具体工作为：（1）管理联邦部门、皇家公司和机构的高级职位任用流程制定；（2）人力资源问题政策和公共服务更新；（3）确保公共服务部门有能力应对新兴挑战和政府职责不断变化；（4）起草并向总理提交有关公务员状况的年度报告。

资料来源：https://www.canada.ca/en/privy-council/corporate/mandate.html。

（二）枢密院的预算职能

枢密院对总理和内阁提供服务，其主要职责是确保内阁各个部长及其部门在作出各自的财政性决策时，优先保证总理决策的事项。这是因为，在加拿大政府预算管理框架内，政府预算监督管理职能往往涉及多个部门，枢密院协调各部门之间的相互合作、相互联系，是实现政府年度预算案的顺利编制、审批和执行的必要保障。在预算编制的过程中，枢密院办公室会同财政部（或单独）向总理提出预算战略要点建议，由财政部负责最终的制定。

三、财政部

加拿大财政部是负责国家经济政策和财政事务的联邦机构，参与经济增长、资源配置、就业、收入、稳定价格和国家的长期发展等重要领域的计划制定，负责制定财政、税收政策，并与中央银行共同制定货币政策，在与其他部门合作以确保政府决议得以执行、使各部门负责人获得高质量的财政分析和建议的过程中扮演着重要的角色。同时，财政部通过全面管理联邦预算，在保障社会福利和经济发展政策的顺利实行过程中发挥重要作用；通过控制关税和特殊进口措施，对贸易政策施加影响。此外，财政部还负责金融业的管理，制定金融机构的规章制度，并负责协调对经济产生重要影响的各联邦部门或机构的关系，调整和改善省级政府与联邦政府的关系。加拿大财政部的基本职责还包括：准备联邦预算和经济和财政预算更新；准备加拿大政府的年度财务报告；并与加拿大财政部秘书处和加拿大接收总局合作加拿大公共账目。

加拿大财政部履行其相应职能，参与国家财政、预算管理的具体形式如下：（1）制定税收及关税的政策和法规；（2）管理联邦从金融市场获取的借款；（3）统筹和管理联邦资金在各省和地区之间的重大转移；（4）制定财政部门政策和法规；（5）在各种国际金融组织和团体内代表加拿大政府；（6）编制联邦预算以及更新联邦经济和财政规划；（7）与国库委员会秘书处、加拿大总出纳长办公室以及公共账目委员会合作编制政府年度财务报告。

（一）财政部门机构设置

加拿大财政部在财政部长的领导下履行职能，现任财政部长为克里斯蒂亚·弗里兰（Chrystia Freeland）。加拿大财政部一共设置九个职能部门（参考图 3-1）：

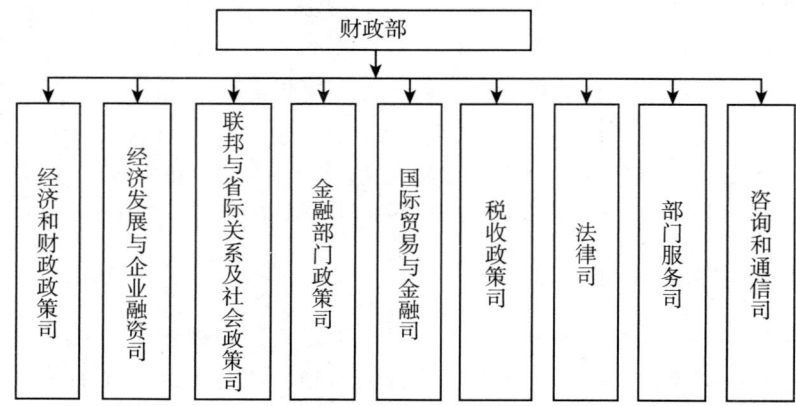

图 3-1 加拿大财政部各职能部门

资料来源：加拿大财政部官方网站，https://www.canada.ca/en/department-finance/corporate/organizational-structure.html。

各部门职能具体分为：

1. 经济和财政政策司。经济和财政政策司下设财政政策处、经济研究与政策分析处以及经济分析预测处三个机构，主要负责对加拿大的国民经济及政府财政状况进行分析，从而向政府决策者提供经济和财政决策的意见支持。

2. 经济发展与企业融资司。经济发展与企业融资司下设微观经济政策分析处、部门政策分析处两大机构，负责向部长提供微观经济、区域以及部门等方面的政策建议，以提高社会生产率、推动国民经济增长，并就部长参与内阁工作和编制政府预算提供相关建议。

3. 联邦与省际关系及社会政策司。联邦与省际关系及社会政策司下设联邦省关系处以及社会政策处，负责全面管理或协助其他部门管理某些联邦省之间的财政支出事项，并向部长提供有关联邦——省财政关系、社会政策问题及其经济和财政影响的政策建议。

4. 金融部门政策司。金融部门政策司下设金融机构、金融市场两个处，以及金融市场规章改革组，负责管理联邦政府的借款计划，并为部长批准国有公司的借款提出意见，制定金融市场和汇率政策及金融机构的规章制度。

5. 国际贸易和金融司。国际贸易和金融司下设国际金融与发展政策处、国际政策与分析处以及国际贸易政策处。该部门通过与国际金融、贸易等机构的合作，支持一个强劲且稳定的全球经济，并且还就涉及加拿大外交、发展、贸易和边境政策等广泛的国际焦点问题提供建议。

6. 税收政策司。税收政策司负责涉及联邦税收的所有事务，其中最重要的任务是为政府制定税收政策。税收政策司下设税收法规、公司所得税、个人所得税、销售税、税收估价等5个处，分别负责税收立法、税收政策和税政管理及签订国际税收协定；对公司所得税、资源税税收政策问题进行数量经济分析，对调整公司税在财政收入和宏观经济的影响方面提出意见；对个人所得税（包括社会保险费）进行数量经济分析，制定与个人所得税有关的政策；负责制定联邦销售税的政策和立法工作；负责评价税式支出、税收政策的结构及关税抵免等措施的效果，定期编制税式支出账户等。

7. 法律司。法律司设助理副部长和财政部律师、一般法律事务处、税务咨询处等部门负责财政部门的所有法律服务。该部门提供全方位的法律咨询和服务，包括财政部门、联邦财政资金向省级和其他地区的转移支付、税收政策、证券和资本市场监管、贸易问题以及联邦预算的执行等。此外，还会针对可能带来严重财政风险的诉讼提供法律咨询服务。

8. 部门服务司。部门服务司下设部门规划处、财务管理处、人力资源、安全和规划处、信息管理和技术处，从而在行政、部门规划、财务管理、人力资源、信息管理和技术等领域向财政部提供服务和支持。

9. 咨询和通信司。咨询和通信司负责对财政部制定和执行政策提供咨询，代表内阁和财政部同私营部门进行协商，并与主管部门就发展公共事务的规划及其他合作事项进行协商。下设通信战略和议会事务处、公共事务和业务处以及网络和多媒体服务处三个部门。

（二）财政部门的预算职能

财政部是联邦政府政策咨询与制定的重要职能部门，财政部长是总理制定经济政策的主要建议人。财政部作为宏观管理部门，负责监测所有的国民经济运行指标，向政府提供宏观经济形势预测、联邦税率和结构等政策建议，同时负责编制财政预算框架，指导各部门编制预算，管理联邦政府债务和联邦对省和地区的转移支付等。为提高经济决策的科学性，财政部约有70%的人员从事财政经济预测和政策研究，同时聘用了许多著名的经济学家，并广泛吸纳社会及私营部门的经济专业人士参与。

加拿大财政部预算职能可以从两个方面进行考察：

1. 从联邦政府预算编制和执行流程的角度考察。在政府预算编制过程中，枢密院会同财政部向总理提出预算战略要点建议，财政部最终制定预算，国库委员会协助进行预算编制并具体执行。财政部在具体预算编制和执行过程中的职能表现在以下阶段：

（1）3~6月：提出初步预算建议和部门预算准备阶段。加拿大政府在每年3月份开始下年预算的编制工作。财政部依据本部门和咨询机构对下一年的经济增长率、通货膨胀率、利率、就业率等进行的分析预测，分析影响财政收入和支出的因素，提出新的收支政策和预算建议，并接收各部门的预算计划。此外，财政部需要在3月份至8月份持续对经济增长和财政收支做进一步的预测。

（2）8~9月：内阁审议政府重要工作阶段。财政部长在内阁会议上提出财政经济预测结果及下年预算要点，与各部门负责人就预算安排进行具体磋商，在此基础上对部门初步的预算进行修改，形成经内阁磋商后的预算框架。

（3）10~12月：预算咨询阶段。财政部长需要在众议院财政委员会举行的听证会上发表预算要点，介绍当前及未来一年的经济形势及其与政府预算目标的关系。

（4）12月~下一年1月：预算计划的审议阶段。财政部需要将议会磋商形成的预算建议反馈给内阁做进一步审议。

（5）1~2月：预算决策阶段。财政部长与总理根据内阁讨论结果和众议院财政委员会报告，确定最终的预算案。2月份，财政部长代表政府向议会提交预算案。5月份众议院财政委员会向众议院全体会议提交预算审查报告，并在议会讨论通过。

（6）预算执行阶段。在预算执行过程中，联邦和省级政府密切跟踪预算执行情况，以进展报告的形式定期向公众披露相关信息。联邦财政部每个财年需发布5个公报。每个财年结束后，联邦财政部都要发布年度财务报告。

2. 从财政部各部门的预算职能角度考察。具体来说，财政部各部门的预算职能有：

（1）经济和财政政策司及其下属三个部门预测和分析联邦收入和支出，监督和分析政府和其他代表性国家的财政状况，跟踪、评估和预测加拿大的经济表现，并以此为基础深入进行相关的政策研究，从而为财政部长提供财政政策建议，在编制联邦政府年度预算方面发挥了重要作用。

（2）经济发展与企业融资司负责向部长提供微观经济、区域以及部门等方面的政策建议，以提高社会生产率、推动国民经济增长，并对部长参与内阁工作和编制政府预算提供建议。

（3）联邦与省际关系及社会政策司主要负责联邦－省级财政以及财政关系方面，并且管理重要的联邦转移计划。该司还是该部门与省部门之间的联络人，并协调联邦和省级财政部长以及财务主管及其代表的会议。

（4）金融部门政策司下设的基金管理处负责提供有关政府市场债务战略的政策建议，指导和监督借款方案的实施情况，并编制有关议会债权管理的报告。

（5）国际贸易和金融司关注关税，并负责评估其对于加拿大企业和消费者的影响，参与WTO，NAFTA以及其他组织中加拿大关税协定的谈判，同时该部门还负责分析全球金融贸易创新方面的内容，对加拿大发展优先事项开征具体政策工作。

（6）税收政策司负责制定和评估个人所得税、企业所得税以及消费税领域的联

第三章 加拿大预算管理机构设置及职能

邦税收政策和有关法规。

（7）法律司提供全方位的法律咨询和立法服务，包括金融机构、联邦财政资金向省级和地区的转移支付、税收政策、证券和资本市场监管、贸易问题、金融管理以及联邦预算的制定和执行。此外，他还关注可能会对财政产生重大影响的法律，并给部门提供指导。

（8）部门服务司在企业财务管理方面提供指导。

（9）咨询和通信司负责税收协定，联邦预算案等政策的完善和公布。

（三）财政部长职责

财政部长作为财政部门的负责人，也是加拿大联邦政府预算编制的主要参与者，承担着统筹组织财政部编制政府预算工作的重任。在加拿大联邦政府预算编制的过程中，财政部长在内阁会议上提出财政经济预测结果及下年预算要点，与各部门负责人就预算安排进行具体磋商，在此基础上对部门初步的预算进行修改，形成经内阁磋商后的预算框架。之后，在10月份举行的众议院财政委员会听证会上，财政部长发表预算要点，介绍当前及未来一年的经济形势及其与政府预算目标的关系。最后，财政部长与总理根据内阁讨论结果和众议院财政委员会报告，确定最终的预算案。2月份，财政部长代表政府向议会提交预算案以供议会讨论审批。

四、国库委员会

国库委员会（Treasury Board）是审查并核准加拿大政府开支的内阁机构。加拿大内阁由几个不同的委员会组成，分别承担各自的职责。相比其他几个没有范式架构、变动频频的委员会而言，国库委员会是众多委员会唯一依法设立的部门（通常情况下遵循《财政管理法案》相关规定），并且是隶属于加拿大枢密院的法定机构。国库委员会由1名主席和包括财政部长在内的5位部长组成，主要负责财政支出管理，包括协助财政部编制部门预算，按预算进度下达财政资金拨付计划，监督部门预算的执行（重点是监督非常规支出），负责制定政府运营的规章制度，协调向议会提交的预算和决算报告等。除此之外，国库委员会作为唯一的法定内阁委员会，负责联邦公务员制度和加拿大政府的大部分运作。

（一）国库委员会机构设置

1. 国库委员会。国库委员会被视为政府总经理，也是公务员的总雇主，它负责制定政府财政、人事和行政管理事务领域的政策，审查政府各部门提交的支出计划建议，并且评估经批准的项目的执行情况。国库委员会主席（President）负责将内阁批准的政策和项目付诸实施，并为政府各部门提供所需要的资源和完成相应工作的行政环境。国库委员会有其行政性的执行机构，称国库委员会秘书处（Secretariat），这一职位在1966年才成为一个独立的部门，此前是财政部的组成部分。

国库委员会的独特之处还在于，国库委员会主席仅凭借其管理作为内阁附属机构的国库委员会的职能就获得了内阁的席位，其他委员会主席则是凭借其所管理的其他部门才取得相应的内阁席位。国库委员会由 6 位内阁部长组成，通常都包含国库委员会主席以及财政部长。现任成员如下：主席是让·伊夫·杜克洛斯（Jean-Yves Duclos）、副主席数字政府部长乔伊斯·默里（Joyce Murray）、成员有多样性与包容性和青年事务部长巴达什·切格（Bardish Chagger）、基础设施和社区部长凯瑟琳·麦肯纳（Catherine McKenna）、财政部长克里斯蒂亚·弗里兰（Chrystia Freeland）、环境与气候变化部长乔纳森·威尔金森（Jonathan Wilkinson）。除了六位常设人员外，国库委员会还有"替补委员"，一旦出现与委员会成员利益冲突的事件，替补委员将出席国库委员会会议。截至 2020 年 2 月，现候补委员有：王冠土著关系部长卡罗琳·贝内特（Carolyn Bennett）、公共安全和应急准备部长比尔·布莱尔（Bill Blair）、中产阶级繁荣部长蒙娜·佛提尔（Mona Fortier）、加拿大女王枢密院主席多米尼克·勒布朗（Dominic LeBlanc）、国家税务部长黛安（Lebouthillier）、退伍军人事务部长劳伦斯·麦考莱（Lawrence MacAulay）、小企业部部长，促进出口和国际贸易部长玛丽伍（Mary Ng）。

专栏 3－2：加拿大历任国库委员会主席

1 埃德加·本森 Edgar Benson 1966.10.1～1968.7.5
2 查尔斯·德鲁里 Charles Drury 1968.7.5～1974.8.7
3 让·克雷蒂安 Jean Chrétien 1974.8.8～1976.9.13
4 鲍勃·安德拉斯 Bob Andras 1976.9.14～1978.11.23
5 贾德·布坎南 Judd Buchanan 1978.11.24～1979.6.3
6 辛克莱·史蒂文斯 Sinclair Stevens 1979.6.4～1980.3.2
7 唐纳德·约翰斯顿 Donald Johnston 1980.3.3～1982.9.29
8 赫波·格雷 Herb Gray 1982.9.30～1984.9.16
9 罗伯特·德·科特雷 Robert de Cotret 1984.9.17～1987.8.26
10 唐·马赞科斯基 Don Mazankowski 1987.8.27～1988.3.30
11 帕特·卡尼 Pat Carney 1988.3.31～1988.12.7
12 罗伯特·德·科特雷 Robert de Cotret 1989.1.30～1990.9.19
13 吉勒斯·卢瓦塞勒 Gilles Loiselle 1990.9.20～1993.1.24
14 吉姆·爱德华兹 Jim Edwards 1993.1.25～1993.11.3
15 亚瑟·埃格尔顿 Arthur Eggleton 1993.11.4～1996.1.24
16 马塞尔·马斯 Marcel Massé 1996.1.25～1999.8.2
17 吕西安娜·罗比拉 Lucienne Robillard 1999.8.3～2003.12.11
18 雷格·阿尔科克 Reg Alcock 2003.12.12～2006.2.5
19 约翰·贝尔德 John Baird 2006.2.5～2007.1.3
20 维克·特夫斯 Vic Toews 2007.1.4～2010.1.19
21 托克韦尔·戴伊 Stockwell Day 2010.1.19～2011.5.18
22 托尼·克莱门特 Tony Clement 2011.5.18～2015.11.4

23	斯科特·布里森 Scott Brison 2015.11.4~20191.14
24	简·菲尔波特 Jane Philpott 2019.1.14~2019.3.14
25	卡拉·夸特洛 Carla Qualtrough（Acting）2019.3.14~2019.3.18
26	乔伊斯·默里 Joyce Murray 2019.3.18~2019.11.20
27	让·伊夫·杜克洛斯 Jean-Yves Duclos 2019.11.10 至今

资料来源：维基百科网，https://en.wikipedia.org/wiki/President_of_the_Treasury_Board。

专栏 3-3：加拿大现任国库委员会主席 Jean-Yves Duclos

现任国库委员会主席让·伊夫·杜克洛斯于 1965 年 5 月 10 日出生于魁北克市。杜克洛斯年轻时就读于阿尔伯塔大学，获得经济学学士学位，随后在伦敦经济学院攻读经济学研究生和博士学位。在当选众议院议员之前，他是拉瓦尔大学（UniversitéLaval）经济学系主任，也是加拿大经济学会（Canadian Economics Association）的当选主席。2014 年，他当选为加拿大皇家学会会员。

2015 大选时，他身为加拿大自由党成员被选为魁北克省代表。他是从吉尔斯拉蒙塔涅在 1984 年离开后，第一位经自由选举产生的代表。他被任命为联邦内阁，担任家庭、儿童和社会发展部长，受贾斯汀特鲁领导。之后，他在 2019 年大选中再次当选，并宣誓就任国库委员会主席。

资料来源：让·伊夫·杜克洛斯-维基百科，https://en.wikipedia.org/wiki/Jean-Yves_Duclos。

2. 国库委员会秘书处。国库委员会秘书处（Treasury Board Secretariat，TBS）是国库委员会下设的一个部级执行机构，具体履行国库委员会的各项职能。国库委员会的行政事务一般由国库委员会秘书处负责。它是内阁中一个法定性的委员会，其所有涉及财政支出的政策建议必须单独地经过国库委员会的批准。它对政府财务管理和支出情况进行监督，对诸如国防采购和工资体系现代化等复杂的横向问题进行监督，它还为整个政府的财政、人事和行政管理事务建立政策和通用标准，并就会计、审计和评估，合同和财政管理及其他一些领域制定政策性框架。其核心职责业务主要有四个，分别是支出监督、行政领导、雇主品牌、监督监管。秘书处由以下几个分支机构和部门组成（参考图 3-2）。

（1）总审计长办公室。加拿大总审计长负责为政府单位财务管理，内部审计，投资规划，采购，项目管理以及不动产和物资管理等方面提供功能导向和政府层面的保证。总审计长办公室为审计长各项工作提供支持并监督其权力的行使，确保所制定政策的健全性，所制定标准和程序的恰当性，监督联邦政府的业绩和合规性；通过一系列招聘和发展活动来维护和建设有活力的专业性政府机构。

（2）首席人力资源官员办公室。首席人力资源官员办公室（OCHRO）通过推动人事管理的卓越发展，确保公共服务的横向公平及纵向公平，来支持国库委员会相关工作。OCHRO 作为首要责任人对相关工作问责以履行相应职责。

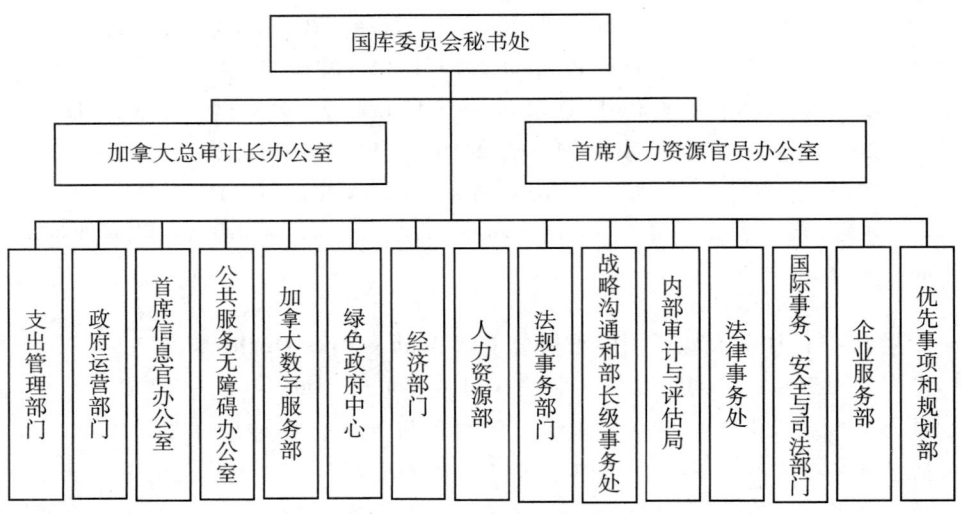

图3-2 加拿大国库委员会秘书处组成

资料来源：国库委员会秘书处官方网站，https：//www.canada.ca/en/treasury-board-secretariat/corporate/organization.html

（3）支出管理部门。支出管理部门（EMS）的主要职能是支持和加强秘书处在政府广泛的支出管理系统中的作用，系支出管理系统的中心和重点。EMS的工作涵盖整个支出管理周期——从支出分析，预测和支出管理战略，政策及业务到成果管理评估，战略审查，产值估算，对相关工作问责并负责向议会报告。EMS在规划和协调支出管理举措方面发挥强有力的整合作用，并负责在联邦政府体制内，提出较为全面的与直接管理计划支出和薪酬相关事宜有关的政治观点。

（4）政府运营部门。政府运营部门为国库委员会作为政府管理委员会和预算办公室行使相关职能提供支持。该部门为加拿大中央机构，议会机构，许多皇家公司和公共服务部门以及加拿大采购部门提供关于管理能力和风险，战略资源分配和有效计划设计的分析和建议。此外，该部门还向皇家公司和小型机构社区提供有关公司治理的政策建议和分析。

（5）首席信息官办公室。首席信息官办公室（CIOB）为加强加拿大政府信息管理、信息技术、信息安全、隐私保护和各部门之间信息共享等提供战略建议和领导。为了促进相关工作的开展，CIOB还就基础信息建设、项目管理和监督方面提供支持和指导。

（6）公共服务无障碍办公室。公共服务无障碍办公室推动加拿大政府达到《加拿大无障碍法》的要求，目的是制定并实施将加拿大的公共服务确立为无障碍和包容性工作场所黄金标准的战略。办公室对建筑环境、就业、信息和通信技术、货物和服务采购、方案和服务提供以及加拿大政府所有部门和机构的交通等领域的无障碍问题提供战略咨询。它将利用其他各级政府、私营和非营利部门合作伙伴的专门知识，帮助办公室实现设立目标。该办公室还将在发展创新试点项目方面与主要的公共服务伙伴合作。

（7）社会和文化部门。社会和文化部门为国库委员会发挥其作为加拿大政府管理委员会和政府支出周期中预算办公室的作用提供支持。该部门对联邦组织提交给内阁和国库委员会的备忘录进行尽职审查，并就资源分配、风险和政策合规性向国库委员会提供建议。该部门还协助编制政府估算文件和议会报告。此外，该部门还向联邦机构提供战略建议、指导和支持，帮助它们执行和应用国库委员会政策，政府优先事项，风险管理战略和绩效管理等。它还常支持各组织机构寻求国库委员会的授权和批准（例如财政支出授权，项目和计划批准）。该部门涉及30多个联邦组织，涵盖了土著问题、健康，文化，公园，遗产，人力资源和技能开发，劳工，社会发展，退伍军人事务和住房等各种责任。该部门还与其他中央机构密切合作。

（8）战略沟通和部长级事务处。战略沟通和部长级事务处（SCMA）为国库委员会会议、议会事务、内阁业务和与其他政府部门和非政府组织提供战略指导、通信和后勤支持。SCMA管理和协调国库委员会会议；确保秘书处能够及时获取有效信息；密切跟踪秘书处与总理的书信往来，并协助其及时答复。SCMA还负责开发政府机构内部和外部通信产品，并咨询业内专家为政府提供相关服务（例如通信策略和计划，演讲和演讲稿，部长级活动情况说明，媒体报告，新闻发布，部长问答以及记者招待会等）。它确保形成总理、国库委员会和秘书处的网络系统，保障三者之间信息通畅。

（9）法规事务部门。法规事务部门（RAS）支持国库委员会履行"女王加拿大枢密院委员会"的职责。在这个角色中，国库委员会建议和辅助部长（部长根据女王加拿大枢密院的意见行事）批准条例和发出理事会命令。该部门通过行使监督职能支持部长做出决策，并审查理事会提交的材料，以确保其以事实为基础，并遵守法律和政策要求，包括内阁监管管理指令（CDRM）。

（10）经济部门。经济部门（ES）为国库委员会行使作为加拿大政府管理部门，预算管理办公室等职能提供支持。因此，ES对联邦组织向内阁和国库委员会提交的备忘录进行尽职调查审议，并向国库委员会提供关于资源分配，风险和政策合规性的建议。该部门支持国库委员会做出健全的决策，管控价格，确保国库委员会遵守相关规则和政策，并符合加拿大政府的优先事项和目标。此外，ES还协助编制政府估算文件和议会报告，为43个联邦组织提供服务，涉及农业、渔业、自然资源、环境、运输、基础设施、工业、科学和区域发展等。

（11）国际事务、安全与司法部。国际事务、安全与司法部门（IASJ）为国库委员会行使作为加拿大政府管理部门，预算管理办公室等职能提供支持。ES对联邦组织向内阁和国库委员会提交的备忘录进行尽职调查审议，并向国库委员会提供关于资源分配，风险和政策合规性的建议。该部门支持国库委员会做出健全的决策，管控价格，确保国库委员会遵守相关规则和政策，并符合加拿大政府的重点事项和目标。IASJ与联邦部门和组织共同负责加拿大国际事务，移民，国际发展，国防，司法和安全。

（12）内部审计与评估局。内部审计和评估局（IAEB）提供独立、客观的保证和评估服务，旨在增加秘书处项目和运作管理的价值。IAEB遵循内部审计政策，遵循国际内部审计师专业协会实践框架以及估值政策。它旨在通过系统、有纪律的方法协助秘书处实现相关目标和"联邦责任法案"的预期效果，以提高风险管理效率，政府管控和治理流程的有效性。

（13）人力资源部。人力资源部（HRD）负责向秘书处的高级管理人员，管理人员，主管和员工提供战略性人力资源咨询、指导和服务。HRD为员工、管理人员提供一系列全面、及时的人力资源信息管理，包括职位等级、招聘、人员配置、官方语言、劳动管理、就业公平和多样化、培训学习与发展、奖励、职业规划、薪酬等。

（14）绿色政府中心。绿色政府中心在加拿大政府的低碳，气候适应和绿色行动方面发挥领导作用。

（15）法律事务处。法律事务处向国库委员会、预算办公室和加拿大政府管理委员会提供战略法律咨询，同时为国库委员会主席、秘书处和加拿大公共服务学院提供法律咨询。

（16）加拿大数字服务部。加拿大数字服务部（CDS）使用以用户为中心的方法和成熟的技术解决政府各部门共同的挑战，并在整个政府中推广该解决方案。CDS还帮助建设覆盖全政府的数字能力和扫盲服务，并根据实践经验和全球最佳做法，在与改善服务和技术有关的若干领域提供咨询。

（17）企业服务部。企业服务部门（CSS）协助国库委员会秘书进行秘书处内部管理。企业服务部的各下属机构为秘书处提供内部企业服务，并为加拿大财政部，加拿大公共服务学院和枢密院办公室提供特定的共享服务。CSS为财务管理、安全性，信息管理，信息技术，设施和物资管理领域提供技术支持。

（18）优先事项和规划部。优先事项和规划部负责关键的政策和规划活动，这些活动既是进行高效政府管理的基础，也是秘书处内部高效自治的基础。具体而言，优先事项和规划部与其他部门合作，确保国库委员会的政策建议协调一致。为达到这个目的，优先事项和规划部，既要发挥综合作用，又要发挥挑战功能，确保财政部长和国库委员会主席的战略管理优先级。优先事项和规划部还领导秘书处内的治理和规划进程，以确保整体优先事项的一致性、关键文件进展、问责制的明确和持续不断的改进。

（二）国库委员会的预算职责

国库委员会（Treasury Board）是对提交给议会的年度支出计划进行最后把关的中央机构。加拿大财政体制内的相关规章制度和大多数枢密院令必须经由国库委员会批准通过，因此其重要性远超其他内阁委员会。

加拿大联邦政府预算从大的方面来说，可分为对个人的转移支付（公民养老金支出）、对省级地方的转移支付、其他主要支出（公务员工资、项目支出）、债务利息支出四个部分，而其他主要支出中的项目支出标准则由国库委员秘书处具体负责与各部门协商确定。

在整个预算程序中，加拿大国库委员会的预算职能主要发生在确立初步预算框架阶段。依据加拿大联邦预算管理体制,项目计划由政府有关部门上报国库委员会秘书处审核。国库委员会秘书处有权对项目的合理性进行裁决,并确定资金的实际规模;国库委员会秘书处若不能裁定,再上报国库委员会讨论。国库委员会直接面对各部门,在项目决策方式上具有很大的发言权;国库委员会若不能定论,由国库委员会分别报财政部和枢密院审核;若财政部和枢密院不能达成一致意见,分别报内阁预算委员会、经济委员会决定;如果经过上述程序仍然不能够作出决策,最终上报总理定夺。因此,每年的3月至6月间,由国库委员会秘书处根据财政部、枢密院指定的收支政策和预算建议,通知各政府部门制定相关部门三年滚动业务计划,并对其上报的拟安排项目建议进行初步审查汇总,对项目进行评审,决定是否立项。因此,国库委员会的预算职能是协助预算编制并具体执行,审核各部门项目计划。

就初步预算框架阶段中的具体环节而言,加拿大每年在财政年度前1个月(即每年3月)时开始着手编制下财年预算。财政部、枢密院根据总理施政方针,提出新的收支政策和预算建议,并由国库委员会秘书处通知各政府部门。各部门根据建议制定部门业务计划。业务计划为三年滚动计划。国库委员会秘书处和各政府部门在安排项目支出方面起重要作用。各部门根据枢密院确定的政策取向和平时调查了解到的情况,向国库委员会秘书处提出拟安排项目的建议。项目建议必须符合预算格式的要求,资金安排具体明确。初步预算分别报送财政部和国库委员会秘书处,并由国库委员会秘书处进行初步审查汇总。国库委员会拥有由200名各行业专家组成的项目部,对项目进行评审,决定是否立项。如果国库委员会秘书处编制的预算需求小于财政部提出的预算收支总规模,财政部会用多余资金偿还债务;如果总预算需求大于预算总规模,财政部通常有以下三种措施可供选择:①调整税收政策,如提高税率或增开新税种。②要求国库委员会秘书处削减项目开支。这时,通常由总理和财政部长决定哪些是必保的项目,而对那些他们认为次要的或可以推迟的项目予以削减或推迟。③要求国库委员会秘书处裁减部分联邦政府雇员。

第三节 预算管理的其他机构

一、税务局

加拿大税务局(Canada Revenue Agency,CRA)是加拿大的联邦机构,管理着加拿大联邦政府和大多数省份及地区的税收,并管理着通过税收制度实现的各种社会和经济福利及激励计划。例如,加拿大慈善机构登记的监督,以及科学研究和实验发展税收抵免计划等税收优惠计划就由加拿大税务局负责。

1999年4月29日,加拿大议会通过加拿大海关和税收总署法案(Canada Customs and Revenue Agency Act),并依据该法案成立了加拿大海关和税收总署(现为加拿大税务局)。1999年11月1日,加拿大海关和税收总署(现为加拿大税务局)

的地位发生了从部门到机构的改革，使其成为一个致力于领导力、创新性和客户服务的现代化组织。2003 年 12 月 12 日，加拿大政府宣布成立加拿大边境服务局（Canada Border Services Agency，CBSA），专门负责加拿大的海关服务。2005 年 12 月 12 日，加拿大海关和税收总署的名字被改为"加拿大税务局"。

（一）税务局的机构设置

1. 国家税务局长（Minister of National Revenue）。国家税务局长为所有 CRA 的活动向议会负责，包括"所得税法"和"消费税法"的管理和执行。国家税务局长必须确保 CRA 在加拿大政府的整体框架内运行，并以公正和诚信的准则对待所有服务对象（参考图 3-3）。

2. 董事会（Board of Management）。董事会由总督会同行会任命的 15 名成员组成。其中 11 位成员由各省和地区提名。董事会负责监督 CRA 的组织和管理，包括制定机构的经营计划，管理与资源、服务、财产和人员有关的政策。董事会主席负责管理董事会的事务和职能，并指导董事会，确保其履行职责。

3. 委员（the Commissioner）。作为 CRA 的首席执行官，委员负责 CRA 的日常管理并执行属于局长授权的项目立法。委员向董事会负责，对员工进行监督并负责执行政策和预算。此外，委员必须在立法机关、职责、职能和内阁的责任等方面协助税务局长。

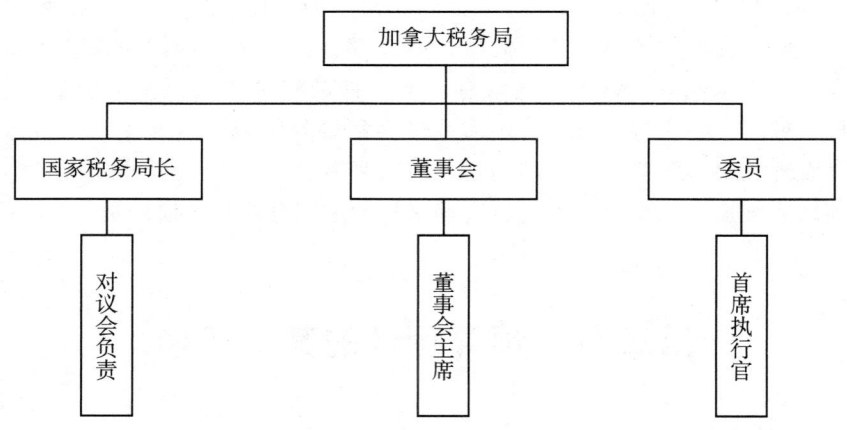

图 3-3 加拿大税务局的机构设置

资料来源：加拿大税务局官方网站：https://www.canada.ca/en/revenue-agency.html。

（二）税务局的预算职责

CRA 在负责管理联邦税收计划以及提供经济和社会福利的同时，还负责管理某些省和地区的税收计划。此外，CRA 有权与各省，领地和其他政府机构建立新的合作伙伴关系，以应他们的要求并在成本回收的基础上管理非统一的税收和其他服务。其致力于促进加拿大的税收立法和条例的遵从，并在加拿大人的经济和社会福利方面发挥着重要作用。具体职能如下：（1）支持程序立法的管理和执行；（2）为完成一项活动或管理一项税收，在一个省或加拿大政府的其他公共机构之间实施协定；（3）在加拿大政府机构之间实施协定或安排，以开展活动或管理一项方案；（4）在加拿大政府和土著政府之间执行税收协定。

加拿大税务局有两项重要职责：制定部门业务计划以及向议会报告。

1. 部门业务计划。加拿大税务局每年必须以财政部规定的时间和形式向局长提交一份部门业务计划，并提供国库委员会可能进一步要求的资料，以供国库委员会批准。国库委员会可根据其指定的任何条款及条件批准该计划。部门业务计划必须包括国库委员会指定的任何期间内的：（1）部门的目标；（2）该部门打算用于实现其目标的战略，包括经营和财务策略、人力资源策略及其对整体薪酬和福利的影响；（3）部门的预期业绩；（4）部门的业务和资本预算，包括从该机构的运作中获取的赠款、捐款和收入；（5）任何其他财政部可能需要的战略信息。该部门必须以符合其最近的部门业务计划的方式行事，并遵守财政部规定的任何条款和条件。在国库委员会批准部门业务计划之后，该机构必须将计划的摘要提交局长批准。局长必须在批准后的前15天里，将计划摘要的副本提交给每一个议院。部门业务计划摘要内容要完备，并且需要包含关于该部门人员编制方案的原则声明。

2. 向议会报告。加拿大审计长是加拿大税务局的审计员，必须每年向税务局和局长就税务局财务报表进行审计，并提出意见，向局长、委员和董事会提供审计报告的副本。税务局必须在税务局全年业务之后的每年12月31日之前向局长提交上一财政年度税务局业务年度报告，同时在大臣收到之后，局长必须将报告副本在前15天的任何一天提交给议会。年度报告必须包括：（1）根据会计原则编制的财务报表，要求必须与财务管理法第64节所述公共账目的编制和加拿大审计长对他们的意见一致；（2）关于税务局在部门业务计划中确定的目标的业绩的资料；（3）评估摘要表；（4）公共服务委员会提出的任何报告；（5）局长可能要求列入其中的任何其他资料。报告生效5年后，由众议院委员会，参议院委员会或两院议会对这一报告的规定和运作情况进行全面审查和评估，并在完成审查和评估后的合理时间内向议会提交报告。

二、审计署

（一）审计署机构设置

加拿大审计署（The Office of the Auditor General of Canada，OAG）机构人员设置如图3-4所示。加拿大审计长是经众议院和参议院决议后任命的议会官员，代表议会开展工作，对议会负责，任期10年，不可连任。审计署审计联邦政府（大约包括100个部门和机构）、皇家公司（大约40家，如加拿大广播公司和加拿大皇家铸币厂等）、努纳武特政府、育空和西北地区政府和大约20个地区公司和机构。

加拿大审计长
迈克尔·弗格森
沟通、协调
内部审计
国际关系
议会联络员
实践回顾
策略计划

内部服务	审计实务
斯图尔特·巴尔助理审计长	朱莉·格尔凡德－环境与可持续发展专员
西尔万·里卡德－审计长助理	杰罗姆·伯特莱特－助理审计长
安妮玛丽·史密斯高级总法律顾问	南希诚－助理审计长
法律服务	特勒伦斯·德乔－助理审计长
林·萨赫斯－助理审计长	克莱德麦克莱伦－助理审计长
与北约协议	

图 3-4 加拿大审计署机构人员设置

资料来源：加拿大审计署官方网站，http：//www.oag－bvg.gc.ca/internet/English/admin_e_41.html。

专栏 3-4：加拿大审计署历任审计长
- 西尔万·里卡德（临时，2019-2020）
- 迈克尔·弗格森（2011-2019）
- 约翰·维斯马（临时，2011）
- 希拉·弗雷泽（2001-2011）
- 丹尼斯·得索泰尔（1991-2001）
- 肯尼斯·戴伊（1981-1991）
- 米歇尔·雷纳（1980-1981）
- 詹姆斯·麦克内尔（1973-1980）
- 安德鲁·麦克斯韦·亨德森（1960-1973）
- 罗伯特·沃森（1940-1959）
- 乔治·冈塞耶（1924-1939）
- 爱德华·达文波特萨瑟兰（1919-1923）
- 约翰·弗雷泽（1905-1919）
- 约翰·洛恩·麦克杜格尔（1878-1905）
- 约翰·朗顿（1887-1878）

资料来源：http：//www.oag－bvg.gc.ca/internet/English/admin_e_41.html。

（二）审计署的预算职责

加拿大审计署进行独立的审计和研究，为议会、地区立法机构、皇家公司董事会、政府和加拿大公民提供客观信息、建议和担保。审计署主要进行三种类型的立法审计：

1. 财务审计。财务审计主要审查财务报表或其他财务资料中的数字是否合理准确。它的目的不在于检查收到或花费的每一加元，也不在于识别欺诈或不当行为。因此，加拿大审计署仅审查财务报表中反映的交易样本和余额。根据《财务管理法》，审计署还受命评估在财务审计期间审查的交易是否符合法律、法规、细则和组织的章程。这项职责对立法审计员提出了更高的要求，要求其具备专业的技能和知识来识别合规事宜。审计署向议员提供有关其审计的组织履行其立法义务情况的公正信息。这样，审计署也积极支持履行了对选任官员的监督责任。此外，财务审计不会评估政府政策决策的优劣，如出台新税收抵免的决策是否有价值等。但是，它侧重于审查如何在政府或个人组织的财务报表中反映政策决策的财务影响。

财务审计约占审计署工作量的一半。对整个加拿大政府的财务报表审计是加拿大最大规模的财务审计，约占审计署财务审计工作量的21%。审计署每年在不同司法管辖区进行约150次财务审计及相关工作，审计范围包括：（1）联邦政府的财务摘要表，其结果每年在加拿大公共账目中发布；（2）努纳武特、育空地区和西北地区政府的简要财务报表；（3）大多数皇家公司和许多联邦组织的财务报表。财务审计涵盖联邦和地区政府组织、国际刑警组织和教科文组织等一些国际组织。此外，审计署的工作满足了省政府和原住民政府的特殊需求，如对加拿大税务局代表省政府征收所得税的审计。审计署每年需花费约4 400万加元来完成这些财务审计及相关工作，几乎占审计署年度计划支出的一半。

2. 绩效审计。加拿大审计署的绩效审计主要回答以下问题：（1）项目的运行是否充分考虑了经济，效率和环境影响？（2）政府是否有适当的手段来衡量其项目的有效性？也就是说，绩效审计是对政府管理其活动，职责和资源的能力的独立，客观和系统的评估。绩效审计有助于提供有效的公共服务以及建议一个对议会和加拿大人负责的政府。

绩效审计不质疑政府政策的优劣。相反，他们根据政府自身的公共管理政策和最佳实践来检查政府的管理实践、控制和报告系统。绩效审计的计划、执行和报告都基于专业审计标准和部门政策，由专业的审计员来开展，包括：（1）建立评估绩效的审计目标和准则；（2）收集必要的证据，根据标准评估绩效；（3）报告正面和负面结果；（4）根据既定的审计目标作出结论；（4）当标准和评估绩效之间存在显著差异时，提出改进建议。整个绩效审计过程可能将持续18个月。

《总审计长法》赋予总审计长相当大的酌处权，以决定应审计哪些政府领域。但由于政府活动众多，选择绩效审计主题是一项复杂而具有挑战性的工作。它需要对政府及其组成机构有充分的了解，并且需要高水平的专业判断力。由于选择好的主题对于编写对议会有用的报告至关重要，因此审计署在这一过程中付出了相当大的努力。审计署一般提前几年就开始计划它的审计计划。它会进行全面的风险分析，以找出与议会最重要和最相关的领域。高风险地区包括那些税收负担重或可能威胁到加拿大人健康和安全的地区。当然，在选择审计主题或领域时，审计署还必须考虑其自身的财力和人力的可用性等实际问题。每一年，审计署将开展 25 到 30 次绩效审计。

3. 专项检查（对皇家公司的审计）。加拿大审计署根据《财务管理法》的要求对大多数皇家公司进行某种类型的绩效审计。这些审计审查皇家公司的制度和做法是否能合理保证其资产安全，其资源得到经济有效的管理，其运营得到有效执行。专项检查是绩效审计的一种形式，但法律规定其范围应包括整个被审计实体。在专项检查中，审计长就整个皇家公司的管理提出意见。

加拿大审计署对大多数（但不是全部）的皇家公司进行审计。《财务管理法》要求审计署对联邦皇家公司每 10 年至少审计一次。因此，审计署结合 10 年的要求及其可用的资源，设定自己的审计时间表。

第四章

预算管理的法律体系

■ 本章导读

加拿大采用威斯敏斯特式政府体系[①]，与其他英联邦政府国家相似，对于政府预算并没有一个明确而突出的法律依据（如《预算法》），而是由一系列的法律、法规和公约决定了预算的准备、编制、执行和报告流程。作为一个联邦国家，加拿大联邦有关预算管理的法律包括《宪法》、《财政管理法案》、《总审计长法案》、《联邦—省级财政安排法案》等，其中，《财政管理法案》在预算编制和财政管理中占有重要地位。此外，各省也分别制定了预算的相关法律，如不列颠哥伦比亚省的《财政管理法案》（Financial Administration Act）、阿尔伯塔省的《政府责任法案》（Government Accountability Act），魁北克省的《公共管理法案》（Public Administration Act）。本章从联邦政府和省级政府两个层次分别介绍其预算管理所涉及的法律及规定。

---

① 威斯敏斯特体系：主要用于英联邦成员国，除宪法条文外，公约、惯例、先例在议事程序中起重要作用。

第一节 联邦政府预算管理相关法律及规定

一、《宪法》(The Constitution Act)

(一)《宪法》实施的背景

自16世纪起,加拿大沦为英国和法国的殖民地,后又被法国割让给英国。1867年,英国通过《英属北美法案》(British North American Act)后,将加拿大省、新不伦瑞克省和新斯科舍省合并为一个联邦,成为英国最早的自治领。由于其特殊历史背景,加拿大没有一部完整的宪法,现形成的《宪法》主要是由各个不同历史时期通过的宪法性文件构成,包括政治习惯和司法实践管理等,主要文件有1867年英国议会通过的《英属北美法案》,1867~1975年通过的宪法修正案,以及1982年加拿大议会通过并由英国女王批准的《加拿大宪法》。

1981年12月2日和8日,加拿大议会两院通过了《加拿大议会致英国女王请求书》和《使加拿大参议院和众议院请求生效法》,并送交英国议会审议,附件包括了《加拿大宪法》。1982年4月17日,英国女王宣布终止英国议会为加拿大立法的权力,英国议会的立法不再作为加拿大法律的组成部分适用于加拿大;女王还签署了《加拿大宪法》,《加拿大宪法》规定宪法是其最高法律,任何法律如果不符合宪法的规定,其不符合的部分是不发生效力的或者是无效的。

(二)《宪法》的构成

《宪法》可以分为三个部分,第一部分为《宪法》的情况介绍,包括法律的适用范围、《宪法》的目的及好处。第二部分为《宪法》的章节,共包括十一章一百四十七个条款(参考表4-1)。第三部分为注释,是对上述条款中涉及的区域进行明示。

表4-1　　　　　　　　加拿大《宪法》构成

章	标题	条目
第一章	准备	第一条至第二条
第二章	联盟	第三条至第八条
第三章	行政权	第九条至第十六条
第四章	立法权	第十七条至第五十七条
第五章	省级宪法	第五十八条至第九十条
第六章	立法权的分配	第九十一条至第九十五条

续表

章	标题	条目
第七章	司法	第九十六条至第一百零一条
第八章	收入、债务、资产、税收	第一百零二条至第一百二十六条
第九章	其他规定	第一百二十七条至第一百四十四条
第十章	殖民地间铁路	第一百四十五条
第十一章	其他殖民地许可	第一百四十六条至第一百四十七条

资料来源：依据加拿大《宪法》（1867年）整理。

《宪法》的第二部分就宪法的主要规定进行了详细的论述。第一章写到此法被定义为《宪法》。《宪法》第二章主要对加拿大的构成，即加拿大是由加拿大省、新斯科舍和新不伦瑞克省合并而成的一个自治领，可分为四个省，分别为安大略省、魁北克省、新斯科舍省和新不伦瑞克省。《宪法》第三章规定了女王、总督、枢密院的功能。《宪法》第四章对上议院、下议院的立法权力进行了规定，包括各议员组成人数、权力划分及具体职责等，并规定上议院由四个部门组成，共105个人；下议院由308人组成。《宪法》第五章就省级的行政权和立法权做出了规定。《宪法》第六章对国会、省级立法机关的专有权、不可再生的自然资源、林业资源和电能、教育、法律的统一、养老金、农业和移民做出了规定。《宪法》第七章对司法做出了规定。《宪法》第八章就收入、债务、资产和税收做出规定，要求除一部分保留在各省立法机关中外，其他所有收入均纳入加拿大综合收入基金，并用于加拿大的公共服务支出。《宪法》第九章对使用的语言、官员职责、任命等做出了规定。《宪法》第十章是有关殖民地间铁路的规定，在1867版的《宪法》中被废除。《宪法》第十一章对殖民地土地和官员人数做出了规定。

（三）《宪法》中有关财政的规定

从上述分析可以看出，在一系列的法案组成的《宪法》中，《英属北美法案》是最基本的法案，对财政做出了总体的规定，其后的修正法案和《宪法法案》是对该法案的补充和调整。

1867年颁布实施的《英属北美法案》主要是针对由加拿大省、新不伦瑞克省和新斯科舍省合并为一个加拿大联邦政府做出法律的规定，其中明确了财政预算的相关原则，包括议会的预算权力、收支的口径、联邦政府和省级政府间的财政关系。

1. 预算权力的划分。宪法分别对英国女王、议会、众议院、参议院进行了职责的划分，规定众议院具有政府收入拨款、征税的权力（第53条），在没有经过总督的允许时众议院不得通过任何挪用财政收入或税收的决定（第54条）。此外，《英属北美法案》规定议会的立法权包括对公共债务的批准、税收制度的制定、公共信用的借款（第 91 条）。在预算实践操作过程中，加拿大的年度预算政策和具体数量金额主要由内阁决定，其他部门尤其是政府部门有权执行预算，但对已经提出的预算案没有修改的权力。

2. 预算收支的口径。《英属北美法案》第八部分对政府收入、债务、资产的管理进行了说明，其中包括将建立"综合收入基金（Consolidated Revenue Fund）"作为财政管理的核心要点。宪法规定所有的财政收入除一部分保留在各省的立法机关中，其余的都应纳入综合收入基金，并安排用于加拿大公共服务的支出（第 102 条）。

对于不同类型的支出，法案中也做出了规定。综合收入基金被用于涉及征收、管理和发票的成本、费用和开销的支付，将形成第一类支出，除议会另有规定外，这一类型支出需要经过总督规定的方式进行审查和审计（第 103 条）；作为一个联邦政府，其公共债务的年利息形成第二类支出，由综合收入基金进行拨款（第 104 条）；总督的薪金也由综合收入基金支出，形成第三类支出（第 104 条）。除用于以上用途的支出外，综合收入基金也可用于公共支出（第 105 条）。可以看出，宪法将财政收入和支出纳入了综合收入基金这一口径，实现了财政收支的统一管理。

3. 联邦政府和省级政府间的财政关系。《英属北美法案》第二部分指出，加拿大是由十个省和三个地区组成的，并规定所有的税收立法和征收的权力在全国与各省之间分配（第 90 条）。根据法案，联邦议会享有为筹款而规定税收程序或制度的排他立法权（第 91 条），省级议会具有设定直接税的权力（第 92 条）。可以看出，加拿大联邦和各省的征税权基本上互不相干且两者间总是相互协商的。此外，联邦政府有权开征任何税种，而省级政府只能征收直接税、资源税以及某些收费，征收间接税的权力受到很大限制（第 92 条）。

4. 债务。宪法规定所有与某一省公共债务有关的资产都属于该省，且联邦政府对各省的债务担负一定的责任（第 111 条）。

二、《财政管理法案》（Financial Administration Act）

《财政管理法案》的颁布和实施是为了通过建立和维护加拿大资金账户，为加拿大联邦政府提供合理的公共财政管理。法案对加拿大公共财政管理的机构设置、一般原则和财政收支进行了说明，其中包括政府不得随意增减收支等的重要条款、财政部门和财政委员会等的设立，也包括公共收入、政府债务、公共账户等的使用管理办法。《财政管理法案》可以分为三个部分，第一部分包括目录、概念解释、变更；第二部分共十一章，对法案具体的规定进行了详细的说明（参考表 4-2）；第三部分是第二部分中涉及的法案列表。

表 4-2　　　　　　　　加拿大《财政管理法案》构成

章	标题	条目
第一章	组织	第五条至第十六条
第二章	公共资金（收入）	第十七条至第二十五条
第三章	公共支出	第二十六条至第四十二条
第四章	公共债务	第四十三条至第六十条
第五章	公共财产	第六十一条至第六十二条
第六章	公共账户	第六十三条至第六十五条
第七章	"皇家债务"	第六十六条至第七十一条
第八章	因"皇家债务"而转让的债务	第七十二条至第七十五条
第九章	民事责任和犯罪	第七十六条至第八十二条
第十章	"皇家公司"	第八十三条至第一百五十四条
第十一章	其他	第一百五十五条至第一百六十二条

资料来源：依据加拿大《财政管理法案》整理。

在第二部分中，第一章论述了财政管理涉及部门的职责、管理、操作等，包括财政委员会、财政部、内部审计人员等。第二章论述了公共资金的有关规定，包括设立加拿大收款处等规定。第三章论述了公共支出的有关规定，包括如何使用资金等具体措施。第四章论述了公共债务的相关规定。第五章论述了公共财产的管理和使用办法。第六章对公共账户管理进行规定，要求公共账户中应包括每个拨款的支出、收入和其他流入或流出综合收入基金的款项。第七章对加拿大"皇家债务"进行规定，"皇家"是女王权力的体现，"皇家债务"是指任何现有或未来到期或即将到期的国家债务。第八章论述了国家因支付债券而转让的债务相关规定。第九章对涉及的民事责任和犯罪进行了划分和责任判定。第十章对皇家公司管理进行了规定。第十一章是对前面法律的补充，包括了其他杂项规定。

（一）预算编制

《财政管理法案》中规定每年的 4 月 1 日至次年的 3 月 30 日为联邦政府的一个财年，在预算编制时，采取两年期的滚动编制方法（第二条）。每一个财年开始前，联邦政府制定预算草案后提交议会，由议会审批通过形成联邦政府该财年的预算。预算一经通过，除特别规定外，不得进行更改（第三条）。

（二）管理机构设置

1. 国库委员会。法案规定国库委员会由国库委员会主席、部长和女王枢密院中的四位成员组成，财政职责主要涉及财政管理和监督，财政管理即纪录和管理已收或应收的任何收入来源，如提供劳务、设施、租赁等的预算、支出、费用等；财政监督是对年度或长期支出计划的监管，以确定支出安排的优先顺序（第三条至第十三条）。

2. 财政部。法案规定财政部门主要由部长负责，部长在职期间，具有以下权力：第一，对部门进行管理和指导；第二，对综合收入基金进行监管；第三，监督、控制和指导其他与加拿大财政有关的所有事项。财政部长可以设立咨询委员会，并对其职责、职能和运作做出规定和指导，同时咨询委员会协同财政部做好有关财政咨询方面的所有工作（第十四条至第十六条）。

3. 内部审计和会计人员。除国库委员会另有规定外，财政部副部长可在财政部委任内部审计和会计人员，并确保其对内部的审计符合部门需要。内部审计和会计人员对财政部提出的政策是否符合政府发展、实施的项目是否有效，或者其他法案规定的职责负责（第十六条）。

（三）公共收入和公共支出

《财政管理法案》第十七条至第二十五条规定加拿大联邦政府的所有公共收入都应交给加拿大政府收款处①（the Receiver General），政府收款处与加拿大支付协会成员属于中央信用合作社的地方信用合作社，由部长指定的财政代理人和部长指定的加拿大以外的金融机构共同建立公共收入存款账户。在收取公共收入的过程中，应按照国库委员会规定的形式和方式保存收据及存款记录，以便对资金的监管。

此外，法案第二十六至第四十二条规定所有的公共支出请求都需要提交议会经过批准后方能从综合收入基金中拨付。在提交给议会支出申请时需要对支出做出预测，包括该财年内应付款项和将要发生支出的预测。对于在议会闭会期间为了公共利益而发生的紧急支出申请，可由总督使用特权批准，这种特权批准支出应在 30 天内公布于加拿大公报。

在公共支出的过程中，政府部门应建立内部支出服务，即通过部门间的合作以接受别的部门给予的支出支持或给予其他部门的支出支持，并在内部支出服务建立后签订书面约定。但在一些特殊情况下，部门间的内部支出服务无法建立，例如某项支出项目只能由特定部门提供。

（四）债务

《财政管理法案》第四部分专门针对加拿大政府债务进行了法律控制。其中，第四十三条规定，除非财政管理法案或其他议会通过的法案授权，否则政府不允许通过债务筹资。此外，在没有议会的批准下，政府不能任意发行证券。当议会通过法律批准这一权限后，总督可以授权财政部长以合理的方式筹集资金。例如，采用多种债务工具的投资组合。法案还要求加拿大财政部每年公布债务管理报告和债务管理战略。债务管理报告用于全面纪录过去一个财年内联邦政府债务运营的情况，

---

① 加拿大政府收款处是负责向各个财政机构收款，然后上交给加拿大政府的职能部门。该收款处被要求公开账户，其中包括加拿大政府一年的财政状况。

需要在公共账目上交前45天内呈递给议会。各部门则需要通过公共账目清楚地列示其资产、负债、或有负债。金融资产的数据，包括国际储备等，也都包含在公共账目和债务管理报告中。

（五）公共账户

法案指出，根据国库委员会的规定，加拿大收款处应建立公共账户以实现对每项拨款、收入和其他流入或流出综合收入基金款项的管理。公共账户应包括：该财年财政交易声明、该财年加拿大所有收入和支出声明、加拿大资产和负债情况、或有负债情况、总审计长建议和其他国库委员、财政部长认为是有需要的信息（第六十三条）。

三、《周转资金法案》（Revolving Funds Act）

《周转资金法案》通过对农业和农产品部、公民和移民部、公共工程和服务部的预算收支进行划分，以授权该部门建立一定的周转资金，具体做法包括各部门使用综合收入基金的用途和支出限制。

《周转资金法案》规定农业和农产品部可以使用综合收入基金用于以下用途：一是加拿大的赛马跑道监管费用；二是根据《刑法》204条规定对竞赛协会服务偿付的一定资金；三是对马匹的药物研究和品种检查的技术费用。这类财政支出不得超过200万美元（第二条）。公民和移民部可使用综合收入基金用于加拿大和外国护照及其他旅游签证服务的费用，这类支出中的每个签证不得超过1美元（第四条）。公共工程和服务部可使用综合收入基金用于公共工程和政府服务部门法案的相关内容，且支出不能超过收入的1 500万美元。此外，公共工程和服务部也可使用财政综合收入基金用于交通管理与租赁程序购买或《盈余资产法案》中相关项目的支出，且这类支出不得超过3 500万美元（第五条）。加拿大国务卿可使用综合收入基金用于国家电影委员会的支出，该类支出不得超过25 000万美元（第六条）。《周转资金法案》第十一条规定上述所有的支出安排都应该经过国库委员会批准后方能生效。

四、《总审计长法案》（Auditor General Act）

《总审计长法案》是加拿大关于总审计办公室的法案，目的为可持续的监管和报告资金等的使用情况，法案对总审计署的设置、总审计长的定义、审计的内容等做出了系统的规定，以期对预算进行有效的外部监管。

《总审计长法案》从第三条开始就审计长职位、信息、审计内容等进行了详细的规定，具体为：第三条至第四条论述了加拿大总审计长的任命，包括任命期限、任命程序等；第五条至第十二条就总审计长权力和职责进行了说明；第十三条至第十四条规定，为更好地便于总审计长展开工作，审计长一般情况下可以获得任何所需的信息，这也是审计长的权力；第十五条到第十八条对总审计长下设人员、部门做出了规定；第十八条第一款到第十八条第二款规定了审计长的豁免权；第十九条到第二十条规定了审计长需要提交的审计报告相关内容、格式、期限等；第二十一条对审计署的审计做出了论述，规定由财务委员会提名的合格审计员对审计长办公室的收支情况进行审计，并认为总审计长的主要目标是实现可持续发展。

（一）总审计长的任命

《总审计长法案》规定加拿大的总审计长由加拿大总督直接任命，参、众两院首脑协商后批准通过。总审计长的任期为10年，不可连任，总督在参考两院的意见后可对其做出撤职或调整的安排。如果出现职位空缺等情况，总督可以任命任何一位有资质的审计人员临时接管审计署，但期限不得超过6个月。

（二）审计内容

《总审计长法案》将总审计长定义为加拿大账户的审查员，负责审查综合收入基金的使用和其他相关报告等，审查内容包括预算安排是否充分参考上一财年预算并体现出当前政策、预算资金是否按照法律规定纳入综合收入基金、预算支出是否具有效率性和可持续性等。尤其是对综合收入基金内资金的使用，《总审计长法案》规定：即使预算已经拨付，但如果基金使用未考虑经济和效率，总审计长将进行查问并上报。

（三）审计权限

法案规定总审计长对包括综合收入基金在内的财政收支情况有审查和问询权，并且有权自由查阅与审计职责有关的任何信息，有权调用相关资料和报告，也有权要求部门做出解释。此外，总审计长有权应财政部的要求对相关事项做出审查。

（四）审计报告

按照法案规定，总审计署需要向议会提交总审计长年度报告，报告中包括了总审计长对政府财务报表的意见。当发生特殊情况时，审计长根据需要提交一些特殊报告。在1994年颁布实施的《总审计长法案修正案》中，除了年度报告、特殊报告和特派员报告外，总审计长被要求每年提交的附加报告不得超过3份，包括以下事项的审计结果：第一，对联邦部门和机构以及跨部门活动的综合审计；第二，政府层面的审计；第三，反映各部门对先前审计报告做出的调整措施的后续报告；第四，反映上述报告中没有涵盖的重要事项的审计观察报告。

（五）提交期限

总审计长对预算的审查报告将在每年的12月31日前呈交给众议院。若议会处于休会期，则由众议院发言人在恢复开会后的15天内递交给议会讨论。如果总审计长制定了其他附加报告，需要向议会递交书面通知，并在通知发出后的30天内将报告交到众议院，若延长提交时间，则需在书面通知中做出说明。

五、税法

加拿大联邦政府的税收包括联邦所得税（企业及个人）、联邦销售税（GST）、关税与特别消费税（烟、酒、珠宝等）、资本税和其他社会福利税。因此，除《宪法》、《财政管理法案》对联邦税收有初步的规定外，联邦的税法还包括《所得税法案》（Income Tax Act）、《所得税使用细则》（Income Tax Application Rules）、《消费税法案》（Excise Tax Act）、《退税担保法案》（Tax-back Guarantee）等。这些种类的税收法案分别对有关税收的征收范围、征收方式、税率等做出了详细的说明。如《所得税法案》中第二章规定：加拿大个人所得税的征收对象分别是加拿大居民和非加拿大居民，其中非居民的征收对象必须满足在加拿大工作或在加拿大经商或处置的资产属于加拿大，应税收入包括薪酬收入、生意收入、投资收入和资本收益，征收方式采取超额累进税率，纳税人收入越高，税率也越高。对于公司所得税，征收对象包括加拿大居民公司和非居民公司。根据《所得税法案》规定，在加拿大境内组建的公司大都属于加拿大居民公司。不是在加拿大境内组建的公司，但在境内执行管理和控制，那么也属于加拿大居民公司。公司所得税的应税收入包括位于加拿大境内的不动产、在加拿大境内进行经营使用的资本财产和未在股票交易所上市的加拿大居民公司的股份。此外，在某些特殊情况下，非居民公司的股份和非居民信托的利息也属于应税收入。

此外，加拿大联邦政府还与其他不同的国家和地区签订了税收协定法案，包括《加拿大-加蓬税收协定法案》（Canada-Gabon Tax Convention Act, 2004）、《加拿大-芬兰税收协定法案》（Canada-Finland Tax Convention Act, 2006）、《加拿大-希腊税收协定法案》（Canada-Greece Tax Convention, 2010）、《加拿大-哥伦比亚税收协定法案》（Canada-Colombia Tax Convention, 2010）等。制定这些法案的主要目的是加强各国与加拿大的税务合作，以避免双重课税和偷税漏税行为的产生。

六、《加拿大税务局法案》（Canada Revenue Agency Act）

《加拿大税务局法案》对加拿大联邦税务局的相关内容进行了规定，包括税务局的人员设置、部门设置、职责和功能等。该法案共188条，其中第一条至第三条为法案介绍；第四条至第五条为机构代理的授权和延续；第六条至第十三条对税务局局长的权力、职责和该局的功能等做出了规定；第十四条至第二十九条规定了税务局的构成包括了理事会、主席、专员、副专员，并对各组成的人数、权力、职责等进行了规定；第三十至第八十六条对税务局具体的工作做出了规定，包括人力资源、支出、不动产等的管理；第八十七条至第一百八十八条规定了其他相关规定，包括官方语言、过渡时期的职责、条例的修改、废除等。

（一）税务局的设定及职责

根据《加拿大税务局法案》，加拿大联邦税务局的总部应由总督设定，且设置董事会、主席、专员、副专员等职位。税务局的职责包括：一是支持立法程序的管理和实施；二是协助加拿大政府或税务局和省级政府或其他公共机构完成税收目标和项目实施；三是执行国税局和部门或加拿大政府机构开展活动或管理项目的协议、安排；四是执行加拿大政府和土著政府之间的税收协定。

税务局局长是税务局的主要负责人。他的权力、职责和职能可以延伸至议会管辖范围内的所有事项，但不包括其他法律分配给加拿大政府部门、董事会或机构的职责，这些事项包括消费税、印花税、所得税（除另有规定外将不包括）和其他由议会或总督设定的事项。董事会负责监督税务局的组织和管理工作，并对税务局的资源、服务、财产和合同进行把控。主席负责组织董事会会议，且必须行使任何由税务局有关法律规定的责任和义务。专员是该税务局的首席执行官，主要负责该机构的日常管理和指导。

（二）管理内容

加拿大税务局为加拿大政府和大多数省份和地区执行税收法案，管理各种社会经济收益，并通过税收制度实施激励计划。在符合税务局局长和财政部部长共同协定的指导方针下，税务局可以与省级或土著政府签订合同，以便对税收和其他财政收入的管理。

（三）监督部门

外部审计报告：加拿大审计署对税务局具有监督审计的职责。总审计长作为税务局的监管人员，必须每年对其进行必要的审计并根据审计结果提出整改意见，最终形成审计报告。税务局相关人员可以获得审计报告的复印件。

内部监督报告：税务局各部门在每个财年的11月30日前，向税务局局长提交一个关于前一财年运行的年度报告。局长于收到报告的15天内向议会提交报告复印件。此外，每5年，税务局需要向两院提交过去的工作总结报告。

七、《加拿大税务法庭法案》（Tax Court of Canada Act）

《加拿大税务法庭法案》是一项对税务法庭运作做出规定的法案，其中包括法庭的构成、法庭的职责、法律程序等。

法案第四条规定加拿大的税务法庭由首席法官、副首席法官和不超过20名的其他法官组成，主要负责各项与税收和收费有关的提案或上诉。税务法庭的专属司法管辖权包括根据《航空旅客安全收费法案》（Air Travellers Security Charge Act）、《加拿大养老金计划》（Canada Pension Plan）、《文化财产进出口法案》（Cultural Property Export and Import Act）、《海关法》（Customs Act）第5部分、《就业保险法案》（Employment Insurance Act）、《消费法案》（Excise Act）、《消费税法案》（Excise Tax Act）、《所得税法案》（Income Tax Act）、《老年人安全法案》（Old Age Security Act）、《石油和天然气税收法案》（the Petroleum and Gas Revenue Tax Act）和《软木制品出口收费法案》（Softwood Lumber Products Export Charge Act）所提出的申述进行听取和决定；根据《退伍军人津贴法》（War Veterans Allowance Act）、《与平民战争有关的福利法》（Civilian War-related Benefits Act）和《退伍军人审查和上诉委员会法案》（Veterans Review and Appeal Board Act）的第 33 节的有关事项提起上诉进行听取和决议；进一步听取和决议关于《消费税》有关条例和《所得税》有关条例的相关事项（第十二条）。

《加拿大税务法庭法案》第十三条规定税务法庭，对税收及与税收有关的事务拥有专门的管辖权，并在第十四条至第十六条要求出庭前的程序包括开会、由首席法官做出安排、听取多方证据等，其中产生的费用都由综合收入基金支付。上诉程序包括一般程序和非一般程序。一般程序中，对由《所得税法案》和《消费税法案》引起的上诉进行了详细的规定：第一，如果经过一般程序上诉中根据《所得税法案》计算的争议金额合计为 5 万美元或更少，或者如果根据该法案相关条例确定的损失数额合计为 10 万美元或更少，除非当事人同意或一方当事人申请，否则不得进行口头审查。在对证据没有新的发现的情况下，税务法庭认为这项上诉是不恰当的。第二，如果上诉中根据《消费税法案》相关条例中计算的争议金额为 5 万美元或更少，除非当事人同意或者一方当事人申请，否则不进行口头审查。在对证据没有发现的情况下，法院也将认为该上诉是不合理的（第十七条至第十八条）。

八、《信息获取法案》（Access to Information Act）

加拿大联邦政府没有明确的预算公开法案，但从整体上来看《信息获取法案》是政府信息公开的重要法案。该法案规定通过采取独立于政府机构的信息披露决定复审制度以保障公众获取政府信息的权利（第二条）。

《信息获取法案》赋予每个加拿大公民或永久居民能够有权在除限制和特殊情况以外查阅政府机构控制下的任何档案记录，甚至获得复印件。公民在获取所需信息前提出书面申请，政府有关机构在提出申请后的 30 天内给予答复。如果所需信息涉及另一个机构，允许延长 15 天，并以书面的形式通知申请人。如果机构拒绝该项申请，必须附以法律依据（第四条至第十二条）。法案规定为帮助联邦法院处理信息获取过程中的问题，设置"信息专员"一职，并由议会批准任命。当出现公民被政府机构拒绝、无故拖延批复时间等情况时，公民可免费向信息专员提出申诉。

《信息获取法案》规定除该法案明确规定不能公开的信息，联邦政府档案记录中的其他信息都应向公民公开，这些信息包括联邦每年的预算及与预算有关的所有信息。根据法案，政府在大约 700 个图书馆和 2 700 个邮局备有《信息获取登记册》并被要求相关人员及时更新内容以确保其准确性。《信息获取登记册》的内容包括联邦政府各机构和相关机构及其职责、政府各机构控制的各类信息详情、政府工作人员为执行计划或开展活动而使用的各种工作手册的说明、有关官员的职务和通信地址及迅速找到所需资料的方法等。

当然，《信息获取法案》中也指出，可能由于其他原因，有些信息和资料并不适用于该法案，如公开出版物或公民可以得到的其他资料、图书馆和博物馆中供读者查阅或展示的资料、女王枢密院最近20年以来收藏的秘密资料、政府行政官员确认90天内将由政府机构、政府代表或部长公布以及出版的材料。

九、《联邦政府责任法案》（Federal Accountability Act）

2006年颁布实施的《联邦政府责任法案》是对1985年《加拿大国会法案》的修正法案，主要目的是提高政府支出的透明度，使得预算与支出之间的关系更为清晰。该法案规定了国会预算官员的权限和职能，包括直接对参议院和众议院负责；对政府的财政预算和支出进行独立审查与评估；要求政府财政信息对其公开。

十、《联邦—省级财政安排法案》（Federal – Provincial Fiscal Arrangement Act）

《联邦—省级财政安排法案》共八章41条。《联邦—省级财政安排法案》确定了政府间财政关系，规定了联邦政府—省级政府的转移支付具体类型，包括联邦对省级的健康转移支付和社会转移支付、为落后省份及地区提供援助的均等化项目转移支付和地区常规转移支付等，从而解决税收均衡及政府间财政政策和经济政策协调的问题。有关转移支付的具体规定内容可参考第二章第四节。

十一、《免除债务（非洲撒哈拉以南）法案》（Forgiveness of Debts Act）

《免除债务（非洲撒哈拉以南）法案》是针对加拿大政府对撒哈拉沙漠以南的非洲某些国家的债权提供的免除债务的法案，法案中对能够免除债务和从加拿大账户中删除的情况做出了详细的划分。可免除债务的国家包括喀麦隆共和国、刚果人民共和国、科特迪瓦共和国、加蓬共和国、加纳共和国、肯尼亚共和国、尼日利亚联邦共和国等。

十二、《支出控制法案》（Spending Control Act）

除上述法律外，1992年加拿大议会曾颁布了《支出控制法案》，目的是应对不断增加的赤字和快速增长的公债规模。法案规定了项目支出的上限和调整范围，并允许超支部分结转到接下来财年的支出中。但在1994年，加拿大政府决定在第一个5年期限结束后废除该法案。到1996年，《支出控制法案》正式废除后，加拿大联邦政府都未能形成专门针对控制财政支出、赤字和债务的法案。当前联邦财政政策目的是实现预算的平衡或者盈余，用以确保公债占GDP的比重能够降低。

第二节 省级政府预算管理相关法律及规定

加拿大共有 10 个省和 3 个自治地区,省级政府架构完全类似于联邦政府,且加拿大实行权力分散的联邦整体,因此联邦和省各自有独立的宪法赋予的权力。在大多数情况下,联邦和省政府在各自不同的领域里享有立法权,且由于各省的自身特点,涉及财政、预算收支等法律有所不同。本节以 BC 省为例,介绍该省政府实施的预算管理相关法律的具体内容(参考表 4-3)。

表 4-3　　　　　　　　BC 省预算管理法案总览

序号	法案或法规名称	
1	宪法 1996 Constitution Act 1996	
2	财政管理法案 Financial Administration Act 1996	
3	专户拨款和控制法案 1996 Special Accounts Appropriation and Control Act	
4	平衡预算和部门责任法案 2001 Balanced Budget and Ministerial Accountability Act	
5	税法	碳税法案(Carbon Tax Act)、所得税法案(Income Tax Act)、保险费税法案(Insurance Premium Tax Act)、土地税收延期法案(Land Tax Deferment Act)、液化天然气收入税的法案(Liquefied Natural Gas Income Tax Act)、伐木税法案(Logging Tax Act)、制造家庭税法案(Manufactured Home Tax Act)、矿产土地税法案(Mineral Land Tax Act)、矿产税法案(Mineral Tax Act)、发动机燃料税法案(Motor Fuel Tax Act)、财产转移税法案(Property Transfer Tax Act)、烟草税法案(Tobacco Tax Act)等。
6	预算透明度和问责法案 2000 Budget Transparency and Accountability Act	

一、省级宪法

BC 省《宪法》是以加拿大《宪法》为依据进行修订,贴合与该省的指导性法律(第二条)。该法律共 57 条,主要就 BC 省公职人员的职责、权利、义务等进行了规定,这些公职人员涉及副总督、执行委员会、代理部长、政务次官、法官等。

在 BC 省《宪法》中有关财政的规定包括财政收入批准、费用的处理、拨款的来源和使用。如第四十七条规定：在议会提出投票、决议或提案期间，不得通过任何不适由副总督向立法机构提出的有关综合收入基金、税收或者关税的方案。第四十九条规定：立法议会书记必须向财政部长支付所有根据规则或命令需要支付的费用，这部分费用属于综合收入基金的一部分。第五十七条规定：政府每年只能从综合收入基金中拨款，用于支付立法议会涉及的必要费用。

二、省级《财政管理法案》

BC省《财政管理法案》是财政管理的主要法律，对政府预算收支做出了明确约束。本书讨论的该法案为1996年版，共11章88条（参考表4-4），较为全面地对财政收支等有关方面进行了规定。第一章，对包括预算、支出、财政年度、政府、养老金、公共账户等概念进行定义，并规定如果该法案与任何其他后实施的法案有冲突，除非另有说明，否则按该法案进行管理。第二章，对财政委员会、财政部、总审计长等的权力、职责和功能进行规定。第三章，就综合收入基金、信托基金、公共资金、债务偿还等做出了管理规定。第四章，对各种支出项目进行了划分和规定，包括要求未经授权，不得从综合收入基金支付款项（第二十一条）等具体措施。第五章，就各类资产，如投资、公共财产、贷款、预付款和股权投资等做出规定。第六章和第七章，已经废除，在此不做讨论。第八章，就负债进行规定，包括向政府借债和贷款给政府的有关规定。第九章，就金融协议进行规定，包括签署金融协议的目的、条件、管理等，如第七十六条规定特别授权的政府财政协议签署的目的包括更有效地管理公共资金和减少风险，使公共资金的借款、贷款或投资收益达到最大化。第十章，就政府对公共资金管理的具体操作进行了规定，包括收回财政资金等具体措施。第十一章，其他规定中明确了副总督的职责，包括：可以对养老基金进行定义；任命作为政府机构的组织；在该法案规定的范围内，规定利率或向政府支付的金额有关的利率（第八十八条）。

表4-4 BC省《财政管理法案》

章	标题	条目
第一章	定义和应用	第一条至第二条
第二章	组织	第三条至第十一条
第三章	收入	第十二条至第二十条
第四章	支出	第二十一条至第三十九条
第五章	资产	第四十条至第四十七条
第六章	废除	第四十八条至第四十九条
第七章		
第八章	负债	第五十条至第七十五条

续表

章	标题	条目
第九章	金融协议	第七十六条至第七十九条
第十章	执行	第八十条至第八十六条
第十一章	其他	第八十七条1款至第八十八条

资料来源：依据 BC 省《财政管理法案》整理。

从法案中可以看到，财政管理的组织机构由国库委员会、财政部、副州长任命的审计长组成。国库委员会主要对会计政策的实施、政府财政的管理、项目的经济效益、人事管理等事项做出总体上的规定和管控（第三条至第四条）；财政部主要负责综合收入基金、政府收支、财政政策等细节上的具体管理（第五条至第六条）；审计长通过建立一系列的规范程序对政府收入、支出、资产、债务等进行监督（第八条至第九条）。

对于收入来说，BC 省的政府收入除属于信托基金的，都应存入综合收入基金（第十三条）。综合收入基金分为一般基金和特殊基金，且在一定约束条件下两者可以转存，如在总督和副总督批准下，偿还特别基金款项后可将剩余资金拨给一般基金；一般基金转入特别基金的数额必须等于由总督等规定的公式计算得出的利息金额（第十二条）。对于支出来说，在没有经拨款授权批准时，任何款项都不能被支付（第二十一条）。对于债务来说，政府的所有或部分债务都可以被免除，并且在免除的范围内，政府的责任就被消除了，但这种责任的消除需要经过财政部长或其他相关人员的批准，最高限额不得超过10万美元（第十八条）。

三、《专户拨款和控制法案》

《专户拨款和控制法案》共 11 个条目，涉及 BC 省的各种基金和账户，包括农业收入保障基金、第一公民基金、林分管理基金、栖息地保护基金等（参考表 4-5）。根据该法案规定，专户是指综合收入基金中的一般基金账户，其账户的支出授权是基于除《供应法》之外的法令（第一条）。

表 4-5　　　　　　　　　　《专户拨款和控制法案》

名称	条目	内容
公有土地账户	S3	可将该账户的余额转入综合收入基金
第一公民基金	S4	其目的是为了扩大文化、教育和经济的发展
林分管理基金	S5	根据《森林和范围实践法》第 30 条和《不列颠哥伦比亚省森林实践守则》第 71 条计算金额纳入该基金
身体健康和业余体育基金	S8	由财政部长决定支付数额，其目的是保障该省居民身体健康并鼓励居民参加业余体育活动

续表

名称	条目	内容
艺术与文化基金	S9	该基金中的艺术包括媒体、文学、表演等
省级房屋购置清盘特别账户	S9.1	该账户初始金额为 1 500 万美元
生产保险账户	S9.2	资金来源包括政府根据保险合同收取的所有保险费、根据相关法案规定的从加拿大政府收取的所有保费、所有由保险合同的再保险人支付并由政府收到的赔偿金、任何由政府支付的从投票中转移的保费等。资金适用于政府在保险合同项下应付的赔偿和其他应付款项、根据相关协定政府应支付加拿大政府偿还加拿大政府的款项、偿还政府在保险合同项下向政府支付或垫付的款项、政府为再保险而支付的保险费等
住房养老基金专户	S9.3	该账户初始金额为2.5亿美元,资金用于:提供负担得起的社会或保障性住房;住房开发或管理方面的创新;收购、开发或经营负担得起的,社会或支持性住房
培训和教育储蓄计划特别账户	S9.4	主要用于培训和教育方面的支出,以提高该省的人员素质
创新清洁能源基金特别账户	S9.5	该账户主要是针对该省能源问题或相关环境问题设定的,其目的是支持清洁能源技术的运用,减少使用对环境或能源造成损害的技术,以提高技术的有效性和广泛运用性
强化公园基金	S9.6	该账户初始金额为10万美元,目的是加强公园、自然、保护区、古文物等的维护、保养和修缮
住房优先计划特别账户	S9.7	该账户初始金额为7 500万美元,用于:购置、建造、维修或翻新房屋或住所;取得或者改善用于住房或者住房土地的;支持住房、出租或住房项目等与住房有关的支出

资料来源:依据 BC 省《专户拨款和控制法案》整理。

四、《平衡预算和部门责任法案》

《平衡预算和部门责任法案》共11个条目,主要就预算进行讨论(参考表 4 - 6),并明确规定禁止编制赤字预算(第二条)。法案要求如果预算发生了变更、补充等变化,需要在90天以内提交相关信息,并向公众公开所有相关内容,在12月31日前公开本财年的公众账目(第六条)。每个财年中的预算赤字、盈余和运营费用,需根据政府报告、会计政策等因素进行计算,在确定后进行公开(第七条)。如果政府换届,可将责任移交给执行理事会的成员,或由新部长设定相关人员的责任(第九条)。

第四章 预算管理的法律体系

表 4-6 《平衡预算和部门责任法案》

名称	条目
定义和解释	S1
禁止赤子预算	S2
工资压缩	S3
支付 1/2 的费用已完成集体责任	S4
支付 1/2 的费用以实现个人责任	S5
比较预期和实际结果	S6
计算赤字、盈余、运营开支	S7
该法律在选举中的运用	S8
管理	S9
废除	S10、S11

资料来源：依据 BC 省《平衡预算和部门责任法案》整理。

五、税法

BC 省税法包括了针对不同主体进行征税的法律，每项法律中就征收主体、征收方式、征收金额做出了具体的规定。BC 省实施的税法有《碳税法案》、《所得税法案》等，详情可参考表 4-3。

六、《预算透明和问责法案》

《预算透明和问责法案》包括五章共 54 条，除第一条就主要概念进行了解释外，剩余的条目主要就预算公开透明管理做出具体规定（参考表 4-7）。如第二条规定部长必须在每年 9 月 15 日之前公开预算咨询文件，文件内容包括对政府预算的预测、下个财政年度需处理的关键问题、相关专业人士提供的意见等。第三条规定预算咨询文件提交给常务委员会后，不得迟于当年的 11 月 15 日，由常务委员会就预算咨询文件进行磋商，并将磋商结果公布。

表 4-7 《预算透明和问责法案》

章	标题	条目
第一章	财政计划：预算和估计	第二条至第八条
第二章	财政报告：公共账户和其他报告	第九条至第十一条
第三章	服务计划	第十二条至第十四条
第四章	服务计划报告	第十五条至第十六条
第五章	常规规定	第十七条至第五十三条

资料来源：依据 BC 省《平衡预算和部门责任法案》整理。

可以看出，该法案就预算的估计、提交、形成报告等过程进行了详细的时间规定，如第六条规定，预算需在每财年的 2 月第三个周二由财政部长提交给立法议会进行审议。该法案也就每项报告需包含的内容进行了详细的规定，如第九条规定每财年的公共账目须包含以下内容：第一，本年度和上年度的政府报告，包括财政收入、支出、盈余或赤字、资产负债表、现金和现金等价物的变动；第二，政府补充计划，包括债务、政府声明等；第三，给纳税人的有关报告，包括债务声明、除教育和卫生部门，其他公务人员的工作表；第四，综合收入基金的进度表。

总体来说，该法案对财政透明度和财政问责进行了较为详细的规定，全文体现出以下五个特征：第一，要求政府管理必须问责，预算公开、透明是问责的重要内容，政府要为其绩效对公众负责。第二，政府必须向公众公开与预算有关的信息，公民无论其身份如何，都有权获得信息。第三，赋予审计部门较大的职责和权力，监督预算运行管理；赋予审计部门为开展其审计业务可向支出部门索取所需财务和经济数据的权力，如第四条就经济预测委员会进行了构成、责任的规定。第四，规范预算文件披露的内容，如预算文件或其背景资料必须反映中期宏观经济预测与财政预测；预算文件必须包含负债等综合信息且具有明确的财政政策目标、财政规则、主要风险、可持续性分析、会计准则等内容。又如第三章、第四章就不同报告所含内容进行了规定。第五，要求对预算执行情况定期采取多种方式及时向社会各阶层发布。

第五章

政府预算编制管理

■ **本章导读**

预算编制是政府预算管理的初始环节,对后续的预算管理具有重要的影响。本章从加拿大的预算收支分类开始,结合加拿大财政管理系统(FMS)及支出管理系统(EMS)的要求,阐述加拿大的预算编制依据、预算编制流程、预算编制方法等预算要素,最后基于支出管理系统来分析联邦政府预算的编制管理。

第一节　预算收支分类

政府收支分类是编制预算的基础。1997年加拿大对国民账户体系（Canadian System of National Accounts，CSNA）进行修订时，对政府收入和支出的分类系统做出了部分修改和调整，此后一直沿用至今。加拿大财政管理系统（Financial Management System，FMS）对其收入按照大类进行划分，并区分了自有资源收入与政府的转移支付收入；对支出按照功能分为三大类17小类。上述收入和支出结构适用于除国有企业（GBE）之外的所有的政府公共部门，如税收部门以及提供公共服务的部门等。下面将具体介绍加拿大政府公共部门收入支出的划分情况。

一、政府收入分类

加拿大政府公共部门的收入分类情况如表5-1所示。加拿大财政管理系统（FMS）将一级政府财政收入分为自有资源收入和其他政府部门的转移性收入，自有资源收入又可以分为税收收入和非税收入。税收收入由所得税、消费税、财产及相关税收以及其他税收构成。加拿大的所得税包含了个人所得税、企业所得税、采矿和伐木税、对非居民所得征收的税款以及其他所得税收入。其中，采矿和伐木税是对特定自然资源的利润征税的税种，在1997年国民账户体系（CSNA）改革以前，这类税收归属于自然资源收入。对非居民所得征收的税款是指对非居民来源于加拿

表5-1　　　　　　　　加拿大政府收入分类

自有资源收入			
税收收入		非税收入	
01.01	所得税	01.05	医疗保险费
01.02	消费税	01.06	社会保险计划收费
01.03	财产及其他相关税收	01.07	商品及服务销售收入
01.04	其他税收	01.08	投资收益
		01.09	其他形式收入
其他政府部门财政转移收入			
02	一般目的转移支付收入		
03	特殊目的转移支付收入		

资料来源：Financial Management System（FMS），2009。
注：各类收入前的数字表示FMS的收支分类代码。

大国内的股息、利息、租金、特许权使用费、赡养费、管理费和信托、地产以及外资保险公司的收入征收的税款。消费税包括 9 大类，具体是指一般销售税、酒精饮料税、烟草税、娱乐税、汽油和动力燃料税、关税、白酒类利润汇出以及其他消费税。根据加拿大财政管理系统的规定，财产及其他相关税收包括一般性财产税、资本税以及其他与财产相关的税收。而税收收入的最后一项其他税收是指家庭为特定许可证，如拥有或使用车辆、船只或飞机以及打猎、射击或捕鱼许可证支付的金额应被视为税基进行征税，而对所有其他类型许可证的付款都被视为非税收入中的商品和服务销售收入。其他税收具体包含机动车牌照税、自然资源牌照税以及杂税。

此外，非税收入由医疗保险费、社会保险计划收入、商品及服务销售收入、投资收益以及其他形式的收入构成。医疗保险费包括一些省份征收的保费，用于为人们的住院、医疗和药物使用提供资金。加拿大的社会保险计划包含 5 种，因此其收入相应地归入不同的保险计划账户中。然而，与 1997 年改革之前不同的是，政府自身对社会保险计划的投入并没有抵消其相应的收入。商品及服务销售收入是指政府作为公共产品和服务的提供者，公共部门与私营部门的组织或个人以及政府部门内的其他机构进行商业性质的交易所产生的收入。投资收益包含四类：自然资源使用费、汇出贸易利润、利息收入和其他投资收益。其中汇出贸易利润是来自企业的收益，包含汇出利润和股息。在 1997 年改革之前，省级酒类委员会、博彩公司的利润划在这一类别下，但它们现已列入消费税类别。当政府企业私有化后或出售某个政府企业设施时，所产生的收入可以按照不同的方式分类，这取决于交易的性质和交易中涉及的实体。非税收入的最后一项是其他形式的收入，主要包括罚没收入、资本转移、其他捐赠等类别。

政府部门的财政转移支付可以分为一般目的转移支付和特殊目的转移支付。联邦政府的一般目的转移支付包括联邦政府一般性资金转移、法定补贴、优先股股息和某些公用事业收入的联邦税份额、税收收入保证、财政能力均等化转移支付、加拿大健康和社会转移支付（CHST）、加拿大社会性转移支付（CST）、税收互惠、稳定性转移支付以及其他联邦政府一般目的转移支付。相对而言，特殊目的转移支付是按政府层级进行划分的，其特征在于必须应用于特定活动，如：联邦对省进行转移支付以改善某条高速公路，省对市进行转移支付以支持污水和垃圾处理，省对教育和卫生机构进行转移支付以支持他们的运营等。

二、政府支出功能分类

就政府支出而言，加拿大财政管理系统（FMS）对其按功能进行分类，主要包含三大类 17 个主要支出功能和 73 个子功能。支出功能分类是根据支出的主要目的而不是所涉及的活动来分类。例如，给学生往返学校的交通支出被列为"教育"支出而不是"交通运输"支出，因为支出的主要目的是允许学生接受教育服务。如表 5-2 所示，加拿大政府支出按照功能分为一般公共服务、社区和社会服务以及经济服务和其他功能三个主要大类。一般公共服务的第一项"一般政府公共服务"由3个子支出功能构成,分别为行政和立法支出、一般管理性支出、其他一般政府服务支出。其中,行政和立法支出涵盖政府在宪法、行政和法律颁布方面活动的可辨认支出。在联邦、省级等不同层级,它包括总督和副总督、总理、副总理、内阁部长和议会成员以及他们的员工等人员支出;施工、维修和保养的官方住宅和省议会大厦的支出;选举、公民投票和修改章程等事务性支出。在地方一级,它包括选举和任命的官员及其工作人员的所有支出。一般管理性支出包括所有无法分配给更具体职能的行政开支,它主要包括中央会计、审计、预算编制和人员支出、税务征管支出以及用于偿债的行政管理费用。在1997年改革之前,政府大楼的运作和维修、电脑服务的提供均归属于一般性管理支出,改革之后这类支出被分配到了与它们功能相关的支出。此外,其他一般政府服务是指不能分配给其他支出功能的一般性质的支出,包括中央统计组织、政府间服务以及代表团和公务接待活动等具体项目支出。

表 5-2　　　　　　　　　加拿大政府支出功能分类

一般公共服务	11. 一般政府公共服务
	12. 保护居民人身财产安全
	22. 外交事务和国际援助
社区和社会服务	14. 健康
	15. 社会服务
	16. 教育
	21. 住房
	18. 环境
	19. 文化及娱乐
	23. 区域性规划和发展
经济服务和其他功能	13. 交通运输
	17. 资源保护和产业发展
	20. 劳动、就业和移民
	24. 研究机构
	25. 对其他政府部门的一般目的转移
	26. 债务支出
	27. 其他支出

资料来源:Financial Management System(FMS),2009。
注:各类支出前的数字表示 FMS 的收支分类代码。

一般公共服务的第二项"保护居民人身财产安全"支出,是指为确保人身和财产安全而提供的服务支出。其保护范围不限于外部侵略和犯罪行为,还包括保护个人不受虐待的措施以及确保社区事务有序进行的各类活动。这类支出分为以下 7 个子功能项：（1）国防支出，包括武装部队和军事基地和设施的开支、国防研究、军事医院和军事基地学校的开支；（2）法律支出，包括加拿大最高法院、加拿大联邦法院、加拿大税务法院、省高级法院等整个司法系统的支出；（3）服务支出，包括在个人定罪的刑事诉讼和判处监禁等方面的支出以及监狱等羁押场所的费用支出；（4）警务支出，是指有关维持法律和秩序的支出，它包括警察部队的设立、培训、运作、维护和装备支出等；（5）消防支出，提供有关预防火灾、调查和熄灭火灾，消防人员、消防部队、专门训练机构、消防车和消防设备的支出。此外，该项支出还包括从其他政府或非政府来源购买消防服务的支出；（6）监管服务支出，是指为确保公共利益目标得以实现而提供的各种服务的支出，具体包括托管服务支出、裁判或裁判服务、保护借款人、人权、电影审查以及机动车驾驶执照和公路安全等监管服务支出；（7）其他人身和财产保护支出，包括建立应对此类突发事件的组织，例如加拿大海岸警卫队的救援行动（CCG）以及动物和病虫害防治服务支出等。

社区和社会服务中的社会服务超越了福利概念，包括向处境不利的个人提供援助和服务，而普遍的社会保障服务不足以涵盖这些服务。社会服务支出项目主要包括 6 个子功能项：社会救助支出、职工补偿金支出、养老金计划福利和其他支出、退伍军人福利、机动车辆事故赔偿以及其他社会服务支出。住房支出现在既包括为缓解个人房屋租赁成本的政府支出（房租补充），也涵盖了加拿大按揭房屋公司（CMHC）的相关支出。区域规划和发展支出涵盖了与区域发展有关的事务和服务支出，由规划和分区支出、社区和区域发展支出以及其他区域规划和发展支出构成。其中社区和区域发展支出包含了城市更新项目，如环境美化、土地复垦以及其他社区和区域发展所需支出。

在经济服务和其他功能大类下的研究机构支出是指与加拿大国家研究理事会等组织及某些省级研究机构有关的支出。这些研究机构的主要目的是理论或应用科学研究，并以此促进相关活动的开展。此外，该类支出下还包括对从事类似研究的个人和非政府机构的补贴，以及用于研究和发展可退还的税收抵免额。与此同时，债务支出可以分为"利息"和"其他债务费用"支出，但不包括债务偿还本金以及外汇损益部分。

第二节 预算编制依据

预算编制作为整个预算管理的初始环节，其重要性不言而喻。那么如何保证预算编制的科学性与合理性就成为一国预算编制需要解决的重要问题。加拿大的《财政管理法案》与《议会工作法案》等文件从法律的角度对预算管理的程序、预算管理部门的职责、政府部门需要向议会提交的文件及相应的时间和内容、议会审议预算的程序与方式等问题提出了相关的规定和要求，也为其提供了法律依据。

一、财政管理法案

《财政管理法案》为加拿大政府进行财政管理、设立和维持国民账户以及管控国有企业等各种行为提供了法律依据。预算作为政府财政管理的重要组成部分，《财政管理法案》也对其做出了相应规定。关于《财政管理法案》的总体介绍请参考第四章第一节相关内容，本部分具体介绍法案中一些关于预算编制的规定。

《财政管理法案》第 7 条对国库委员会（Treasury Board）的职能权限进行了规定。第 7 条第 3 款指出财政委员会的主要职责是进行财政管理，具体内容包括财政预测、支出、财务承诺、账户管理、提供服务或设施并收取相关费用、发放许可证、租赁等，并明确了部门对收支的管理职责。第 3 款第 1 目还规定国库委员会应该审查各部门的年度和长期支出计划和方案，并确定其优先事项，为中期预算的编制审查提供依据。

对于公共财政支出，《财政管理法案》第 26 条明确指出，根据加拿大《宪法》（1867~1982 年）规定，除综合收入基金外的任何政府预算支出都应该经由议会批准。政府向议会提交的所有支出估计数都应与在本财政年度内支付的事项有关。这些条款规定了加拿大议会在预算管理中的职能。关于部门预算支出的管理方面，《财政管理法案》第 29 条规定，部门为其已立项项目或其他预算支出，在经由拨款法案授权后，可以使用其经营活动产生的收入进行支出，但是这一支出额度需要拨款法案进行规定。

此外，关于债务预算，《财政管理法案》也做出了一系列的规定。未经议会授权，任何人或机构不得以女王或加拿大的名义发行债券。财政部经过授权可以代表政府发行债券，但每年借债的规模不得超过该财政年度总督会同行政部门制定的债务上限。该法案第 52 条还规定了债务预算的公开内容，财政部应该建立公共账户以显示议会授权通过发行和出售证券借入的所有款项及其相应的描述、记录，以及所有借入款项支付的所有利息。

除政府部门外，加拿大国有企业也应该编制年度预算。国有企业每年应当提交一份公司预算计划，以供总督批准。国有企业母公司计划应包括以下内容：（1）公司成立的目的或宗旨，或其章程对业务或活动所做的限制；（2）该公司每年的目标以及公司打算为实现这些目标而采取的战略；（3）该公司预期的执行情况，及其与该年度计划中规定的目标的差距。在这些内容中，经营预算与资本预算是极为重要的两个部分。经营预算是指国有企业母公司每年应根据要求，公司提交财政部门核准的下一财政年度业务预算。其经营预算范围应包括公司及其全资子公司的所有业务和活动，包括相关的投资行为。该经营预算经审核后，若公司预计本年度的重大业务或活动会导致支出总费用超出预算，或者想对预算做出任何修改，则公司必须提交财政部门相关人员进行批准。与经营预算不同的是，财务委员会对于国有企业提交的资本预算中的任何项目，可以在本财政年度或者以后任何年度批准。在财政年度内若国有企业想对资本预算中的项目进行调整，与经营预算相同，也需要经过财政部门批准。

政府公共账户管理也是预算管理的重要内容。根据《财政管理法》第 6 条的规定，政府公共账户应该包括以下几方面的内容：政府每一笔拨款支出，加拿大政府的收入以及政府综合收入基金的流入和流出部分。每一个财政年度（4 月 1 日 – 次年 3 月 31 日）中，政府对于公共账户的管理应该涉及四方面的内容：（1）财政部长和总理出具一份包含整个财政年度的财务交易、加拿大政府的收入和支出以及财政部长和总理认为在年终应该披露的相关资产和负债情况的声明；（2）加拿大政府或有负债的情况；（3）《审计法》第六条规定的加拿大审计署的意见；（4）财政部长和总理认为有必要公布的金融交易、加拿大金融情况或由本法、其他任何议会法案要求在公共账目中显示的内容。

综上所述，《财政管理法案》对政府预算管理做出了较为详尽的规定，为加拿大政府科学合理地编制预算、执行预算以及评估预算执行的效果提供了法律依据。

二、议会工作法案

除《财政管理法案》之外，加拿大议会作为整个预算管理体系的重要参与者，其《议会工作法案》也对财政预算做出了一些规定，构成了议会参与预算的法律依据。议会对预算进行管理的基本原则是，政府不应该有未得到议会批准的收入，并且政府只有获得议会批准才能进行支出。

《议会工作法案》第七十九条明确规定，在国会图书馆下设立"议会预算干事"的职位（Parliamentary Budget Officer, PBO），负责对国家财政状况、政府收支预测以及加拿大的经济趋势进行独立分析；同时根据要求，估计议会管辖下相关提案的成本。具体而言，议会预算干事的职责包括：（1）向参议院和众议院提供独立的分析，说明国家的财政状况、政府收支的估计和国民经济趋势；（2）经参议院财政常设委员会、众议院财政常设委员会或者众议院公共账户常设委员会的要求，研究该委员会负责的国家财政和经济情况；（3）当接受两院相关委员会的要求负责审议政府的估计数时，议会预算干事应当进行研究并依据研究结果对政府估计数进行调整；（4）估计议会管辖下任何提案的财务费用。当然，议会预算干事有权将这些职责委托给国会图书馆的受雇人员，但受雇人员必须满足一定的条件。

此外，预算作为一个有法律效力的政治文件，行政机构在预算编制中起主导作用。但议会作为立法机构，可以通过议会预算干事（PBO）的预测影响预算编制的大纲，并通过对预决算的审查和批准程序，执行其立法和监督职能。在预算管理过程中，议会的主要职责包括要求政府每年编制预算，议会不赋予政府永久支出的权力，而是要求政府每年都要获得议会的支出批准，并且保证支出用于预算所陈述的项目。

第三节 预算编制程序

通常来说,加拿大的一个完整预算管理周期是从政府准备预算和议会财政委员会主持预算前期磋商开始,到审计署对政府公共账目进行审计并向议会公共账目委员会提交审计报告而结束。其中,预算编制阶段一般指政府准备预算和议会财政委员会主持进行的预算前期磋商,直至向议会正式提交预算与估算案之前的这一个过程。加拿大实行部门预算管理制度,各级政府预算编制程序比较接近。现以联邦政府预算编制为例,介绍政府预算编制情况。联邦政府预算在编制过程中,枢密院会同财政部(或单独)向总理提出预算战略要点建议,财政部最终制定预算并负有责任,国库委员会协助预算编制并具体执行。整个财政年度为4月1日至次年3月31日,具体工作流程可分为下面四个阶段:

一、预算准备阶段

加拿大政府预算编制是建立在可靠预测的基础之上的,现行加拿大法律对政府预算编制的预测机制做出了明确的规定。根据《预算透明与责任法案》,政府要成立经济预测委员会,为财政部长进行经济形势预测提供建议。在预算编制以前和预算编制过程中,经济预测委员会将根据财政经济形势的发展变化,不断更新其财政经济形势预测。在每年正式编制预算之前,加拿大财政部首先会根据经济形势的发展变化不断更新其"经济与财政展望"报告,这一报告包括对未来2~3年的财政收入、支出和盈余(或赤字)情况的预测,这是财政部开始准备预算编制的标志,也是预算编制的重要基础。

3~6月份,枢密院、财政部根据总理施政方针,提出新的收支政策和预算优先事项建议,并由国库委员会秘书处通知各部门,各部门据此制定部门业务计划(一般为三年滚动计划)。初步预算分别报送财政部和国库委员会秘书处,由国库委员会秘书处进行初步审查汇总。同时,内阁对联邦预算执行结果进行评估,对上一年度预算中新政策和项目的设计与实施情况进行监督审查。

二、预算磋商阶段

每年6月份,内阁委员会在议会休会之后举行一系列内阁会议。在这些会议中,财政部长将提供有关经济和财政展望及下一财年财政政策资料,并为来年的预算定下基调,从而为政府各部门的具体预算项目提出了先决条件。然后,财政部长还要阐明来年预算的要点,与各部门负责人就预算安排进行具体磋商。根据磋商结果及上一财年财政决算分析,各个部门准备各自新的政策动议。新的政策动议根据其性质类别，由各个部长分别向一个或两个内阁委员会（如经济联合委员会或社会联合委员会）提出。委员会在整个秋季中的每个星期都会讨论由部长们提出的政策建议，最后根据资金提供的可能按序排列，达成预算的内阁磋商框架。这是预算编制程序的正式开始。

10月份，财政部长与有关部门负责人进行一系列的磋商后，与议会就预算形成进行前期磋商。这是1994年新设立的一个磋商机制，可以增加预算的透明度，便于预算正式提交后为公众所理解和议会审议通过。大约在10月中旬，财政部长出席众议院财政委员会会议，并发表预算要点演讲（称为"经济财政更新报告"），分析当前经济形势及未来走势，阐述预算政策主题，提出需要磋商的具体问题。演讲时向全国转播，演讲内容用《预算咨询报告》形式公开出版。之后，众议院财政委员会主持一系列由专家、利益集团和普通公众参加的公开听证会，听取各方面的意见和建议。12月份，众议院财政委员会对收集到的各种意见和建议加以汇总整理，形成咨询报告反馈给政府。咨询报告中所提出的对政府预算编制的具体意见和建议，不是原始资料的罗列，而是经有关专家进行整理、分析、评估后形成的审慎的思考，是能让各有关方面容易接受的"平衡方案"，这将成为政府预算编制的重要基础。

三、预算决策阶段

12月底，财政部负责将议会磋商形成的预算建议反馈给政府，财政部长和总理根据内阁讨论结果和众议院财政委员会听证报告，根据各个政策动议的排序决定如何分配资金，咨询各个部长后对资金分配作最后决定，确定最终预算案。实际上，总理和财政部长是预算案的最终决策者。

次年2月，财政部长代表政府在议会发表预算演说，并陆续由有关部门提交一系列文件，包括预算案，主要估算案和计划及优先事项报告。预算案是政府财政框架的全面阐述，它提出政府的总体财政收入、财政支出和盈余（赤字）水平并说明它们与宏观经济预测之间的关系。预算案包含新的支出决议（或主要的支出削减）、维持当前项目的支出数额、税式支出以及增税或减税的建议等内容。它与总理在议会的最高演说的内容是一致的，最高演说的主题大都体现在预算案中，通过预算案得到具体贯彻执行。

通常在财政部长向议会提交预算案的第二天，国库委员会主席会向议会提交主要估算案。主要估算案是对政府支出的详细说明，分为三部分：第一部分是对政府支出的概述及预算案的说明，按大类反映政府的总体支出情况。第二部分是报告各项支出以及法定项目预计额的"蓝皮书"，详细列出了各部门和机构在下一年度为完成他们负责的项目所需要的财政资源。它主要用于支持议会接下来的"拨款法案"，无定额需要议会投票表决的支出和接下来的"拨款法案"中将包括的支出数额。第二部分同时也会包含现行立法已经授权的法定项目的成本估算，这一部分约占到政府支出的70%左右，它不需要议会投票表决，只是起到一种信息与说明的作用。第三部分是不包含国有企业的各部门和机构的计划及优先事项报告。自1994

年，计划及优先事项报告从主要估算案中独立出来，由各部门分别起草，从战略和长期的角度集中分析计划的效果和三年内所需的资金。主要估算案由国库委员会主席在 3 月 1 日前直接向议会提交，计划及优先事项报告由各部部长于 3 月 31 日前直接向议会提交。

四、补充估算案的编制

在财政部长和国库委员会主席向议会提交预算案等一系列文件之后，预算进行议会审议阶段。议会拨款案正式生效之后，各部门、机构和国有企业按照法定程序进行支出。当然，在一个财政年度内会有部分未被预期到的财政支出，国库委员会主席在秋季和春季可能会向议会提交补充估算案，以获得议会授权来调整当年的财政支出水平。一般而言，补充估算案的目的是用于未被预期到的财政支出，但近年来这一提案成为预算周期外新的项目支出的一种形式。

第四节 预算编制方法

加拿大政府在编制支出预算时，在对经济进行谨慎预测的基础上预测财政收支，并通过采用编制部门预算、滚动预算等方法提高其编制的科学性。

一、谨慎的财政收支预测

过去，财政部在经济和财政预测工作中，采用"乐观"的经济假设，高估经济增长和财政收入增长，致使联邦政府财政长期收不抵支，赤字和债务规模不断扩大，大大降低了联邦政府在公众和金融市场上的信誉。1993 年 10 月克雷蒂安政府上台后，为了扭转这一局面，采用了系统化的"谨慎"假设，政府在预算编制中不再单独依赖内部做出的经济预测，而是采用私营预测部门做出的经济预测的平均数，并将其适当下调（更多有关私营部门参与经济预测的内容请参考第十章第二节的相关内容）。在谨慎的经济预测的基础上预测收入，使之更加可靠。同时，政府还设立了一个大额意外准备金，但仅限于预测错误和不可预测事件的支出，不能用于新的项目，如不使用则用于削减赤字或增加盈余。

二、编制部门预算

加拿大的预算是按部门编制的。在每个部门预算中，又按管辖的单位编制单位预算。不论是联邦总预算，还是部门预算、单位预算，统一按运营支出、资本支出、转移和补助支出、项目支出等功能进行分类。既按功能又按部门和单位编制预算，不仅有利于反映财政资金的用途和支出结构,而且有利于反映部门使用财政资金的规模和具体用途,使资金使用公开、透明、有效。加拿大部门预算中用于人员和公用经费的支出,都有非常详细和具体的支出标准,所依据的文件资料多达 15 万页。在用车、礼费等公用经费方面,各部门的标准基本是统一的;各部门的工资标准是由相关部门的工会提出各自标准后协商确定,存在着一定的差异。

三、制定滚动预算

加拿大的预算编制原来是编一年执行一年,财政主要是保证政府的正常运转。随着政府职能的扩大,财政活动范围也相应拓宽,财政的社会保障和经济调节职能越来越重要,财政预算安排必然与经济周期联系起来。于是从 1979 年开始,在预算编制中引进了滚动计划方法(更多关于滚动预算的内容请参考第十章第二节的内容)。起初,编制 5 年期的滚动计划,但由于 5 年时间太长,不确定性因素较多,预测比较困难,后又调为 3 年。财政部长的预算案除包括当年的具体内容外,还包括随后 3 年的大致内容。在每年 10 月,财政部根据经济态势更新下两年的经济和财政预测,并滚动至第 3 年。

第五节 基于支出管理系统的编制管理

"对政府的需求是无限的,但满足需求的资源却是有限的。因此,政府必须有某种方法来决定他们能花多少钱,把钱花在什么地方,以及如何最大化地利用所花的钱。他们为处理这些问题所遵循的政策、流程和实践构成了支出管理系统(Expenditure Management System, EMS)"[1]。因此,支出管理系统是加拿大政府运作的核心,中央政府机构支持内阁进行分配和管理政府支出的程序是支出管理系统的重要组成部分,其目的在于将资源与优先事项相协调,监督管理支出,并制定相关政策便于部门管理其项目支出。

一、支出管理系统的目标、手段及参与者

多年来,加拿大联邦政府的支出管理系统已经取得了长足的发展,政府在计划、管理和报告支出方面的方式也在不断改进。表 5-3 展示了现今加拿大联邦政府支出管理系统的基本目标、为实现目标所采用的主要手段,以及在这一过程中的核心参与者。

---

[1] Office of the Auditor General of Canada (2006). Report of the Auditor General of Canada to the House of Commons: An Overview of the Federal Government's Expenditure Management System [R], Ontario.

加拿大联邦政府支出管理系统的基本目标为总体财政控制、资源有效配置、运行效率及议会控制。其中，总体财政控制和资源有效配置这两个目标主要体现在预算编制环节，体现了联邦政府基于支出管理系统所进行的编制管理。为了实现总体财政控制，支出管理系统主要采用的手段有限制总支出等财政策略、进行谨慎的收支预测及充分的预算准备，内阁和财政部是这些过程的核心参与者。此外，支出管理系统通过确定优先事项、制定政策、批准新的支出以及编制估算案等方式来实现资源有效配置这一基本目标，内阁、财政部、枢密院办公室、国库委员会及其秘书处以及各部门均参与其中。

表 5-3　　　　　　　支出管理系统的目标、手段及参与者

基本目标	主要手段	核心参与者
总体财政控制	财政策略 收入与支出预测 预算准备	内阁 财政部
资源有效配置	确定优先事项 制定政策 批准新的支出 编制估算案	内阁 财政部 枢密院办公室 国库委员会及其秘书处 各部门
运行效率	运行计划 财务管理和控制 绩效监控与评估	国库委员会及其秘书处 各部门
议会控制	估算案的审查批准 审查公共账户及项目绩效	众议院 议会各委员会 总审计长

资料来源：Office of the Auditor General of Canada (2006). Report of the Auditor General of Canada to the House of Commons: An Overview of the Federal Government's Expenditure Management System [R], Ontario.

二、支出预算管理的原则

支出管理系统中对项目支出进行管理时将遵守以下原则：

第一，政府项目支出必须注重成果和价值导向，即项目支出应该以绩效预算为主，审核及评价时应考虑该项目的绩效。

第二，政府项目支出必须符合联邦责任，该原则主要考虑联邦政府一级的预算支出。由于加拿大是多民族的联邦制国家，在划分各级政府职责范围时，主要考虑两个方面的因素：一是职能下放原则，即凡是能由级别较低一级政府行使的职责，就尽量下放，便于对政府的监督和提高工作效率；二是受益范围原则，即凡是受益

范围为全国性的职责,便由联邦政府承担,受益范围是省或地方的事务,则由省或地方政府负责。

第三,政府项目若不再为其原本的目的服务时必须予以消除。该原则强调的是项目支出一旦失去了立项时的意义,就应该终止后续支出。

三、现有项目的支出预算管理

国库委员会通过"年度基准更新"(Annual Reference Level Update,ARLU)程序为正在进行的现有项目分配资金。初夏的时候,国库委员会秘书处通知各部门更新下一财政年度和接下来两个规划年度的预算("年度基准"①)。各部门调整其"年度基准",以纳入自上次 ARLU 审查以来批准的新支出,并反映某些因素,如集体协议的影响、资金的"重新划分"(资金从一年转移到另一年)、资金授权期限已结束的项目、修改法定项目的支出预测等。更新的"年度基准"将在秋季,通常是十月份,提交给国库委员会秘书处。秘书处每年大约收到 125 份这样的申请,在对它们的准确性和合规性进行审查后,向国库委员会报告其评估结果。国库委员会通常在 12 月中旬之前审议并批准这些申请。

国库委员会秘书处将 ARLU 过程描述为"主要是一项技术工作,为下一年和后两年更新部门资金。"国库委员会批准的"年度基准",是制定主要估算案以及年度预算的基础。除了核准更新的"年度基准"外,国库委员会为了履行其支出管理责任,还可以分配从财政框架内预留出的储备金,如影响公共安全或现有项目实施的紧急问题、提高现有项目效率的投资,以及集体协议产生的额外费用等。

四、新支出项目的预算管理

加拿大现存两个支出管理程序:一个用于更新存量项目的支出基准水平,另一个用于审查新的支出决定。年度基准更新过程是针对现存项目的支出预测更新。因此,财政资金决策主要是关于如何在新的项目中分配新增财政资源。鉴于此,现存项目与新支出计划不存在潜在的竞争关系。关于新项目或升级现有项目的支出提议可以采取两种方式之一,具体取决于提议是由部门还是政府中心提出。由政府中心提出的支出提议通常是个跨部门的计划,而影响单个部门的提议通常由部门自身提出。

(一) 源自部门的支出提议

无论是为了应对其投资组合不断增长的需求,还是为了提高服务水平,或是为了资助一项新计划,寻求新资金的部长们都必须首先向内阁相关政策委员会提出请求。资金请求会记录在内阁备忘录(Memorandum to Cabinet,MC)上。备忘录会记

---

① "年度基准",指的是国库委员会为各部门和机构在计划期内每一年执行政策和计划而批准的资金数额。

载支出提议、理由、可能的影响及财务意义,但无须明确资金来源。内阁委员会审查提议并决定是否批准。经内阁委员会批准的支出提议将提交给全体内阁成员或由总理担任主席的内阁优先事项和计划委员会批准。内阁批准后,支出提议将被添加到未来预算的可能计划清单中。财政部长和总理根据现有资金和尚未解决的优先事项,决定哪些支出提议将被列入预算。一旦一项支出提议被列入预算,提出提议的部长就会向国库委员会单独提出申请,要求分配相应的资金。提议部门向国库委员会提交的申请文件会说明本部门将如何执行拟议的计划、每年使用那些资源、期望这项计划能达到什么效果,以及如何监测及评估其实施效果。国库委员会可能会拒绝、直接批准或有条件批准申请。如果批准的资金与正在进行的新项目或现有项目的永久升级有关,则该资金就成为相关部门年度基准的一部分,并入现存项目的支出轨道。

(二) 源自政府中心的支出提议

为新计划分配资金的过程并不总是源于部门的支出提议。而且,部门的提议通常基于政府内阁、总理或财政大臣作出的增加特定政策领域资金的决定。这些决定通常在预算时宣布,但也可能在常规预算程序之外作出。例如,政府在2005年秋天宣布,决定在今后5年支出24亿加元以缓解能源成本上涨对低收入家庭的影响,鼓励其为节能所做出的努力。当决定资助这一项提议时,资金将在财政框架内预留给所涉及的部门。然后,各部门根据具体的方案设计和实施细节,向国库委员会提交从专用资金中分配资金的建议。上述说明中需要注意的一点是,对部门的特定分配需要得到国库委员会的批准。现有项目的支出提议仅由国库委员会单独批准;而新政策的支出提议则需要首先得到内阁的政策批准,并确定资金来源。然后,它们通过估算程序获得立法授权。在某些情况下,预算中制定的支出计划直接通过《预算实施法案》获得立法批准,避开了向国库委员会提交及估算的程序(图5-1)。

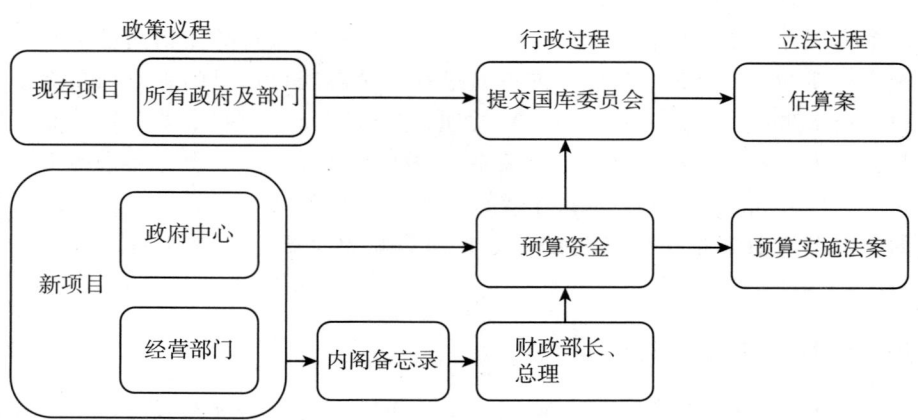

图5-1 政府分配支出资金的过程

资料来源:Office of the Auditor General of Canada (2006). Report of the Auditor General of Canada to the House of Commons: An Overview of the Federal Government's Expenditure Management System [R], Ontario.

综上所述,通过加拿大支出管理系统进行的预算编制及管理,可以总结为图5-2。

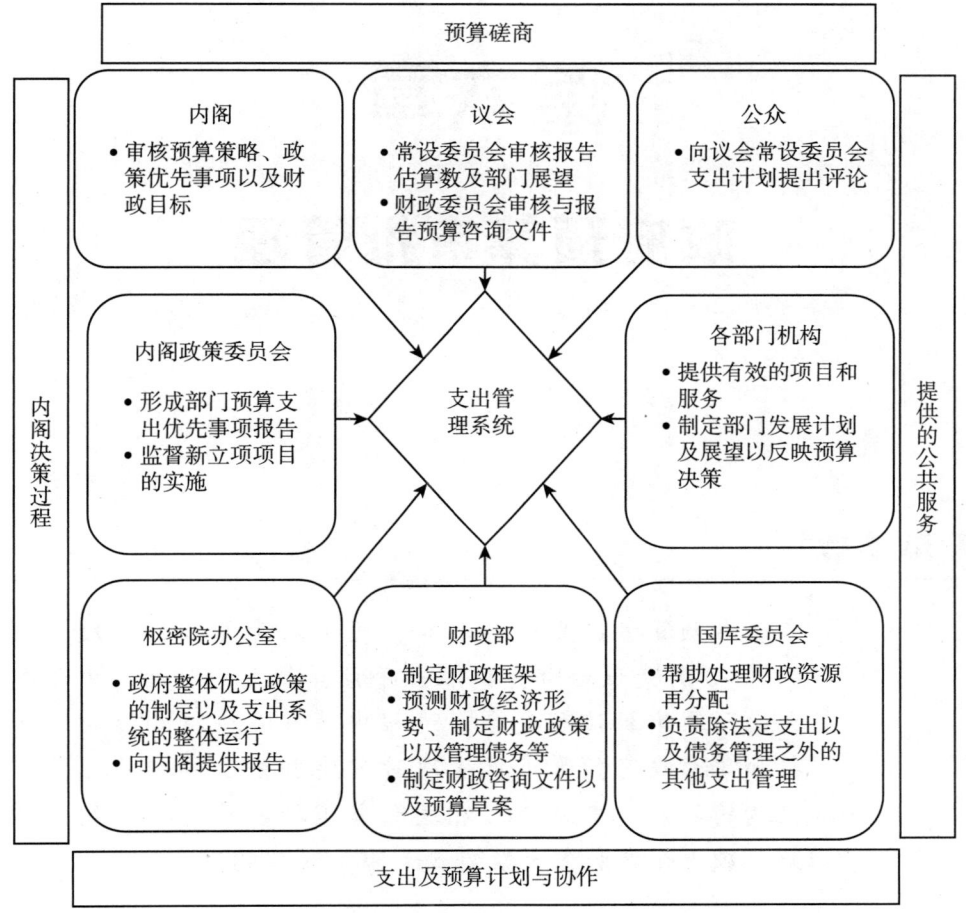

图 5-2 支出管理系统预算编制及决策流程

资料来源:Office of the Auditor General of Canada (2006). Report of the Auditor General of Canada to the House of Commons: An Overview of the Federal Government's Expenditure Management System [R], Ontario.

第六章

政府预算审批管理

■ **本章导读**

在预算案提交议会之后，就进入预算审批阶段。每年的3~5月是议会审查批准当年预算草案的时间。由于加拿大的预算审批流程复杂，过程中涉及多个机构，因此在掌握加拿大政府预算审批管理时需要首先了解相关预算审批机构的职能。本章将对相关预算审批机构进行介绍，并在此基础上介绍加拿大政府预算审批管理的流程。

第一节 预算审批机构

一、议会

加拿大议会由女王、参议院、众议院三部分组成（参考表6-1）。根据加拿大宪法，任何法案若要成为法律，必须经过参、众两院一致通过，并由女王任命的总督签署方能生效，预算案也是如此。如果政府的议案未能通过，或者议会通过了对政府的不信任案，政府必须辞职下台，或由总理向总督提请解散议会，重新大选。有关女王、参议院、众议院的构成及职权可参考本书第一章第一节及第三章第一节的相关内容。

表6-1　　　　　　　　加拿大议会组成部分

女王	参议院（Upper Chamber）	众议院（Lower Chamber）
由总督代表	任命	选举
	105席	338席
	代表地区	代表选民

资料来源：加拿大国会网站，https://learn.parl.ca/sites/Learn/default/en_CA/ParliamentaryPrimer，2020年4月20日。

加拿大议会是预算的审批主体，除了议会本身负责审批预算之外，具体的审议工作交由众议院的各类委员会进行。议会内部设有许多常务委员会，如财经、贸易、经济事务、退伍军人委员会等，都要参与相应部门的审批工作，并提供意见。议会在审批预算时体现了三个方面的特点：一是深入透彻地分析预算草案。议会设有专门的分析研究机构，遵循客观、详尽的原则，不仅分析本财政年度情况，而且还要分析前后10年的情况，形成"年度预算草案分析报告"提供给议员参考。分析报告特别关注预算草案有关交通、资源、卫生和健康服务、教育等重要公共领域的支出，并分项目、分部门进行深入剖析，提出分析意见和建议。二是广泛征求社会公众的意见。议会审议修改预算草案一般安排半年左右的时间，在这半年的时间内主要通过两种方式吸引公众参与审批和修改预算草案：（1）编印并向社会提供"预算流程"和"议会工作流程"，从程序上控制、引导公众参与，对于教育、公共安全、环保等重要支出充分征求公众意见和建议；（2）议会还通过举行一系列听证会，组织公众参加并通过媒体进行转播宣传。三是突出预算执行的权威性。预算草案必须以拨款法案方式确定其法律效力，正常情况下拨款法案须在众、参两院各讨论3次，经2/3以上议员同意后方能通过。

专栏 6-1：2011 年 3 月 25 日加拿大众议院通过对政府不信任案

加拿大议会众议院 25 日投票表决通过对政府的不信任案，总理哈珀领导的保守党政府就此宣告垮台，成为加拿大历史上首个因"藐视议会"而下台的政府。

此次的对政府不信任案是由反对党自由党提出，并得到议会内另外两个反对党魁北克集团和新民主党的支持，结果以 156 票支持，145 票反对获得通过。

哈珀政府垮台有诸多原因：

其一，"藐视议会"。议会反对党自由党领袖迈克尔·伊格纳蒂夫在阐述不信任动议时，指责哈珀政府在斥巨资采购 F-35 战机、改造司法系统支出、削减公司税额度等多个问题上拒绝向议会公开详细内容，构成"藐视议会"，因此失去了议会的信任。但哈珀政府坚持认为，这些方面的文件关乎国家机密，不能公开。

其二，丑闻缠身。在 3 月 22 日政府提交预算案日期临近之际，反对党把收集到的与哈珀政府有关的各种负面信息集中曝光，造成其丑闻缠身的印象。

其三，议会不"给力"。哈珀领导的保守党于 2006 年 1 月在大选中击败自由党上台，结束了自由党长期执政的局面，并于 2008 年 10 月再次赢得大选。但保守党执政 7 年来一直因未获得超过半数众议院席位而处于少数政府地位。按照议会规则，反对阵营的三个党随时可以以任何理由提出对执政党的不信任案。这意味着只要三党联合行动，处于少数地位的执政党将难以支撑下去。

加拿大历史上曾有 6 届政府被不信任案击垮。

资料来源：搜狐新闻，http://news.sohu.com/20110326/n280002312.shtml。

（一）众议院

众议院的主要职能是负责法案的制定和提交、法律审批、预算批准与监控政府开支，并监管政府有效运作。一般来说，众议院与参议院共同行使立法，众议院优于参议院的权力包括：有关政府开支和税收的议案必须先提交众议院进行审议；参议院无权否决宪法修正案，只能将其延迟；内阁仅对众议院负责，众议院有权通过不信任案或否决内阁提交的如预算案等重要的议案，迫使内阁辞职。众议院内设有各种委员会和小组委员会，分别负责监督政府各部门的工作和审议各方面的立法。在政府预算草案的审批上，各种委员会在委员会审议阶段分别负责审查与自己所负责事务有关的预算草案，并表决是否通过。联邦政府各部门，包括总理在内，对众议院负责并且需要定期向众议院报告工作。众议院及其所属各委员会有权向政府各部门提出质疑，并要求做出解释。众议院可以通过预算拨款等途径影响政府的政策。如有必要还可采取否决预算法案来迫使政府下台。图 6-1 展示了众议院议会场景。

第六章　政府预算审批管理

图 6-1　众议院议会场景图

注：①议长；②警卫；③执政党议员；④反对党议员；⑤总理；⑥内阁；⑦反对党领袖；⑧秘书长；⑨议会侍从；⑩记者；⑪公众。

（二）参议院

审议并通过众议院提出和通过的立法法案是参议院主要的立法职权。一般而言，参议院要花费大约 35% 的时间在议事厅研究立法。参议院也可提出议案或法案，但不能提出任何涉及财政预算问题等相关的法案。政府先送交参议院的议案一般具有篇幅长、内容复杂、技术含量高、立法者需要具备丰富的立法或财经经验等特点。图 6-2 展示了参议院议会场景。参议院的审议法案的职能在政府预算方面的体现，便是参与政府预算法案的审查和批准，使得政府根据国家经济与社会的发展规划以及履行自身职责需要而编制的预算草案成为具有法律效力的文件。

议会的作用主要是对政府提交的预算方案进行讨论并审议通过，但现实中议会的这一作用会受到限制：一是议会对政府提出的支出议案，要么全部同意，要么削减部分资金，要么全部都不予通过，议会本身不能提出任何新的支出项目计划，也不能提高项目所需资金的支出水平。一般不存在议会表决不通过政府提出的财政预算方案导致政府关门的情况，因为政府在提交预算方案之前都要事先确定会获得议会的支持；如果存在可能导致议会不通过的部分，则在提交议会之前就先行撤销。二是加拿大的财政年度从每年的 4 月 1 日开始，作为预算案重要组成部分的主要估算案的通过要等到议会 6 月底夏季休会前才能作出，因此，当议会正式通过主要估算案时，1/4 财政年度已经过去。三是政府支出中大约有 70% 属于法定支出（法定

图 6-2　参议院议会场景图

注：①议长；②执政党议员；③反对党议员；④秘书长及议会干事；⑤黑杖侍卫长；⑥议会侍从；⑦记者；⑧公众。

支出主要有三类，即利息支出和其他公共债务利息支出、由政府提供的属于转移支付方案的资金支出、各种各样的已经被赋予永久支出权利的项目支出），并不需要通过每年的预算审议程序。即对于这部分支出而言，议会已经不具有每年进行审批的权力了。

二、委员会

"经验表明，将事务交由规模更小、更灵活的委员会对议会制度的发展将产生非常积极的影响，它可以使议员更好地发挥作用，使议院制定出更开明的政策，从而更好地满足加拿大人民的意愿。"[①] 两院的许多重要工作都是由委员会具体进行的，因为以小团体的形式进行工作更有效率。委员会是由议院创立并授权执行一项或多项具体任务的小组。委员会的职责是详细审查、改善议案和立法，监督政府机构和行政部门的活动，对政府的方案和政策进行审查，审查计划支出和非司法任命。具体来说委员会的主要职能有两个：一是对重大问题进行研究并提出报告，二是审议议案。

---

① 引自1982年11月29日议会辩论，第21071页，枢密院主席Yvon Pinard的发言。

委员会工作的过程从议院委托的任务开始，然后委员会制订工作计划，开始研究或调查，中间可能会听取证人的意见并寻求公众建议和意见，最后委员会结束研究并以提交给众议院报告的形式提出建议。在某些情况下，委员会可能会要求政府对其建议作出回应。委员会的类型很多，有的是临时形成的，有的是永久的。主要有六种类型：全院委员会、常设委员会、联合委员会、立法委员会、特别委员会和小组委员会。

（一）全院委员会

全院委员会是由议院全体议员组成的委员会，成立的目的是审议一些意义重大的议案。1867年加拿大议事规则规定所有涉及贸易、税收或公共岁入的议案必须先交全院委员会审议后才可由众议院通过。1867~1968年全院委员会负责审议所有的筹款和拨款议案，但慢慢地发现全院委员会的立法负担过重，效率低下，已经不能再适应增加的立法量的需要，因此特别委员会建议除筹款和拨款议案外，应主要将议案交常设委员会审议，常设委员会审议过了的议案不再交全院委员会审议，全院委员会审议过了的议案在报告阶段不得再进行辩论。1985年议事规则修改为拨款和临时拨款议案才需要交全院委员会审议，原来的筹款议案也交由专门的立法委员会审议。此外，全院委员会还负责审议一些争议不大的议案，或有很强政治性的议案，或根据议院的特别命令和全体议员一致同意审议一些紧急议案。

（二）常设委员会

常设委员会是根据议事规则设立的委员会，只要议事规则不变，常设委员会的名称、数量及成员人数都不会变。常设委员会基本上与政府各部门相对应，政府的部门设置改变时，议会也会相应地修改议事规则，改变常设委员会的位置。比如财政委员会、渔业和海洋委员会、外交和国际贸易委员会、卫生委员会、工业委员会等（参考表6-2）。

表6-2　　　　　参众两院的常设委员会设置情况

参议院	众议院
①外交委员会（Foreign Affairs and International Trade）	①退伍军人事务委员会（Veterans Affairs）
②农业和森林委员会（Agriculture and Forestry）	②土著事物和北方事物常设委员会（Indigenous and Northern Affairs）
③土著委员会（Aboriginal People）	③农业和农业食品委员会（Agriculture and Agri-Food）
④银行、贸易和商业委员会（Banking, Trade and Commerce）	④工业、科学和技术委员会（Industry, Science and Technology）
⑤国内经济、预算和管理委员会（Internal Economy, Budgets and Administration）	⑤加拿大遗产委员会（Canadian Heritage）
⑥道德和利益冲突研究委员会（Ethics and Conflict of Interest for Senators）	⑥司法和人权委员会（Justice and Human Rights）
⑦能源、环境和自然资源委员会（Energy, the	⑦国际贸易委员会（International Trade）

续表

参议院	众议院
Environment and Natural Resources） ⑧立法和宪法事务委员会（Legal and Constitutional Affairs） ⑨国家财政委员会（National Finance） ⑩官方语言研究委员会（Official Language） ⑪渔业和海洋委员会（Fisheries and Oceans） ⑫人权委员会（Human Rights） ⑬规则、程序和议会权利委员会（Rules, Procedures and the Right of Parliament） ⑭国家安全委员会（National Security and Defence） ⑮遴选委员会（Selection Committee） ⑯社会事务、科学技术委员会（Social Affairs, Science and Technology） ⑰运输与通信委员会（Transport and Communications）	⑧官方语言委员会（Official Languages） ⑨公民与移民委员会（Citizenship and Immigration） ⑩联络委员会（Liaison） ⑪环境和可持续发展委员会（Environment and Sustainable Development） ⑫国防委员会（National Defence） ⑬选举改革委员会（Electoral Reform） ⑭政府业务运作和估计委员会（Government Operations and Estimates） ⑮薪酬公平研究特别委员会（Pay Equity） ⑯对公账户常务委员会（Public Accounts） ⑰隐私信息保护委员会（Access to Information, Privacy and Ethics） ⑱程序和议会事务委员会（Procdure and House Affairs） ⑲外交和国际发展委员会（Foreign Affairs and International Development） ⑳自然资源委员会（Natural Resources） ㉑妇女地位委员会（Status of Women） ㉒公共安全和国家安全委员会（Public Safety and National Security） ㉓财政委员会（Finance） ㉔交通和基础设施委员会（Transport, Infrastructuer and Communities） ㉕海洋渔业委员会（Fishaeries and Oceans）

资料来源：加拿大国会网站：http://www.ourcommons.ca/Committees/en/Home。

常设委员会根据职责不同分为三类：第一类委员会主要监督政府各部门的工作效率、资金使用情况、政策执行情况及项目运作情况，有时也审议议院交付的议案、总概算中的相关部分。第二类委员会主要检讨联邦政府相关领域的政策，是"因事设立"而不是"因部设立"。比如遗产委员会、财政委员会、人力资源开发和残疾人地位委员会、司法和人权委员会、公共会计委员会（监督预算的执行）等。第三类委员会主要是完成议会一些程序及行政管理上的工作，比如程序和议会事务委员会。

常设委员会的职责如下：加拿大议案主要是交给常设委员会审议。常设委员会有权就所有与其有关的部门的任务、管理、组织和运作等事项进行研究并向众议院报告。更具体地说，他们可以审查：与其有关的部门的成文法；这些部门的方案和政策目标及其实施的有效性；这些部门近期、中期和长期支出计划及其实施的有效性；除了一般性任务之外，议会还经常将其他事项转交给其常设委员会，在每一种情况下，众议院根据其任务选择最合适的委员会。他们可能提出三大类报告：一是行政或程序性报告，是常设委员会要求众议院特别批准或追加权力的报告，大多数情况下，报告的决定是自愿的；二是根据众议院的参考顺序提交的报告，一般比较简洁，例如，有关估计的报告只是陈述委员会是否通过，减少或否决了投票，这些报告必须在"会议常规"规定的期限内提交，否则被视为已报告；三是实质性报告，通常在委员会决定主动就其任务范围内的一个问题进行研究时产生。这些委员会除了提交常规报告外，还根据命令（法案，概算，任命）向众议院提出进一步的建议。通常，在实质性报告中行使报告权是自愿的，并在委员会选定的时限内完成。实质性报告的内容完全由委员会决定。

特别的，财政委员会，即财政经济常务委员会，负责审查有关政府预算政策的提案，具体审查和报告中央部门和机构的有效性、管理和运作情况，以及其业务和支出计划；审查一个以上部门或机构提交的方案估计数；审查政府有关使用新兴的信息和通信技术的活动的有效性和管理情况；审议和报告审议估计和拨款的程序，包括政府编制的估计文件的格式和内容。主要职责：一是听取内阁、财政部长对当前及未来经济形势以及与政府公共预算政策目标相关的报告；二是就公共预算政策举行听证会，听取社会公众、社会团体和地方政府对预算编制的意见；三是在此基础上，通过有关专家的整理、分析和评估后，形成咨询报告，供议员审查时参考，并向社会公众提供。

（三）联合委员会

联合委员会由参议院和众议院议员共同组成，因此称为"联合"，分为常设联合委员会和特别联合委员会。

常设联合委员会是根据参议院和众议院各自的议事规则设立的永久性存在的委员会，负责处理有关两院的行政事务或涉及整个联邦的事务，又分为议会图书馆常设联合委员会（负责检查议会图书馆的管理和运作效率）和条法审查常设联合委员会（负责审查现行法律）。常设联合委员的权力与常设委员会相似。

特别联合委员会是根据参议院和众议院通过的特别动议成立的，负责处理一些重大的公共事务，在委员会提交报告或议会休会后，特别联合委员会解散。

（四）立法委员会

立法委员会是临时设立的专门负责立法的委员会，他们的任务仅限于审议和查询众议院提交给他们的法案。当一件议案审议结束后，即委员会向议院提交报告之后，相应的立法委员会也就不存在了。他们没有权力考虑该法案条款以外的事项，他们也不能在提交给众议院的实质性报告中提出意见或建议。立法委员会有权再设立小组委员会。

（五）特别委员会

特别委员会是议会为了调查特别事件或处理议会认为特别重要的事务而设立的，

根据议会的动议设立,在提交报告后解散。不同的特别委员会拥有的权力也不相同,如果在处理事务的过程中,还需要其他权力,则可以以报告形式向议院提出申请。他们通常不负责研究法案,而只是询问众议院特别重视的问题。

(六) 小组委员会

小组委员会是委员会下面再设立的委员会。小组委员会能够将所有必要的注意力集中在被授予的任务上,因此设立小组委员会的目的通常是减轻委员会的计划和行政任务,或解决与其任务有关的重要问题。具体来看,小组委员会分为两类:一是专门负责委员会日程及程序性事务的,如运营小组委员会(负责安排会议时间、协助本委员会传唤证人);二是承担母委员会部分实质性职能或权利的,其名称根据所承担的职能不同而各不相同。

小组委员会的权力和职责范围由母委员会授予,任期一般是一个会期,承担特殊调研任务的小组委员会在提交报告后解散。如果一个会期内未完成报告,则在下一个会期开始时自动恢复工作。委员会可以将自己拥有的任何权力授予给小组委员,并且小组委员可以向上申请额外的权力。母委员会对小组委员会的工作承担全部责任,小组委员会无权直接向议院提交报告。小组委员会可以自由地制定规则来管理他们的活动,只要符合母委员会制定的框架。

并非每一类委员会都可以设立小组委员会。根据议事规则,常设委员会(包括众议院所在的常设联合委员会)可以设立,全院委员会下面不再设小组委员会,立法委员会只能设立运营小组委员会,只有在成立的动议中有明确授权的特别委员会才有权设立小组委员会,但事实上大部分特别委员会都会得到这种授权。

第二节 筹款程序的审批

加拿大的财政程序分为两个部分:一是筹款程序,二是拨款程序。筹款程序是筹集满足政府预算开支所需要资金的程序。具体来说是政府通过提出预算来制定经济政策,议会批准之后,通过税收筹集必要的收入。对筹款程序的审议分为两步:一是审议预算草案;二是审议筹款法案(最重要的是税率)。拨款程序是政府请求议会同意其从加拿大统一税收基金中支一部分费用,以履行其法定义务和完成议会已批准实施的项目的过程。总督在内阁的建议下,通过财政部长向议会传达他的建议并提交政府概算,表明政府将在下一财年在哪些事项上安排多少资金预算,供议会审议和批准,议会批准后,政府才可以从加拿大统一税收基金中开支相应的资金来履行其财政义务。对拨款程序的审议分为两个阶段:一是立法审议阶段;二是一般性审议阶段。其中,立法审议又分为两个步骤:一是对总概算草案的审议;二是对拨款法案的审议。一般性审议是在反对党提出反对动议的情况下进行的。

有关财政程序中议案的审议与普通问题议案的审议相比,其存在以下不同点:

第一，有关拨款及筹款的建议必须由总督提出。1867年加拿大宪法规定众议院通过的任何未经总督建议的开支和征税法案均属非法。第二，众议院在涉财议案的审议上具有优先权。1867年加拿大宪法规定任何有关公共拨款及征税的议案必须先提交给众议院进行审议，且参议院的修改权力也有限，不能增加税收或者开支。第三，涉财议案需要得到充分的审议，审议所耗时间比其他议案要长。这是因为涉财议案涉及面广，关乎政府的总体政策，从而用较长的审议时间来确保"议会不能通过突然和草率的表决进行任何开支，或因此行为对国家造成沉重和持久的负担"。1867年规定涉财议案在交全院审议前必须先交全院委员会审议。1874年，在每届会议开始时设立一个拨款委员会和筹款委员会。拨款委员会审批政府开支的总概算，筹款委员会审批政府提出的收入建议和从综合收入基金支取费用的动议。第四，拨款问题是议事日程的常设项目。第五，征税议案不得由常设委员会审议，必须交两院联合委员会审议。

筹款程序的审议和拨款程序的审议相比，相同点是都是分为两步审议。不同点如下：一是拨款程序的重点是总概算草案的审议，筹款程序的重点是对筹款法案的审议；二是拨款法案伴随着总概算草案（蓝皮书）一并提交给议会，筹款法案提交时间不限制；三是拨款法案时效期为1年，筹款法案没有失效期限。

专栏6-2：1867~1968年的筹款程序

筹款程序在这100年里基本没有变化，它指的是议会通过决议的形式提出各项措施，授权政府采取一定的措施增加岁入，以平衡其开支，具体增加开支的措施必须由筹款委员会正式辩论后通过，然后向议院报告，之后再对决议进行二读、三读通过，纳入一个或多个法案中。1874年议会在每次会期开始时设立筹款委员会审议政府的增税动议和从加拿大统一税收基金中支取费用的动议。筹款委员会的主要工作是预算演说决议的审议和通过，但审议预算案和筹款决议只是筹款委员会工作的一小部分，大部分时间都被拨款资金分配的投票占用，财长的报告逐渐演变成为重大的政治事件，反对党借此挑战政府的财政政策，阻碍和拖延政府议案的通过，因此双方之间不能称之为"辩论"。20世纪60年代初，众议院将预算辩论限制在6天，分别在第二天和第四天处理修正案和补充修正案。除财政部长，总理，反对党领袖和代表反对党的议员发言外，其他议员发言仅限于30分钟。在1968年修改"议事规则"之前，只能在预算中引入税收改革。大多数人认为这种做法不适合现代政府将财政政策作为影响经济活动的主要手段的现代背景，需要灵活应对不断变化的经济条件。1968年众议院取消了筹款委员会，截至1985年之前的筹款议案仍在全体委员会中进行审议。

一、预算草案和筹款法案

（一）预算草案

预算草案包括总体收入、运行支出、对居民的转移支付支出、对省和地区的转移支付支出、公共债务支出和税式支出等内容,其中运行支出部分由国库委员会编制,其他部分均为财政部编制。

(二)年度筹款法案

筹款法案是政府为了筹集满足政府预算开支所需资金,根据宏观经济发展与社会管理需要提出的涉及不同税种的立法议案或修改税收法律议案的总称。该法案的提出和批准,体现了"税收法定主义"的原则。筹款法案根据预算草案中有关税收的立法建议形成。

二、预算草案的审批

(一)议会常设委员会在预算草案编制阶段的提前介入

提前介入指的是在预算案提交议会以前进行的预算前期磋商。自1994年以来,财政委员会已被授权专门进行"预算前"磋商。在此之前,在预算编制过程中,只有财政部长和财政部门与政府的经济和社会伙伴等利益集团进行协商。

首先,在10月中旬,众议院财政委员会召开会议听取财政部长介绍财政经济的最新情况,及其与政府预算目标的关系,并提出有关问题。

其次,在10~11月,财政委员会公布举行听证会的消息,主持一系列由专家、利益集团和普通公众参加的公开听证会,听取公民、社会团体和省政府、地方政府对预算编制的意见和建议。

最后,在12月,财政委员会对收集的各种公开意见和建议加以汇总整理,包括通过咨询问卷征求的社会公众意见和主持公开听证会听取的各方意见,形成咨询报告,在报告中提出对政府编制预算的具体意见和建议。预算前期磋商过程中议会没有决策权,也不进行表决。财政部认真分析预算前磋商的咨询报告,修改预算草案。

(二)预算报告的演说

每年2月底提交估算草案前,政府会派财政部长到议会发表预算演说。财政部长此前要通知议会专门安排一天的时间进行演讲,具体时间由部长自行决定,一般在当天股市收盘后开始,因为考虑到预算报告可能会对金融市场产生较大的影响。为了避免给股市带来过大的波动,预算报告的内容在财政部长向议会发表演讲前是严格保密的,只在正式演讲前几个小时对议员和部分新闻媒体事先召开秘密的非正式会议(闭门会议),提前通告预算报告的内容,防止议员或新闻媒体无法对财长的报告作出及时反应。

部长在提交预算案时,也可以提出筹款动议,包括执行预算规定所需的各种税收和其他财务措施,但在预算辩论完成之前,不会处理会议期间提出的这些筹款动议。

(三) 预算报告的辩论

辩论时间最长为 4 天（从 1991 年开始，在此之前最长为 6 天），这 4 天辩论可以不连续；如果没有议员愿意发言，整个辩论过程也可以少于 4 天就结束，没有使用的辩论时间经议院批准可以加到拨款日中。议员针对预算报告的内容只能提交一个修正案和一个补充修正案。修正案和补充修正案在辩论第一天提出，修正案可以由第一位代表官方反对党发言的议员在发言结束后提交，补充修正案可以由第二位代表第二大反对党发言的议员在发言结束后提交。补充修正案的提出并不是必需的，可以不提出补充修正案，也没有规定表明修正案和补充修正案必须在辩论的第一天提出，即使在第二天提出也不为规定所禁止；补充修正案和修正案的表决分别被安排在辩论的第二天和第三天并且由议长主持，在政府事务审议结束的前 15 分钟，议长打断议事程序进行对修正案和补充修正案的表决。最后在辩论第四天对整个预算报告进行表决（上述为辩论时间用足 4 天的情况）。议员发言辩论时长作如下安排：议员发言时间为 20 分钟，发言之后有 10 分钟的提问和评论时间，财政部长、总理、第一个代表反对党发言的议员和反对党领袖这四类人的发言时间不受限制，发言后也不必进行提问和评论。

关于预算草案的审议流程参考表 6-3。

表 6-3　　　　　　　　　　　预算草案的审议

预算展示	预算辩论			
	第一天	第二天	第三天	第四天
财长发表预算演说	提交修正案和补充修正案	补充修正案结束前 15 分钟表决	修正案结束前 15 分钟表决	表决全部

资料来源：加拿大国会官方网站。

专栏 6-3：预算辩论时间不足 4 天的情况

　　自 1955 年规则改变以来，出现了 7 次预算辩论"议事规则"所规定的全部时间没有延续。1962 年提出了预算，议会在就预算进行任何辩论之前已经解散。众议院通过了特别命令，规定在 1966 年和 1969 年争取更少的辩论日。另外两次辩论（1974 年和 1979 年）在总理的要求下被取消，在取消辩论的要求通过之后多个代表团被批准解散。在 1991 年年初，"会议常规"要求进行为期 6 天的辩论时，在 2 月 26 日提出的预算案只进行了 4 天辩论；修正案及补充修正案均遭否决，主要议案的辩论在 5 月份之前并未恢复。1993 年 4 月 26 日提出的预算只进行了两天的辩论；修正案被否决，关于修正案和主要动议的辩论没有在 1993 年 9 月解散之前恢复。

三、筹款法案的审批

筹款建议必须由总督提出,政府可以在 1 年内的任意时间提交给议会筹款议案,并且筹款议案没有失效期限,在议会下一次修改之前都是有效的。筹款议案的范围包括增加新税种、废除旧税种、对某些有征税期限的税种延期、扩大或缩小税基、提高或降低税率等。其中需注意的是,针对增加新税种、扩大税基、提高税率等增加公民赋税负担的议案,在提交议案之前必须先提交筹款动议,议会批准筹款动议之后才可提交相关议案,筹款动议的内容应该包括哪些内容没有明确的规定,可以笼统也可以详细,但其中所规定的范围必须大于等于筹款议案及修正案的内容范围,否则必须撰写新的筹款动议来匹配筹款议案。

筹款议案与其他公事议案一样遵循相同的立法步骤,进行三读审议(参考表 6-4)。

表 6-4　　　　　　　　　　议案的审议阶段

议案的审议	
1	在参议院/众议院提交议案
2	议员辩论并投票表决议案是否需要继续研究
3	表决通过,送至委员会进行深入研究,委员会提出修改意见
4	在委员会报告基础上,进行最后辩论和投票表决
5	表决通过,送至另一院进行相同程序
6	两院通过,总督签字,成为法律

资料来源:加拿大国会网站,Preliminary Press—16. The Legislative Process。

(一)财政部长向众议院提交议案,立即开始一读

提交议案需提前 48 小时通知议会,期满后提交议案的动议将列在议事日程上"政府事务"一栏内,当议长宣布"现在是政府议案提交时间"时,部长就可以提交议案。部长先介绍筹款议案的目的和主旨,但实际上很少对议案提供任何说明或解释,议案提交后会给予议案一个编号,然后立即开始一读。

"一读"不需辩论和表决,将议案正式提交给众议院,只需念议案的短标题,然后议长宣布"一读结束,现在可以打印了"。因此一读只是具有程序上的意义,表明议会已经接受了议案,可以打印分发给所有成员,公众可以获得相关信息。

(二)提交委员会审议

一般的议案审议程序为在一读后先进行二读,二读通过后送抵委员会进行审议。但是筹款法案的审议适用的程序是先交委员会审议再进行二读,这使筹款法案能够得到更充分的讨论。财政部长交委员会审议时需先知会反对党的代表,知会方式没有作出规定,目前的做法是政府在星期四发出通知,知会反对党之后提出在二读前

将议案提交给委员会审议的动议,针对该动议不得进行修改,只能进行辩论,辩论最多 5 小时,辩论时间结束后或没有成员发言时,议长提出这个动议的表决,动议通过后筹款法案被交至专门的立法委员会审议。

进入立法委员会审议阶段时,需逐条对议案进行审议,详细研究草案的条文,如有需要进行逐字地批准或修改案文,政府和反对党都可以对议案进行修正。最后,立法委员会对修正后的议案进行投票。审议时议员发言的时间和次数都不受限制,但为了避免议而不决,经议员动议,委员会通过,可对发言的时间和顺序进行规定,如限制发言时间和进行发言者轮换,还可以动议通过一个时间分配表分配每个条款的审查时间或审议的最终截止时间。立法委员会可以请议会图书馆研究部①的研究人员提供研究服务,或请其他专家协助,或为了获得更多信息召开听证会。听证会通常是公开的,委员会下设的运营小组委员会将考虑听证会的时间和证人名单,并向委员会提交建议报告。

专栏 6 – 4:举行听证会的准备

一是决定是否举行听证会。立法型听证主要由审议相关议案的常设委员会或立法委员会举行,是法案经议会审议后必经的立法程序;调查型听证是由特别委员会举行的针对某些专题调查的非必经程序的听证。二是发布听证公告。通过互联网、新闻、报刊、声明等多种形式和途径发布听证会的时间、地点、方式和内容。三是选择和邀请证人。证人一般是由委员会成员个人推荐的人、与之有联系的机构及利益集团、自发的公民等组成,运营小组委员会提出证人名单并交委员会决定,决定通过后再与证人联系,发出邀请函。四是收集证言和准备材料。立法型听证后,委员会要根据听证结果,对法案进行修改并由委员会投票决定,形成最终修正案,交议会审议;调查性听证后,委员会根据证词进行综合分析,形成报告向议会提出备选方案,以向政府提出建议。

进行逐条审议之前,先对整个议案进行通盘审议,并向一些证人提问,首先是财长发言,并回答其他议院的口头质询,立法委员会还邀请其他的专家、团体、机构等一起进行公开讨论。在进行逐条审议时,委员会请财政部长解释筹款议案一些技术层面的复杂内容。逐条审议结束之后进行表决。如果表决通过了修正后的议案,则需尽快向议院报告;如果表决未通过议案,则可以向议院建议退回该议案或不再审议该议案。

审议结束后,委员会向议院提交报告,报告阶段允许议员对议案的原则和具体细节进行辩论,就委员会提出的修正案进行投票。议员主要是指参与审议的委员会成员之外的议员,在委员会审议阶段被否决的条款也可以作为修正案的修正案被提出,但议员提交修正案时必须在报告阶段开始至少两个会议日以前以书面形式通知

---

① 议会图书馆按职责设立了两个部门:一是研究部;二是资料信息库。研究部的主要职责是对议会审议的问题作无党派偏见的深入研究,研究部的所有研究人员都拥有硕士以上学位,绝大部分研究人员都在大学、公职机关或私人机构有过良好的工作业绩。

议院。通知可以在周一至周四下午 6 点以前或周五下午 2 点以前交给秘书长。议员发言时间不得超过 10 分钟，也没有提问和评论时间，辩论结束后，议院对议案总体进行表决，进入二读。

专栏 6－5：逐条审议的顺序

顺序如下：×××条款，×××条款（如有），×××附表，×××第 1 条（简称），×××序言（如有），×××标题，法案的要素必须按规定的顺序考虑，对序言的审议（如有）被推迟到逐条审查之后。审议第 1 条，如果条款只包含简称，也被推迟。其他条文和附表则按照在草案的印刷文件中出现的顺序来考虑，新的条款和新的时间表按照它们在法案中出现的顺序来考虑。一旦所有条文都已经决定，委员会便会考虑第 1 条（如果是推迟的话），序言，最后是标题。草案的每条条文的审议是一个需要单独考虑的独特问题，经讨论后，如果没有提出修改，则对该条款提出问题。如果提出修正案，则考虑新的问题，这是一个新的辩论。辩论结束后，主席首先提出关于修改条款的问题，然后关于条款本身（如果适用的话修改）。一旦条款获得通过，在未得到一致同意的情况下不得再作进一步的讨论。委员会可通过动议分开一项条款，分别进行辩论或分开讨论。委员会经常一致决定，即使对该条款提出了修改，也会推迟审查该条款。

（三）进行二读

二读是对法案的基本原则而不是个别规定进行审议，先通过一个由财政部长提议允许就该议案的原则问题在政府议员和反对党的前座议员之间展开争论的动议，然后二读开始。总理、官方反对党领袖的发言时间不受限制，此后的 5 小时内，议员的发言时间不得超过 20 分钟，发言之后有 10 分钟的提问和评论时间，提问和评论必须与发言紧密相关。5 小时之后，议员的发言时间不得超过 10 分钟，发言后有 5 分钟的提问和评论时间。本党议员的 20 分钟或 10 分钟发言时间可以分配给本党的两位议员。根据惯例，凡是提出实质性动议的议员可以有回答其他议员提问的机会。辩论结束后，进行议案表决，二读结束。

（四）进入三读和表决

三读主要围绕议案的最后形式，且只有特别必要的修正案才可以提起；如果确实提交了实质性的修正案，则议案会被返回到委员会再审。三读一般通过一个"第三次阅读该议案并予以通过"的动议，就动议进行投票。三读辩论阶段的时间限制与二读相同，辩论结束后对议案进行表决。如果表决通过，则进行下一步；如果表决未通过，则议案成为死案。对于财政法案这样的议案如果被否决就意味着众议院对政府不信任，结果要么是内阁集体辞职，要么是总理建议总督解散众议院重新进行大选。

（五）交参议院审议

议案在众议院表决通过后被交与参议院审议，经过同样的三读程序，三读结束后参议院通知众议院审议结果是通过、修正还是否决。如果参议院的审议结果是没有修正的通过,那么参议院通知众议院议案已通过,可成为法案,接下来会由总督批准使之成为法律。除拨款法案外,已通过的议案无需再返回到众议院。如果参议院的审议结果是修正议案,那么必须将议案再交还到众议院进行考虑,由众议院决定接受或提出新的修正案或附理由拒绝。如果参议院的审议结果是未通过,且政府仍然坚持通过议案,则只有从头再开始运作。

(六) 总督御准

参众两院都通过议案之后,两院秘书长在议案背后前面,呈送给总督,在参议院当着两院议员的面盖上同意的印章,该议案就正式成为议会法案,同时生效,除非该法另外规定了生效时间。

第三节 拨款程序的审批

一、主要估算案和拨款法案

(一) 主要估算案

主要估算案分政府支出计划和部门支出计划两个部分。

1. 政府支出计划。政府支出计划总体说明政府在新一财年需要多少支出。解释估算共分为哪几大类,即按大类反映政府的总体支出情况由哪些部分组成,也就是把估算分成若干类别,并将各项目按类别进行归类,比较本估算与上一年有哪些变化等。政府支出计划是对政府总体支出的一个概述,说明需要议会批准的计划实施的项目和活动的背景情况。

2. 部门支出计划。部门支出计划,即向议会提出的政府各部门和各机构下一财政年度的预算和非预算(贷款、投资与透支)资金的支出方案,包括支出项目及数额。这一部分提供的信息直接成为相关拨款法案的主要内容。政府开支又具体分为两类:一是法定的拨款项目(法定支出),指以前已经得到立法批准的项目,也就是已由法律确定下来的固定支出(包括转移支付、政府雇员保险、养老金计划等)。议会对这些法定项目的审核,只是决定项目的支出金额而不是批准项目本身是否通过。除非议会修改相关法律,否则数额及项目每年是不变的,在估算中这一类支出旁边会标上"S"以示区别。对法定支出只要列出数额及援引的法律以备议会查阅即可。二是需要投票表决的拨款项目(预算支出),指政府提出要求,每年在预算审查期间需要获得议会批准的、包括在年度拨款法案中的支出项目。对预算支出一般需要附说明。

(二) 年度拨款法案

拨款法案是议会批准政府根据年度支出重点安排的各部门和机构有关支出的法案。年度拨款法案按照部门（机构）运行支出、资本性支出、转移支付三个不同类型，分别说明各项拨款将如何被花出去。该法案的提出和批准，体现了"支出法定主义"的原则。拨款法案根据主要估算案的第二部分蓝皮书中需要投票表决的拨款项目形成。蓝皮书通过后，议会根据蓝皮书通过多个拨款法案，授权政府可以从加拿大统一税收基金中支取费用，授权范围不超过蓝皮书中规定的限额。拨款法案有效期为1年，但是某些有特别规定的款项支出，如果1年中没有花完可以顺延至下一财年。蓝皮书中有关每个项目的说明和限额标准都作为附件附在拨款法案中，政府开支时不得超过这些数额，并且用途也不能和蓝皮书中的说明相违背。

(三) 临时拨款法案、补充估算法案

因为拨款法案从提出到审批结束大约需要4个月的时间（3~6月），一般要到6月底才能通过，而新的财政年度在4月1日就已经开始。因此，对于新财年前3个月（4月、5月、6月）的各项支出需要临时拨款来支付。国库委员会将在每年3月初提出年度临时拨款法案，并列出临时拨款的数额及用途和其他相关资料，数额通常为主要估算中所列数额的1/4，并报议会审批。3月底之前，议会就此很迅速地通过临时拨款法案，经批准后专门用于这段时间的支出。

蓝皮书在年初预估该年度需要多少经费，但在预算执行过程中，经常会有估计不足实际开支所需的情况或意外事件的发生，需要追加拨款，这时就需要启动估算补充程序，政府必须提出年度补充估算案，经议会批准后予以实施。补充估算里每个补充或表决都不是以简要表决方式表示的（即表决总结某一特定支出类别的所有预期支付情况），而是以具体的方案。

专栏6-6：主要估算案形式和内容的演变

  自联邦以来主要估算经历了四次修改：1938年，1970年，1981年，1997年。最开始的主要估算报告只有一个部分，也就是现在的第二部分。

  1938年，财政部长第一次在这个估算中包括了按部门划分的部门运作成本，第一次将部门的开支按功能进行分类。1970年，将部门支出与方案和活动挂钩，将部门开支细化到每一个项目和活动，并对所用的专业术语进行了解释，首次以双语形式印刷了"蓝皮书"。1981年在对联邦政府的财务管理和问责制进行全面审查后，发现仅用一份文件提供所有信息变得越来越不可能，于是引入了两个新的文件。主要估算被分成了三个部分。旧的蓝皮书为新的第二部分，继续详细列出各部门和机构在即将到来的一年的部门开支。新增的第一部分是对政府总体支出的一个概述，说明联邦支出的概况，以及需要议会批准的计划实施的项目和活动的背景情况，不能与年度拨款和法定支出一起列入。新增的第三部分是"部门支出计划"，

说明部门和机构内部下一财年具体项目的支出,由好几本小册子构成,一个部门一本册子,详细说明本部门或机构要实施的项目和开展活动的情况及所需经费。

1997年,众议院通过一项动议,将所谓的主要估算的第三部分分为两个文件。因为1992年总审计长建议政府仅报告它们做了哪些事、花了多少钱是不够的,还需要提供它们是如何实施这些项目的(包括实施项目的机构的宗旨是什么,组织结构是什么样的,采取了哪些方法实施项目,通过什么样的努力实现原定目标的等),以便议会考核它们工作的效率以决定是否继续拨款。所以现在每个部门或机构都将在每年3月31日前提交一份关于计划和优先事项的报告和在每年秋季提交一份部门绩效报告。计划和优先事项描述了每个部门和机构的任务和战略目标,它提供了关于业务线结构,预期成果和绩效衡量战略的详细信息,以及三年期间的相关资源需求。报告由主管部长直接向议会提交,一般在主要估算之后不久,然后被视为转交给适当的常设委员会。众议院常设委员会可以研究和报告其正在考虑的估计的部门和机构的未来支出计划和优先事项。

二、立法审议

(一) 对主要估算案的审议

1. 提交并进行一读。部长提前48小时通知议会,期满后提交议案的动议将列在议事日程上"政府事务"一栏内,当议长宣布"现在是政府议案提交时间",部长就可以提交议案,并给予议案一个编号。

一读不需辩论和表决。一读主要是念议案的短标题,议长宣布"一读结束,现在可以打印了"代表一读结束。因此一读只是程序意义,表明议会已经接受了议案,可以打印分发,公众可以获得相关信息。

2. 交各常设委员会审议。各议会常设委员会根据各自的职责范围分别对主要估算逐项展开审议,如司法与人权委员会负责审议主要估算中涉及司法部的内容。议员可对主要估算投赞成票、反对票或提出修正案,但修正案内容只能是减少预算开支,而不能增加预算开支。而且不能改变原有拨款或补贴的用途和目的,因为这会违反开支建议必须由总督提出的原则。对于占主要估算大部分内容的法定开支,议员也不可以进行修改,除非议会修改了相关法律。

委员会在进行审议的过程中可要求部长、高级官员、有利害关系的个人或团体参加会议,到委员会作证,可以要求部门和机构提供相关资料。5月底之前,各常设委员会审核主要估算,并向议会提交关于估算案的报告,若未按时提交,也被视为已提交。该期限经反对党领袖动议可延长10天。

3. 交全体会议,经议院三读表决并通过。全体议员就主要估算发表意见,政府可提出恢复委员会减少或撤销的主要估算中内容的动议。动议需提前48小时通知议会，主要估算需在 6 月 23 日之前表决并通过。政府动议议会对主要估算进行一揽子表决，要么全部通过要么全部不通过，不能反对其中某些条款。反对党议员如果有反对，可以提前通知议会，这不构成动议，无须辩论和表决。但如果反对的人多，则需要政府对反对党通知的反对部分分开表决，其他部分仍然进行一揽子表决。表决安排在本拨款时段的最后一个拨款日进行，总共分为四个过程：首先，对反对党提出的动议进行表决；其次，对政府提出的恢复或撤销的动议进行表决；再次，对反对党通知的反对项目表决；最后，对剩余部分一揽子表决。

（二）对拨款法案的审议

1. 交全院委员会进行逐条审议。因为议会已经审议过蓝皮书了，所以拨款法案无须正式提交程序和一读。拨款法案一般是在每年 3 次的拨款时期的最后一个拨款日审议，辩论时间比较少，故全院委员会的审议也比较简单，审议时议员发言不得超过 20 分钟，审议通过后的报告阶段不再进行辩论。

2. 交全体会议，经议院三读表决通过。拨款议案也可以进行辩论并提交修正案，但都是在拨款时段的最后一个拨款日不经辩论和修正就通过了。如果想辩论，议员的发言时间仍限定在 20 分钟以内，发言后有 10 分钟的提问和评论时间。

3. 交参议院审议，进行相同的三读程序。

4. 总督御准。参众两院都通过议案之后，为了彰显参议院对涉财议案的优先审议权，拨款法案由众议院院长带入参议院，参议院秘书长将议案转呈给总督，总督批准后法案正式成为法律。

（三）对临时拨款法案和补充估算案的审议

政府在每年 3 月 26 日前向议会提出申请临时拨款的动议，动议必须提前 48 小时通知议会，并详细列出临时拨款数额、用途和其他相关资料，数额通常为主要估算案中所列数额的 1/4。因为一年共有 12 个月，临时拨款供政府 3 个月的开支，所以为总数的 1/4，但政府也可能要求更多的资金数额。临时拨款动议在截至 3 月 26 日的最后一个分配日进行审议，动议通过之后，审议程序同拨款法案的程序，交由全院委员会审议，再由全院审议通过。

补充估算案的审议程序与蓝皮书的审议程序基本相同，也是由财政部长提交附有总督建议的法案给众议院，再交相关的常设委员会审议。委员会报告不得迟于最后一个会议日的前三天，否则视为已报告。最后由全院审议通过。

三、一般性审议

即对反对党提出的动议进行审议。根据议事规则，在每一个日历年有 21 天作为拨款日。在这 21 天里，将优先审议反对党提出的拨款动议，因此又被叫做"反对党日"。规定"反对党日"是因为议会有一个传统：认为议会在反对党有机会说明他们为什么要反对之前不可以通过拨款议案，这也是为了保证拨款议案能得到充分审议而采取的措施。每年的 21 天拨款日一般是 12 月 10 日前安排 7 天，3 月 26 日前安排 7 天，6 月 23 日前安排 7 天。这 21 天最多只能有 4 天安排在周三，最多只能有 4 天安排在周五，因为周三和周五是一周中会议时间最短的两天，这样安排也是为了保障充分的讨论时间。这 21 天也不是绝对的，延期休会、推迟或解散会中断正常的拨款周期，使得反对党日增加或减少，如果拨款期间议会实际的会议日比议会日历规定的要少，那就会少于 21 天。反之，每延长 5 个会议日，就要安排一个拨款日。另外回复女王的 6 天和预算辩论的 4 天时间里如果有剩余，经批准也会被增加至拨款日。拨款日的具体日期由政府决定，一般由部长，通过政府驻议院领袖在会场上制定下一个会议日，或以下连续几个会议日为拨款日。

反对党在拨款日提出的动议需要提前至少 48 小时以书面形式通知议院，在下午 6 点之前或周五下午 2 点之前提交通知，并发表在议事日程上。由于拨款日不确定，故提交的动议会一直保留在议事日程上，直至被审议或提交的议员本人撤回。反对党议员可以任意提交动议，只要内容不是违法或不合道德的，议院都会接受。动议分为需要表决的和只讨论不表决的，其中需要表决的动议一年里不得超过 14 个。反对党日期间反对党的动议优先于所有政府在指定日期提供的议案，但每年 6 月 23 日前最后一个拨款日的下午 6 点半以前，议长会终止所有的动议辩论，宣布对所有反对党提出的、需要表决的动议进行投票。但是从实际结果来看，这些动议的作用很小。辩论时，首先由提交动议的议员发言，时间不得超过 20 分钟，发言后有 10 分钟的提问和评论时间。自 2001 年以来，对反对动议的修正案只有在动议者同意的情况下才能动议，目的是组织其他政党在反对期间改变辩论的内容。出于同样的原因，如果没有议案的提议者的同意，修正案不能被提出反对动议。见表 6-5。

专栏 6-7：会期

1982 年宪法第 5 条规定，每 12 个月至少要召集一次会议。每届议会都不止一个会期，每个会期从由总督召集到休会有许多个会议日。议会每年开会约 27 个星期，通常从 9 月开始至次年 6 月，称为一个会期。每连续开会 4 个星期，休会 1 星期，逢国家法定节假日议会休息。每个会期中要召开多次全体会议，召开全体会议的日子被称为"会议日"。

表 6-5　　　　　　　　　　议会开会①

| | | 众议院 | | | | | |
| | | | 参议院 | | | | |
	星期一	星期二	星期三	星期四	星期五	星期六	星期日
上午	11：00	10：00		10：00	10：00	不开会	
下午			2：00				
休会		6：30			2：30		

---

① 王瑞贺、焦亚尼、蔡晨凤、杨宝珍：《加拿大议会》，中国财政经济出版社 2005 年版。

第七章

政府预算执行与决算管理

■ 本章导读

　　加拿大政府预算经议会批准后，于4月进入预算执行阶段。加拿大财政部实时监控预算收支的执行情况，并每月发布预算执行情况报告。国库集中收付、国库现金管理、政府采购管理等制度有效地提高了加拿大预算执行的效率。本章在梳理加拿大政府预算收支执行情况的基础上，重点介绍预算执行过程中涉及的国库集中支付制度、国库现金管理制度，以及政府采购管理制度，最后依据政府财务报告对加拿大联邦政府决算情况进行分析。

第七章 政府预算执行与决算管理

第一节 政府预算执行

加拿大联邦政府和省级政府的预算经议会批准后，于 4 月进入执行阶段。预算执行过程中的具体事项由各个相应政府部门负责。根据《宪法》第五十四条规定，政府预算一旦通过立法程序批准，任何未经议会批准而改变预算的行为，都将被视为违法行为。由此可见，加拿大政府预算具有较强的刚性。在预算执行的过程中，议会、国库委员会负责内部监督，审计长办公室主要负责外部监督，体现出了较好的全过程监督。

一、预算收入的执行

（一）预算收入执行的主要内容

从总体上看，加拿大财政收入由税收收入和非税收入两个部分组成，其中税收收入是预算收入的主要来源。根据规定，在预算执行过程中，政府的所有收入都必须纳入综合收入基金，其中包括一般性税收、关税、使用费和皇冠公司的利润。加拿大的税收收入主要包括公司所得税、个人所得税和商品和服务税。

公司所得税的纳税人为居民公司和非居民公司，这几乎囊括了加拿大境内所有公司。对于公司的应税所得而言，联邦税的基本税率为 38%，联邦税收减免后为 28%，整体税收减免后为 15%，但两种税收减免不可同时享受。同时，对于适用于小规模企业减免的加拿大私人公司，净税率分别为 10.5%（2018 年之前生效）、10%（2018 年 1 月 1 日至 2019 年 1 月 1 日期间生效）、9%（2019 年 1 月 1 日起生效）。通常，加拿大的各省和地区有两种所得税率：较低税率（lower rate）和较高税率（higher rate）。只有适用于小规模企业减免的应税收入才可以适用较低税率。其中，一些省或地区选择单独制定企业规模的限制标准，另一些省或地区选择使用联邦的企业规模的限制标准。省和地区的具体税率如表 7-1 所示。

表 7-1　　　　　加拿大省及地区公司所得税税率表

省或属地	较低税率（lower rate）（%）	较高税率（higher rate）（%）
纽芬兰和拉布拉多省	3	15
新斯科舍省	3	16
新不伦瑞克省	2.5	14
爱德华王子岛省	3.5	16
安大略省	3.5	11.5

续表

省或属地	较低税率（lower rate）（%）	较高税率（higher rate）（%）
马尼托巴省	无	12
萨斯喀彻温省	2	12
不列颠哥伦比亚省	2	12
努勒维特	4	12
西北地区	4	11.5
育空地区	2	12

注：以上税率均于2019年1月1日起生效，其中省和地区不包括魁北克和阿尔伯塔省。

数据来源：加拿大政府官网，https：//www.canada.ca/en/revenue-agency/services/tax/businesses/topics/corporations/corporation-tax-rates.html。

个人所得税的纳税人为加拿大居民个人和非居民个人。加拿大的个人所得税是对个人的应纳税所得按累进税率征收的。加拿大居民必须就其来自全世界的所得纳税。为避免双重征税，在加拿大国际税收协定中规定了有关的减免。另外，加拿大居民就来源于加拿大境外的所得在外国缴纳的税可以享受外国税收抵免和扣除。加拿大非居民则仅就其在加拿大就业的所得、进行经营的所得加上处置在加拿大的应税财产的某些资本利得纳税。在加拿大的应税财产包括：位于加拿大境内的不动产、在加拿大境内从事经营使用的资产和非资产，以及未在股票交易所上市的加拿大居民公司的股票。2020年联邦个人所得税税率表如表7-2所示。

表7-2　　　　　　加拿大2020年联邦个人所得税税率表

级数	全年应纳税所得额	税率（%）
1	不超过48 535加元的部分	15
2	超过48 535加元至97 069加元的部分	20.5
3	超过97 069加元至150 473加元的部分	26
4	超过150 473加元至214 368加元的部分	29
5	超过214 368加元的部分	33

数据来源：加拿大政府官网，https：//www.canada.ca/en/revenue-agency/services/tax/individuals/frequently-asked-questions/individuals/canadian-income-tax-rates-individuals-current-previous-years.html。

商品和服务税的纳税人为在加拿大境内从事的商业活动中销售货物、提供劳务或进行不动产交易的法人和自然人，一般税率为5%。

非税收入是加拿大各级政府收入的有力补充。加拿大非税收入来源主要有五方面：一是国有自然资源收入。主要是指对国有资源的勘探、开发和开采等活动而收取的费用，包括渔业与狩猎收入、森林资源收入、矿山资源收入及石油和天然气收入。二是政府收费收入。主要是指政府提供特许权、颁发执照和许可证收费以及提供公共服务的收费收入等。三是商品与劳务的专卖收入。主要来自政府直接进行商品交易，包括一般公共物品的销售、省与地方学位委员会向联邦政府提供教育服务等而取得的收入。四是国有资产经营收益。主要包括从国有企业取得的利润，分红及股权收益，国有资产租赁、出售、出让、转让取得的收入，外汇、贷款利息、银行利息、地方政府进行资本性基础设施投资取得的收入等。其中，从国有企业取得的收益是加拿大三级政府非税收入的重要来源。五是博彩专营收入，主要是指赛马和彩票等博彩活动的专营收入，少部分通过转移支付分配给联邦政府和所在市政府。

（二）最新预算收入执行的情况（2020年2月）

加拿大财政部实时监控财政收支的执行情况，并每月发布财政执行情况报告（Fiscal Monitor）。2020年4月底，加拿大财政部最新公布了2020年2月的财政执行结果（Financial Results for February 2020）。

如表7-3所示，2020年2月财政总收入为322亿加元，比上年同期增加了1亿加元，增幅为0.4%。其中：（1）税收收入减少了4亿加元，降幅为1.4%；（2）根据联邦碳污染定价系统评估的燃油费收入总计4亿加元；（3）就业保险保费收入增长了4 700万加元，即1.8%；其他收入，包括来自皇冠公司的净利润、商品和服务销售的收入、投资回报、净外汇收入和杂项收入等，增长了2 200万加元，增幅为0.9%。2019年4月至2020年2月，累计财政收入为3 085亿加元，同比增长80亿加元，增幅达2.7%。其中：（1）税收收入增加了45亿加元，1.7个百分点，这主要受个人所得税收入增长的推动。此外，增加的税收收入中，有3 100万加元来自联邦分成的大麻消费税；（2）燃油费的收入总计17亿加元；（3）就业保险金收入增长了6亿加元，2.9个百分点；（4）其他收入增长了13亿加元，4.9个百分点。

表7-3　　　　　2020年2月财政收入的执行情况　　　　单位：百万加元

	2月			2018年4月~2019年2月（包含）		
	2019年	2020年	变化（%）	2018/2019财年	2019/2020财年	变化（%）
所得税						
个人所得税	13 022	15 202	16.7	143 227	152 151	6.2
公司所得税	9 179	7 200	-21.6	48 897	46 534	-4.8
非居民所得税	925	692	-25.2	9 168	9 187	0.2
所得税小计	23 126	23 094	-0.1	201 292	207 872	3.3
消费税/关税						
商品和服务税	2 511	2 301	-8.4	36 875	36 487	-1.1
能源税	453	466	2.9	5 325	5 302	-0.4
海关进口税	494	293	-40.7	6 319	4 597	-27.3

续表

	2月			2018年4月~2019年2月（包含）		
	2019年	2020年	变化（%）	2018/2019财年	2019/2020财年	变化（%）
其他消费税/关税	395	445	12.7	5 712	5 734	0.4
消费税和关税小计	3 853	3 505	-9.0	54 231	52 120	-3.9
税收总额	26 979	26 599	-1.4	255 523	259 992	1.7
燃料费用收入	0	430	N/A	0	1 702	N/A
就业保险金收入	2 573	2 620	1.8	19 176	19 741	2.9
其他收入	2 488	2 510	0.9	25 760	27 035	4.9
总收入	32 040	32 159	0.4	300 459	308 470	2.7

资料来源：加拿大2020年2月的财政执行结果，https：//www.canada.ca/en/department-finance/services/publications/fiscal-monitor/2020/02.html，2020年4月29日。

二、预算支出的执行

（一）预算支出执行的主要内容

加拿大政府预算支出一般包括运营支出、资本支出和转移支付支出三部分。其中，运营支出主要包括员工薪酬、设备费用、管理费用、高级服务等，资本支出包括建筑物、土地等不动产、房地产支出，转移支付包括健康转移支付、社会服务转移支付、均衡转移支付等。

在预算支出执行的过程中，为削减政府的开支，强化政府支出管理，确保财政资金使用至最优的领域中，加拿大联邦政府引入了"战略评估（Strategic Review）"概念[①]，利用每隔四年对现有的支出项目进行评估的做法以确保预算支出符合要求，相当于一种对预算执行的监管过程。具体做法是：第一步，每年枢密院根据总理和财政部长削减开支的指示，研究提出需要评估的部门。第二步，被选中的部门在财政部和国库委员会的指导下，开展内部自评，选出绩效或优先性最差的5%的项目进行专家评审，并将评审结果上报国库委员会。第三步，国库委员会会同财政部对部门目标、项目效果、政府优先性等方面进行评估，对整体预算支出进行控制，并将过程中削减或取消的项目资金重新分配至政府的优先项目。

对加拿大省级和市级政府来说，削减预算支出相对困难，主要原因是在省级和市级政府的预算支出大部分是人工成本支出。尽管如此，不同的省、市根据自身的

---

① 廖晓军等：《国外政府预算管理概览》，经济科学出版社2016年版。

特点制定了一些减少预算支出的有效措施。如密西沙加市在不降低服务标准的前提下，提高了工作效率和办公自动化水平，并实行车辆补贴总额包干，通过重新签订电话、复印等办公费用协议，寻求最低报价等措施，节约公用经费开支①。

（二）最新预算支出执行的情况（2020 年 2 月）

根据加拿大财政部公布的 2020 年 2 月的财政执行结果（Financial Results for February 2020）可知，2020 年 2 月的总项目支出为 268 亿加元，比 2019 年 2 月增加 9 亿加元，增幅为 3.3%（参考表 7-4 和表 7-5）。其中：（1）对个人的主要转移支付，包括老年人、就业保险和儿童的福利，增加了 6 亿加元，增幅为 7.6%。其中，就业保险津贴增加了 3 亿加元，增幅为 19.7%，这主要是因为根据劳动力市场发展协议向各省和地区支付的时间发生了变化②。老年人福利增加了 2 亿加元，增幅为 5.5%，这主要是由于老年人口的增长和消费价格的变化，而福利与物价完全挂钩。儿童福利增加 4 500 万加元，增幅为 2.3%。（2）对其他各级政府的主要转移支付减少 1 亿加元，降幅为 0.9%。由于在魁北克减排法案下，年复一年的时间差异和回收率的增加，天然气税基金转移支付的减少远远抵消了加拿大健康转移支付、社会转移支付、均等化转移支付和地区常规转移支付的立法增长。（3）直接项目支出增加 3 亿加元，增幅为 2.4%。燃料费用收益返还反映了根据联邦碳污染定价系统的 3 亿加元的支付，其他转移支付减少 2 亿加元，其他直接项目支出增加 2 亿加元。（4）公共债务支出减少 700 万加元，降幅为 0.4%。

表 7-4　　　　　　2020 年 2 月预算支出执行情况　　　　单位：百万加元

	2 月			2018 年 4 月~2019 年 2 月（包含）		
	2019 年	2020 年	变化（%）	2018/2019 年	2019/2020 年	变化（%）
对个人的主要转移支付						
老年人福利	4 538	4 786	5.5	48 867	51 372	5.1
就业保险福利	1 688	2 020	19.7	17 274	17 910	3.7
儿童福利	1 989	2 034	2.3	21 902	22 259	1.6
总计	8 215	8 840	7.6	88 043	91 541	4.0
对各级政府的主要转移支付						
健康转移支付	3 215	3 364	4.6	35 368	37 008	4.6
社会转移支付	1 180	1 215	3.0	12 981	13 370	3.0

---

① 中华人民共和国财政部国际财经合作司，http://www.mof.gov.cn/mofhome/guojisi/pindaoliebiao/cjgj/201309/t20130927_994352.html。
② 该协议为技能培训和就业援助提供资金。

续表

	2月			2018年4月~2019年2月（包含）		
	2019年	2020年	变化（％）	2018/2019年	2019/2020年	变化（％）
均等化项目转移支付	1 580	1 653	4.6	17 352	18 195	4.9
地区常规转移支付	257	268	4.3	3 528	3 680	4.3
天然气税基金	267	28	−89.5	2 161	2 162	0.0
家庭护理和心理健康	0	1	N/A	490	1 080	120.4
其他财政安排	−421	−504	19.7	−4 584	−3 356	−26.8
总计	6 078	6 025	−0.9	67 296	72 139	7.2
直接项目支出						
燃料费用收益返还	0	252	N/A	0	1 536	N/A
其他转移支出	3 941	3 740	−5.1	38 438	40 107	4.3
其他直接项目支出	7 670	7 902	3.0	82 181	88 103	7.2
总计	11 611	11 894	2.4	120 619	129 746	7.6
总项目支出	25 904	26 759	3.3	275 958	293 426	6.3
公共债务支出	1 830	1 823	−0.4	21 407	22 022	2.9
总支出	27 734	28 582	3.1	297 365	315 448	6.1

资料来源：加拿大2020年2月的财政执行结果，https://www.canada.ca/en/department-finance/services/publications/fiscal-monitor/2020.02.html，2020年4月29日。

表7−5　按支出目的分类的总支出（2020年2月）　　　单位：百万加元

	2月			2018年4月~2019年2月（包含）		
	2019年	2020年	变化（％）	2018/2019年	2019/2020年	变化（％）
转移支付	18 234	18 857	3.4	193 777	205 323	6.0
其他费用						
人员	4 558	5 021	10.2	50 109	55 813	11.4
交通与通讯	196	243	24.0	2 398	2 420	0.9
信息	32	33	3.1	259	281	8.5
专业和特别服务	1 019	1 039	2.0	9 606	9 951	3.6
租赁	239	234	−2.1	2 769	2 875	3.8
修理和维护	287	292	1.7	2 768	2 793	0.9

续表

	2月			2018年4月~2019年2月（包含）		
	2019年	2020年	变化(%)	2018/2019年	2019/2020年	变化(%)
公用事业、材料和供应品	252	273	8.3	2 261	2 348	3.8
其他补贴和费用	644	300	−53.4	7 414	6 766	−8.7
有形资产摊销	426	461	9.2	4 466	4 730	5.9
资产处置净亏损	21	6	−71.4	131	126	−3.8
其他费用总计	7 670	7 902	3.0	82 181	88 103	7.2
总项目支出	25 904	26 759	3.3	275 958	293 426	6.3
公共债务支出	1 830	1 823	−0.4	21 407	22 022	2.9
总支出	27 734	28 582	3.1	297 365	315 448	6.1

资料来源：加拿大 2020 年 2 月的财政执行结果，https://www.canada.ca/en/department-finance/services/publications/fiscal-monitor/2020/02.html，2020 年 4 月 29 日。

在 2019 年 4 月至 2020 年 2 月，总项目支出为 2 934 亿加元，较上年同期增长 175 亿加元，增幅为 6.3%。其中：（1）对个人的主要转移支付增加 35 亿加元，增幅为 4%。老年人福利增加 25 亿加元，增幅为 5.1%，反映了老年人人口增长及消费物价的转变。就业保险福利增加 6 亿加元，增幅为 3.7%，儿童福利增加 4 亿加元，增幅为 1.6%。（2）对其他各级政府的主要转移支付增加 48 亿美元，主要反映了加拿大健康转移支付、社会转移支付、均等化转移支付和地区常规转移支付的立法增长；家庭护理和心理健康转移支付的增加；以及 2019 年 4 月 1 日加拿大与纽芬兰和拉布拉多于达成的 Hibernia 股息支持年金协议下的 19 亿加元转移支付。（3）直接项目支出增长 91 亿加元，增幅为 7.6%，包括返还的燃料费收益 15 亿加元，部门的增加导致其他转移支付增长 17 亿加元，人事费用的增加导致其他直接项目支出增加 59 亿加元。（4）公共债务支出增加 6 亿加元，增幅为 2.9%，主要反映了实际回报债券的消费者价格指数调整较高，以及加拿大政府国库券的平均有效利率较高。

三、预算执行中的调整

（一）预算调整的含义

预算调整是对原已经立法批准并授权执行的预算进行调整和变更，即随着经济、政治等环境的不断变化，在预算执行中可能出现需要增加或减少预算项目的情况，从而进行预算的调整。预算调整有狭义和广义之分。狭义的预算调整是指法律明确规定的预算调整事项范围。广义的预算调整除包括法律规定的预算调整范围以外，还包括动用预备费、预算资金的调剂等情况。一般情况下，预算调整的形式是根据法律规定，对已批准但未执行的预算进行增加或减少。

（二）预算调整的原则

加拿大预算调整的原则包括：（1）预算调整应通过法律进行；（2）如果预算调整的幅度超过了原定预算拨款的某个百分比，或影响了支出总额，就必须呈报立法机关批准；（3）在由立法机关批准前，应授权政府在某些特殊情况下自行决定某些临时性开支以满足支出需求；（4）应在固定时间内批准调整的预算数，并且严格限制年内调整的项目数。

加拿大政府设置了应急准备基金。按照内阁决议的要求，这笔资金只用于预测错误或发生不可预测事件的情况。如果这笔资金没有使用，将自动被用于减少政府财政赤字。此外，为了鼓励节约开支，政府允许部门通过调整预算执行计划来调节财政资金的使用，规定对5%以下的运营支出和20%以下的资本支出结余可以调整至下一财年使用。

根据2019年预算案中的内容，由于收入一直处于大于支出的状态，同时支出与收入的比值逐年下降，因此可以预测加拿大联邦政府基本上不会动用应急准备基金。因此只要通过联邦政府批准，即可对支出预算进行调整。

此外，根据加拿大预算（OECD – Budgeting in Canada Box2），在调整预算执行时，加拿大采取了谨慎的经济假设以提高预算中适用的经济假设的可信性，并作为对任何预测错误和不可预测事件的缓冲。具体措施有：（1）利用私营部门的平均经济预测；（2）系统下调私营部门平均经济预测，在利率预测基础上增加50~100个基点，并通过整个经济预测模型给予支持；（3）每年25亿~30亿加元的应急储备只能用来补偿预测错误和不可预测事件。如果不加以利用，将全部用于削减赤字。

第二节 国库集中支付制度

加拿大同样具有良好的国库集中支付制度基础，社会信息化程度和电子支付比率很高，部分专项指标甚至超过美国。由于加拿大属于英联邦成员国，其国库管理机构设置和制度设计带有一定的英联邦色彩。

一、中央银行

加拿大银行（Bank of Canada）是加拿大的中央银行。它于1934年7月3日依据《加拿大银行法案》而成立，起初只是一家私人公司，1938年成为国有公司，由财政部长代表加拿大女王陛下持有其全部股本。它是加拿大唯一的发钞银行，负责加拿大的货币发行，总部位于惠灵顿和渥太华下城区的银行街之间的加拿大中央银行大厦。

(一) 角色与职责

根据 1986 年颁布的《加拿大银行法案》,加拿大央行的首要职责是促进加拿大经济和金融健康发展。加拿大央行的货币使命中写明:央行的责任是维持较低和稳定的通胀水平,安全的货币、金融稳定和确保政府基金和债权的有效管理。具体包括以下几个方面:(1) 货币政策:通过调节经济中流通货币供应,运用货币政策框架保持低通胀及货币政策稳定,如表 7-6 所示。(2) 金融体系:在加拿大和国际范围内推动安全、健康和高效的金融体系,并在金融市场进行交易以支持这些目标。(3) 货币:设计和发行加拿大货币。(4) 资金管理:是加拿大政府的"财政代理人",管理其公共债务计划和外汇储备。然而在实践中,对于上述陈述还有更加细致和特殊的内部规定,如保持通胀率在 1%~3%波动,但此目标已经被批评影响了加拿大工人阶层,因为公司通常会在利率上升时减低员工工资。

(二) 机构的类型

加拿大央行不是一个政府部门,但它与政府的关系极为紧密。加拿大央行将支出提交央行董事会决议,而联邦的职能部门则将预算提交财政部。央行职员归央行而不是联邦公共服务机构管理,其账务由内阁根据财政部长推荐的外部审计机构进行审计,而不是加拿大审计署。

(三) 管理层

加拿大央行的董事会由行长、副行长和另外 12 名董事构成。除此之外,财政部副部长也列席董事会会议但没有投票权。央行行长和副行长由央行董事会任命,任期 7 年,政府不能免职,可以连任。当政府和央行之间在货币政策上出现分歧时,财政部长在与行长协商后,可以发表书面指示给央行,要求其改变政策。但是这种情况在实践中从未发生过。

表 7-6   2017 年以来加拿大央行利率变化情况

变动时间	变动情况(基点)	变动后利率(%)
2020/3/27	-50	0.25
2020/3/13	-50	0.75
2020/3/4	-50	1.25
2018/10/24	+25	1.75
2018/7/11	+25	1.50
2018/1/17	+25	1.25
2017/10/25	0.00	1.00

续表

变动时间	变动情况（基点）	变动后利率（%）
2017/9/6	+25	1.00
2017/7/12	+25	0.75
2017/5/24	0.00	0.50

数据来源：加拿大银行官方网站，https://www.bankofcanada.ca/。

二、国库管理机构

加拿大央行成立后，政府以出纳总长名义在央行开设国库单一账户，由出纳总长统一签发支票，开始实行国库集中支付制度。加拿大联邦政府国库管理由独立机构负责，主要涉及四个部门。

（一）国库委员会（Treasury Board）

国库委员会（The Treasury Board）是内阁中一个法定性的委员会，负责所有支出批准和收入分配。国库委员会被视为政府总经理，负责将内阁批准的政策和项目付诸实施，并为政府各部门提供相应的行政资源。有关国库委员会的详细介绍可参考本书第三章第二节的相关内容。

（二）国库委员会秘书处（Treasury Board Secretariat）

国库委员会秘书处（Treasury Board Secretariat）是国库委员会下设的一个部级执行机构，负责制定财务管理和控制政策，开展内部审计、制定评估标准，确保财务控制系统和过程的质量和统一性；向出纳总长就月度财政报告和年度公共账户执行情况提出指导性要求。有关国库委员会秘书处的详细介绍可参考本书第三章第二节的相关内容。

（三）财政部（Department of Finance）

财政部（Department of Finance）主要负责制定财政、税收政策，并会同中央银行共同制定货币政策；编制并提交政府预算；通过调查、预测与评估，提出经济和财政事务政策建议；制定加拿大银行金融制度；与国库部共同制定年终决算相关要求，准备和出版月度财政监测报告。有关财政部的详细介绍可参考本书第三章第二节的相关内容。

（四）出纳总署（Receiver General）

出纳总署（Receiver General）与公共工程和政府服务部（Public Works and Government Services）合署办公，主要职能是控制和管理国库单一账户，提供国库管理服务；实行财政集中支付，签发支付指令；负责政府会计核算，编制每月和年度预算执行报告。

从以上机构的职责划分中可以看出,加拿大联邦政府机构之间更强调分权,对于政策制定、控制评估、操作执行等不同层面的管理分别由不同部门负责。从20世纪80年代末开始,加拿大政府将市场制度中的一些理论和方法引入到公共管理中,发起向"私人部门学习"运动,全面实施了政府支出管理改革计划。通过建立加拿大现代审计管理制度(Moderncomptrollership)、实施财务信息战略(Financial Information Strategy)及政府会计与预算权责发生制改革(Accrual – based Accounting and Budgeting),大大提高预算执行的规范性,进一步加强风险管理及绩效管理。在此过程中,加拿大政府尤其关注政府资源利用效率和服务质量,充分利用电子化管理安全高效的特点,将其作为基础性手段运用到财政资金支付管理全过程。

三、国库支付电子化管理

(一)发展历程

1995年,加拿大政府提出"让加拿大成为全球最为互动互联的国家"的宏伟目标,并实施了"连接加拿大"信息化发展规划,其战略思维就是以电子政务为龙头和突破口,带动电子商务及信息产业等新经济发展,全面提升国家经济竞争力。1999年,加拿大政府正式颁布了国家电子政务战略计划——"政府在线"。"政府在线"是一个庞大的系统工程,并不局限于信息技术,还涉及政府管理革新以及行政职能调整,主要集中在信息服务、申请事务和促进经济技术发展等三个方面。得益于加拿大政府采用的综合性电子行政程序,加拿大国库支付电子化管理的发展也颇为迅速。

2007年12月,Visa国际组织公布了一份针对政府实施电子支付的研究报告(Government e – Payments Adoption Ranking, GEAR),对全球43个主要市场经济国家的政府在线支付能力进行排名。结果显示,加拿大政府在实施电子支付方面居世界领先地位[①]。据统计,2012年,加拿大政府电子支付所占比重约为77%。为进一步扩大支付电子化管理的覆盖范围,2012年10月,加拿大政府启动了"直接存款项目(Direct Deposit Program)",计划到2016年4月(加拿大财政年度从4月1日开始),逐步取消支票,全部采取电子化支付方式。

(二)主要特点

在国库集中支付制度和信息技术的双重推动下,加拿大逐渐形成了制度完备、控制严密、分工协作的国库支付电子化管理体系。总的来说,加拿大国库支付电子化管理有以下几个特点:

1. 多层次构建安全保障网,确保财政资金和信息安全。加拿大把财政资金安全

---

① 满分为100分,加拿大获得92.4分。

放在第一位，从技术入手，采取多种安全措施，构建立体安全防护网，使财政资金安全管理达到较高水平：（1）建立多目标支付审核控制体系。加拿大通过一系列制度安排实现预算执行的合规性控制：一是预算指标控制，所有支出严格按预算执行，禁止无预算、超预算支出。二是现金流量控制，要求各部门根据用款需要合理编报用款计划，控制支出进度。三是合同订单控制，通过收集合同订单记录，及时定位政府采购违规情况。四是收款人账号控制，对所有联邦资金收款人账号实行备案管理，并对涉嫌洗钱、恐怖活动等资金流动情况进行自动化审查。（2）大量应用信息安全技术。在网络构建上，加拿大联邦政府业务系统大都直接运行在互联网上，主要通过身份认证、数字签名、数字信封等方式来保证系统安全。部分地方政府，如加拿大安大略省，则建立了专门的局域网用于处理财政资金支付业务，采用技术手段与外网隔离。（3）加强信息备份和审计管理。加拿大政府高度重视信息审计管理，联邦政府各部门以及国库支付管理机构都建有单独的审计系统，由专人负责监控系统和网络的运行情况，并且每年评估审计系统的有效性，不断丰富和完善审计系统的控制规则，提高整个系统的防御能力。

2. 相关法律体系较为完善，对电子化管理主体和活动过程形成有效约束。加拿大支付电子化管理体系内，均包括一套完善的电子支付法律法规体系，涉及联邦政府支付管理、财务管理、银行卡管理、安全管理等多个方面，对电子化管理各个参与方，以及整个支付过程具有较强的约束力。相关法律法规包括：（1）加拿大《联邦财务管理法案》。该法案是加拿大财政财务管理的基本法律，明确了预算执行管理各方的职责、收支程序，并对内部审计和财政资金绩效评价提出了日常管理框架和方法要求。（2）加拿大《联邦直接存款法案》。该法案明确规定联邦资金支付活动中，要逐步推行电子化方式，实现从国库到收款人账户的直接转账支付，并对直接存款适用条件、支付程序、标准化要求进行全面规范。

3. 数据综合分析利用成果丰富，带动政府财务管理水平大幅提高。据加拿大相关研究发现，79%的首席财务官期望通过提高信息利用率，增强数据分析能力来支持战略决策。国库管理领域，利用电子数据进行深度分析和挖掘，同样有助于对业务处理过程的控制、监督，有助于管理风险的评估、识别，有助于决策支持信息的完整、准确。

四、国库主要业务管理流程

加拿大政府预算批准后，由出纳总署、各部门单位等机构实施，并接受审计总长依法监督和控制，任何部门不得变更预算和超额支出。预算执行后，由审计总长独立组织审计，直接向议会报告审计结果。

（一）资金支付

各部门统一向出纳总署提交支付申请电子文件，出纳总署审核通过后向代理银行签发电子支付指令，代理银行将资金支付到最终收款人。每日营业终了，通过中央银行的国库系统（TS）与各代理银行进行资金清算。

（二）账务处理

出纳总署每完成一笔资金支付，即在总账系统（GLS）中进行登记，并将汇总账务信息传送到中央财务信息管理和报告系统（CFMRS）。中央银行每日与各代理银行进行资金清算后，将账户现金变动信息传送至 CFMRS。各部门的支出信息通过各部门的部门财务管理系统（DFMS）传入 CFMRS。

（三）信息报告

所有各子系统的信息最终都汇集到中央财务信息管理和报告系统（CFMRS）中进行管理，统一对外发布预算执行报告和政府财务报告。

第三节　国库现金管理

一、国库现金管理目标

加拿大联邦政府国库现金管理的核心目标是确保拥有足够的现金余额来满足日常运行和流动性需要。除此之外，还必须实现其他三个目标：最小化现金持有成本，有效管理风险，高效率和低成本的融资。与此相关的主要工作有：每日对国库多余资金以竞争性招标方式进行投资；通过对交易对手信用评级、最高中标规模限制和质押，谨慎管理国库现金投资风险；确保市场主体广泛参与。

二、国库现金管理框架

在加拿大，财政部和加拿大银行负责债务和现金管理的发展战略，加拿大银行的工作人员根据批准的政策和战略负责日常的现金余额管理。为确保现金管理业务的顺利实施，财政部和加拿大银行建立了现金管理委员会（FMC）、现金管理协调委员会（FMCC）和国库现金管理工作组三个层次的协调机制。其中：（1）FMC 管理着债务发行、现金管理、外汇管理和风险控制等活动的所有业务。委员会由财政部副部长（委员会主席）、副部长助理和加拿大银行副行长组成，财政部和加拿大银行的高级官员均需要参加每半年举行的会议。（2）FMCC 管理现金管理政策制定和具体操作，委员会每月召开一次会议，由财政部金融市场部门主管和加拿大银行金融市场司负责人共同主持。（3）国库现金管理工作组通过经常性的会晤（通常是每月一次）来管理现金头寸，确保政府支付需要。此外，加拿大银行现金管理人员和财政部官员之间有着广泛的信息报告和咨询。

在这些管理框架下，财政部和加拿大银行各自职责有了明确的划分。两部门共同建立政策并评价执行情况,对 FMC 负责。以下工作由加拿大银行来承担:(1) 确定每日定期存款招标规模并对外发布。(2) 确定每周国库券、现金管理券和国库现金管理债券买回的规模(向 FMC 报告)。(3) 每月预测年度现金流(向 FMC 和 FMCC 报告)。(4) 预测每日的现金需求。(5) 撰写每月现金流和余额报告。(6) 撰写每周现金持有成本报告(向 FMCC 报告)。(7) 负责每日操作报告。

三、国库现金流预测

能否准确预测政府现金流是衡量国库现金管理水平的一个重要指标,加拿大银行采取了一些措施来增加预测能力:(1) 通过不同途径获取各类预测信息。如联邦政府年度预算,提供了联邦政府收入和所有政府部门及项目的详细支出计划。加拿大银行和财政部的分析人员在年内会重新评价经济金融形势,并据以调整年度收入和支出预测。其他相关信息还包括来自财政部每月预算执行情况,公共工程和政府服务部(PWGSC)① 每日国库资金流入、流出报告等。(2) 加强与公共部门信息沟通,特别是那些具有大额收支项目的部门(2500 万加元以上)。大额支出需要尽早通知加拿大银行,通常提前一周或更长。(3) 开发和完善预测工具来监测财政政策、收支运行规律和趋势、季节性峰值、异常的现金流和交易。(4) 根据以前年度或月度主要收支项目运行规律,并结合本年度特殊情况进行调整,将最初和更新的年度收支预测转换成月度和每日预测。(5) 每日滚动预测未来 3 个月内的现金流,根据最近 3 个月国库现金流实际运行结果,追溯检验每日滚动预测情况。PWGSC 通过标准化支付体系处理所有政府收支指令,并将现金流入和流出的报告提供给加拿大银行。近些年加拿大银行国库预测能力显著增加,很大程度上得益于业务系统的自动化发展。

四、国库现金管理工具

加拿大的国库定期存款拍卖与我国现金管理的商业银行定期存款操作很相似。此外,加拿大银行还使用短期国库券、现金管理券和现金管理债券买回三个辅助工具。

(一)定期存款拍卖

1. 国库定期存款操作市场参与。1986 年 4 月,加拿大银行引入了定期存款方式②。1999 年 2 月,大额支付系统(LVTS)上线和新的货币政策框架建立后,加拿

---

① PWGSC 具体经办政府收支,建立和完善与金融机构间的制度安排,以改进政府收支管理。PWGSC 负责管理联邦政府所有的银行账户,并将账户余额汇集到开立在加拿大银行的国库单一账户上。PWGSC 是一个独立的部门,政府收支由该独立部门具体经办,提高了现金流的可预见性,有助于现金管理人员进行更加有效的现金流预测。

② 1986 年 4 月之前,联邦政府的国库现金余额由加拿大支付协会的直接清算成员以活期存款形式持有。

大银行每天分上午、下午两次拍卖对国库现金余额进行分配。近年来，国库定期存款上午拍卖参与对象逐渐趋于多样，但为了防范风险，参与对象仍需具备相应的信用等级、技术条件以及签订系列约束文书等。

2. 拍卖规模确定。

①上午拍卖。一是根据国库现金流预测情况和明日下午大额支付系统结算余额预期设定水平，来确定下一日上午拍卖的规模；二是通过仔细分辨未来几天（周）国库现金流特征及资金需求情况，来确定不同期限下的细分规模。

②下午拍卖。一是上午拍卖出现流标情况下，未投出的国库现金余额将继续在下午拍卖；二是根据当天期望的大额支付系统结算余额水平和即将到期存款余额确定当日下午拍卖规模。

3. 上午拍卖非担保的相关规定。信用等级高于（或等于）A的参与者，会给予一定的非担保限额，额度大小取决于他们的信用等级。如对于加拿大管制吸收存款机构、省级政府等，若信用等级高于AA（或等于），限额为2.5亿加元；若信用等级等于A，限额为1亿加元。其他合格的吸收存款参与者根据其定期存款规模和格子评注①来确定非担保限额大小。BBB或无信用等级的实体只有在得到A或更高等级参与者保证情况下，才可参与非担保拍卖。

4. 上午拍卖担保拍卖的相关规定。参与者投标金额可以超过其非担保限额，但需要为超过部分提供担保。信用等级等于或高于A的参与者，可以就全部招标金额进行投标。BBB或无信用等级的参与者，可获得的国库现金余额不得超过5亿加元，并且合格证券必须由加拿大政府或其代理人发行或保证。在得到信用等级等于或高于A的参与者提供保证情况下，也可就全部招标金额进行投标。加拿大政府以质押形式投出的国库现金，必须按照回购或逆回购协议和三方回购服务协定以买断式回购形式获得的足额合格证券②。

5. 拍卖信息发布及结算。投标当日，所有参与者通过拍卖报告信息系统（CARS）都会获知拍卖最高价格、平均价格、最低价格和最低接受收益率投标的分配比例。各参与者获得的金额和不同部分金额的期限也会通过CARS来进行确认。

参与者非担保国库现金余额的获得及到期归还都必须通过LVTS办理支付，其中上午拍卖办理时间为下午1点前，下午拍卖为下午5点前。在担保情况下，参与者证券销售结算在竞标当日下午3点之前完成，回购证券结算在参与者SRAs规定的相关购买日的下午1点前完成。

（二）短期国库券

短期国库券是加拿大政府债务管理的重要组成部分，其主要目标是为政府提供稳定和低成本的融资。财政部在年度债务管理战略中确定全年发行计划，加拿大银

---

① 一种类似于平衡计分卡的评分工具，根据所列条件某一机构所达到的程度来确定其得分和可获得额度大小。

② 对参与者来说，两个协议结合起来就是一个出售和再购协议（Sale and Repurchase Agreements，SRAs）。

行根据现金流预测情况、市场承受范围和加拿大银行自身资产负债表来确定每期发行规模。短期国库券每两周发行一次，期限通常是 3 个月、6 个月和 1 年，其未到期债券比例大约是 50∶25∶25，发行公告和招标细节需按照规定的时间表对外发布。

（三）现金管理券

现金管理券是一种灵活的短期国库券，它可以在任何工作日发行，通常期限在 3 天到 1 个半月。现金管理券是短期国库券的补充，使国库金管理人员在现金需求高峰来临之前灵活地进行预防性融资。现金管理券发行灵活、贴近实际需求，需要付息的时间也短，能有效降低库存平均余额。

（四）现金管理债券买回

现金管理债券买回于 2000～2001 年度被引入，于 2003～2004 年被列为永久性工具，在基准债券大量到期之前使用，可以平滑国库的现金支付需求。现金管理债券买回对象为一年半以内即将到期的基准债券。

第四节　政府采购管理

一、政府采购机构设置与职责

（一）政府采购机构设置

第二次世界大战前，加拿大联邦政府采取各部门分散采购，但随着政府职能的增加引起政府机构的膨胀，使得分散采购的多投入、低效率特点日益突出。因此，到 20 世纪 60 年代，联邦政府成立了供应服务部，将分散采购的方式变为由一个专门部门集中采购。20 世纪 90 年代初，联邦政府又将公共工程部、供应与服务部、政府通讯局、翻译局等 4 个部门合并，构成现在的公共工程和政府服务部（Public Works and Government Services Canada，PWGSC），成为当前加拿大联邦政府负责政府采购的主要机构，并根据需要在主要省级政府设立分部，如魁北克省、安大略省等。

根据《公共工程和政府服务部法案》（Department of Public Works and Government Services Act）规定，公共工程和政府服务部属于加拿大联邦政府内阁的一部分，主要为联邦政府的各部门、机构提供政府采购、资产管理、工资及养老金支付、信息技术、翻译、审计、联邦房地产建设与物业管理、联邦政府办公室分配等服务。该部门由一名部长、一名副部长和几名助理组成，具体包括会计、采购、审核与评估、咨询与信息服务等十个部门。此外，国库委员会、国际事务和贸易部、总审计长办公室、加拿大国际贸易法庭和加拿大联邦法庭等作为加拿大政府采购的管理和监督机构,从不同的角度对政府采购进行管理和监督,与公共工程和政府服务部共同组成了政府采购相关部门。

加拿大省级政府采购由专门机构负责,各省自行制定采购政策,报省议会批准后立法执行。如果过程中发现专门的机构无法完成采购,可以选择将采购委托社会中介机构。

（二）政府采购机构的职责

公共工程和政府服务部下设的采购部（Acquisitions Branch）是针对各部门、机构进行货物或服务采购的主要部门,职责包括：协助各部门确定需要购买的货物或服务；选择最有效的采购方式并开发合适的供应商评估标准；开展采购项目的招标、接受投标以及组织评价,或就具体的采购项目与供应商展开合同谈判；对不成功的采购招标项目提供相关情况报告；对签约的合同进行管理等。此外,采购政策的调整和补充、使用的采购工具开发、采购标准的制定、与相关行业协会的联系和合作也属于采购部的职责。

国库委员会,制定涉及政府采购的各项规定,包括合同的目标、要求、使用原则、监督、投标评标、合同管理等方面；国际事务和贸易部,负责在国际政府采购领域中保护和促进加拿大的贸易利益；总审计长办公室,主要负责政府采购过程中的监督工作；加拿大国际贸易法庭和加拿大联邦法庭,针对政府采购引起的起诉进行判决,并提出相关建议。

二、政府采购程序与方式

根据加拿大公共工程和政府服务部公布的《供应手册》（Supply – Manual）①,加拿大联邦政府在政府采购过程必须公开、公平和诚实。手册要求所有在采购过程中涉及的步骤都要满足谨慎、正直和透明的要求,因此,采购程序包括以下几个阶段：

第一阶段,确定要求和请购单。各部门提出各自所需物品和服务,并进行需求说明,包括制造材料、设计的性能、市场类似产品等,之后采购部门通过电话、E – mail、信函等方式向各部门了解详细情况。此外,各部门的需求计划需根据采购是否与贸易协议冲突、是否对当地社会经济产生影响以及影响结果等进行调整。此阶段的开始时间与制定下年财政预算时间同步,是采购过程的重要一步。

第二阶段,确定采购方式。各部门将采购需求报送至公共工程和政府服务部,由该部门依据采购金额、产品种类、产品规格等特征进行采购方式的选取。采购方式包括请求报价（Request for Quotation, RFQ）、电话购买（Telephone Buy, T – buy）、邀请招标（Invitation to Tender, ITT）、固定报价（Request for Standing Offer,

---

① 官方网址：https://buyandsell.gc.ca/policy – and – guidelines/supply – manual。

RFSO)、供应安排要求（Request for Supply Arrangement）。（1）请求报价方式：这种方式适用低于 2 500 加元的商品或服务的招标。在进行招标前，承包人员（Contracting Officers）需要判断供应商是否符合要求，符合要求的供应商需要在特定的日期和时间将报价直接提交给承包人员，报价不公开。合同要求必须明确，以便在价格和交付的基础上对投标进行评估和比较，并与符合要求的最低价格的投标方签订合同。（2）电话购买方式：是承包人员通过电话口头向一个或多个供应商索取投标书的采购方式，这种方式适用价值低于 5 000 加元且需要立刻交货的小额采购。在确保所有合格的供应商都被通知的前提下，如果此时承包员有适当权力，该采购合同可以通过电话签订。（3）邀请招标方式：是一种以最低价格作为基础的招标方式，适用于有两个或两个以上供应商有能力满足政府采购的需要，投标可以在一个相同的定价基础上提交，此时承包人员对供应商的投标进行的评价将排除产品、资源、操作和应急费用、社会经济等因素。这种投标可以被公开，且所有的货物或服务的采购价格高于 2 500 加元并具有一定的要求限制。（4）固定报价方式：适用于在某一时间段内以曾经采购的清单价格进行货物或服务的采购，即参与报价的供应商承诺在特定的时段里以特定的价格提供特定产品或服务。这种方式可以通过广告或通过原供应商列表进行筛选。（5）供应安排要求：采购方式根据有关安排框架向通过预审的若干供应商询价，对于经常性购买某种商品，且买方可就供应商提供的最高报价讨价还价时，一般采用这种方式。

第三阶段，供应商的评价与选择。按照招标文件中规定的方法，对在规定时间内提交的投标书进行评价和甄选，以确定最优的投标报价。值得注意的是，在选择供应商的过程中，最优的报价并不等于最低的报价，而是在公平的环境下通过对标书的技术、财务等的评价来选择最优的供应商。

第四阶段，采购合同的签订。在选择出最优的供应商后，与之签订合同。根据《供应手册》规定，联邦政府采购的货物在 5 000 加元以内的，服务低于 2.5 万加元的、工程低于 10 万加元的，允许各部门组织自行签订采购合同，超过上述限额的货物、服务、工程的采购合同签订，必须委托公共工程和政府服务部进行相关事宜的办理。

第五阶段，采购合同的执行。在与供应商签订采购合同后，公共工程和政府服务部应告知供应商须按照采购合同规定的内容进行采购活动，包括时间限定、履约地点、具体要求等，并通知提出采购申请的联邦政府部门组织验收，以保证供应商所提供的商品或服务能够满足合同规定的数量、质量、性能等要求，并在规定的时间内交与采购部门。

三、政府采购电子化与信息化

为实现政府采购的电子化与信息化，以便有效、便捷地进行采购，加拿大联邦政府和地方政府在不同层面上建立了采购与招标公告服务平台，利用网络技术在提高采购的工作效率的同时，降低采购的成本。

在联邦政府方面,加拿大公共工程和政府服务部开通了政府采购的专业网站,其中,1997年1月由加拿大联邦政府引入的电子投标服务系统①(Canada's Electronic Tendering Service,MERX)成为目前唯一发布招标信息的官方网站。

电子投标服务系统是由Cebra公司开发的,被设计成可与5万个企业和政府组织联系,每天有1 500~1 700个开放的商业机会,日处理采购订单达到1 200~1 500份,每周可提供1 000个新的商业机会。正是由于它如此惊人的处理能力,成为加拿大中小企业商业信息的主要来源,如今是除联邦政府外,其他各级政府的主要采购系统。在该网站上,用户具有免费浏览信息公告以及支付一定会员费用可享受额外服务的权利。MERX则每天按照工程、货物、服务、其他等项列出整个加拿大联邦、省级政府机关和市政、学校、医院的新采购项目,使用英、法两种可选择的语言向供应商提供招标信息、政府采购需求和其他相关信息,甚至包括国际的招标信息。具体包括联邦政府10 000加元以上的印刷服务、25 000加元以上的大多数货物和服务需要、84 000加元以上的建筑设计或工程咨询服务需要以及10万加元以上的建筑工程或租赁需要等。

政府对MERX上发布信息的时间也做出了规定,如果招标项目是面向国内的,信息在该系统上需至少发布15天,如果是面向WTO成员方的,则需至少发布40天。通过规定信息发布的时间,以确保所有潜在的供应商都能够获取招标信息,保障政府采购的顺利进行。

MERX的运作特点是:能够把供应商与联邦政府、省政府或市政府以及医院、学校的采购者联系在一起,无论身处何处,都能享受便利。更重要的是通过该系统,供应商得到了公平竞争的环境,平等享有政府采购的商业机会。

MERX的主要功能是:第一,为客户指定投标文件提供必要的信息支持;第二,为客户寻找有关联性的商业机会;第三,为客户提供商业往来查询服务,包括联邦政府以往的采购清单、合同名称以及价格等;第四,为使用者辨别其他供应商的招标文件,以帮助他们判定竞争者和伙伴;第五,提供在线支持服务,包括提供外国政府和其他组织的采购机会。

四、政府绿色采购与可持续发展

公共工程与政府服务部作为加拿大联邦政府采购和资产管理的主要部门,一直致力于构建绿色健康的采购过程,在政府的要求下,对于任何可能的领域中的采购都优先购买绿色环保的产品。从2004年4月1日起,政府采购中的所有联邦政府的大型建设项目,都需要达到符合先进的绿色环保标准,同时为政府节约采购资金。2005年4月,联邦政府在公共工程与政府服务部内部设置"政府绿色行动办公室(The Office of Greening Government Operations,OGGO)",通过与联邦国库委员会和

---

① 官方网址:http://www.merx.com/。

环境部的密切合作推动联邦政府倡导的"政府绿色行动"。[1]

2006 年 4 月，由财政部长批准，公共工程与政府服务部、环境部和自然资源部共同遵守的"绿色采购政策"正式实施。该政策是联邦政府在"物有所值"和"生命周期管理"的背景下制定的，要求将环境绩效纳入采购过程中，适用所有部门和机构并贯穿于政府的各个环节，涉及各类资产从制定规划、采购获取、投入使用及回收处置的整个生命周期阶段。各部门和机构还必须制定绿色采购指标，通过年度计划报告、优先事项和部门绩效报告监测和报告其绿色采购业绩。

绿色采购政策对采购人员的要求包括：第一，通过加拿大公共服务学院线上学习绿色采购服务的相关课程；第二，在可行的情况下，将环境考虑纳入所有采购过程中；第三，向所有客户建议绿色采购政策，并利用现有的信息、工具和指南给予支持，以满足客户的需求和政策要求；第四，在采购文件和合同批准文件中记录已考虑到环境因素的货物或服务情况。加拿大期望通过绿色采购政策的实施，实现环境保护和可持续发展这一最终目标，具体包括：第一，为环境做出贡献，包括减少温室气体和空气污染物的排放，提高能源和水的利用效率，减少臭氧层的消耗，减少废物和支持再利用和再循环，减少有毒有害化学品和物质等。第二，促进联邦政府使用对环境更负责任的规划、购置、使用和处置的方法。第三，促进创新和市场发展，以及对环境有利的商品和服务的需求，使之成为社会主流。

第五节　政府决算

一、政府决算概述

加拿大的政府决算以政府年度财务报告形式（Annual Financial Report of the Government of Canada）汇报。在政府年度财务报告中，加拿大联邦政府会将本年度决算情况进行总结。如 2018/2019 财年的财务报告展示了截至 2019 年 3 月 31 日的经审计的财务结果，具体呈现了关于联邦政府收入、支出、债务、融资来源或需求等结果信息。报告中特别指出，加拿大政府已连续 21 年收到加拿大审计长关于合并财务报表的未经修改的审计意见。

二、2018/2019 财年政府决算

根据 2018/2019 年政府财务报告，2018/2019 财年的预算赤字为 140 亿加元，较 2017/2018 财年减少 50 亿加元（参考表 7-7）。收入同比增加 210 亿加元，增长 6.7%，项目支出同比增加 146 亿加元，增长 4.7%，公共债务支出同比增加 14 亿加

---

[1] 杨丹华等："加拿大联邦政府采购的做法及启示"，《中国政府采购》，2008 年第 8 期。

元，增长 6.3%。公共债务支出占总支出的比重约为 6.7%，大幅低于 20 世纪 90 年代中期近 30% 的峰值。此外，截至 2019 年 3 月 31 日，联邦债务（累计亏空）为 6 855 亿加元，占 GDP 的 30.9%。虽然绝对值较上一年略有增长，但占 GDP 的比重比上一财年低 0.4%。

表 7-7　　财务摘要　　单位：10 亿加元

	2018/2019 财年	2017/2018 财年
预算事务		
收入	332.2	311.2
支出		
项目支出	322.9	308.3
公共债务支出	23.3	21.9
总支出	346.2	330.2
预算盈余/赤字	(14.0)	(19.0)
预算外事务	1.2	9.5
融资来源/需求	(12.7)	(9.4)
筹资活动的净变化	15.7	7.6
现金余额的净变化	3.0	(1.9)
期末现金余额	37.6	34.6
财务状况		
总负债	1 185.2	1 150.4
总金融资产	413.0	397.5
净债务	(772.1)	(752.9)
非金融资产	86.7	81.6
联邦债务（累计亏空）	(685.5)	(671.3)
金融结果（占 GDP%）		
收入	15.0	14.5
项目支出	14.6	14.4
公共债务支出	1.0	1.0
预算盈余/赤字	(0.6)	(0.9)
联邦债务（累计亏空）	30.9	31.3

数据来源：加拿大政府 2018/2019 财年财务报告，https://www.canada.ca/en/department-finance/services/publications/annual-financial-report/2019/report.html#_Toc17893652，2020 年 5 月 5 日。

2018/2019 财年政府财务报告指出，在经历了两年的强劲增长后，全球经济扩张在 2018 年有所放缓。接近 2018 年底时，贸易紧张局势加剧，增长预期下降导致金融市场波动加剧，大宗商品价格下跌，政府债券收益率下降。在全球经济增长放缓的背景下，加拿大经济增速放缓至更可持续的水平，与基本面相符。2018 年实际 GDP 增长 1.9%，名义 GDP 增长 3.6%，其实际和名义 GDP 增长率与 2019 年预算的预测基本一致（参考表 7-8）。此外，由于加拿大央行上调了政策目标利率，加拿大的短期和长期利率继续上升。

表 7-8　　　　　　　　私人部门经济预测的平均值①

	2017 年	2018 年	2019 年	2020 年
实际 GDP 增长率				
2018 年预算	3.0	2.1	1.6	1.7
2019 年预算	3.0	1.9	1.8	1.6
实际值	3.0	1.9	—	—
名义 GDP 增长率				
2018 年预算	5.6	4.1	3.5	3.8
2019 年预算	5.6	3.8	3.4	3.5
实际值	5.6	3.6	—	—
3 月期国库券利率				
2018 年预算	0.7	1.4	2.0	2.3
2019 年预算	0.7	1.4	1.9	2.2
实际值	0.7	1.4	—	—
10 年期政府债券利率				
2018 年预算	1.8	2.3	2.8	3.1
2019 年预算	1.8	2.3	2.4	2.7
实际值	1.8	2.3	—	—
失业率				
2018 年预算	6.4	6.0	6.0	6.1
2019 年预算	6.3	5.8	5.7	5.9
实际值	6.3	5.8	—	—

---

① 加拿大政府定期调查私营部门经济学家对经济形势的看法，以评估和管理风险。自 1994 年以来，私营部门经济学家的预测一直被用作经济和财政规划的基础，为政府的预测加入了独立的因素。这种做法得到了国际组织如 IMF 的支持和肯定。

续表

	2017 年	2018 年	2019 年	2020 年
消费者价格指数				
2018 年预算	1.6	1.9	2.0	1.9
2019 年预算	1.6	2.3	1.9	2.0
实际值	1.6	2.3	—	—

数据来源：加拿大政府 2018/2019 财年财务报告，https：//www.canada.ca/en/department-finance/services/publications/annual-financial-report/2019/report.html#_Toc17893652，2020 年 5 月 5 日。

2018/2019 财年的预算赤字比 2019 年 3 月预算案估计的 149 亿加元减少了 9 亿加元（参考表 7-9）。总体而言，2018/2019 财年的实际财政收入与 2019 年 3 月预算案的预测一致，但各具体项目的实际结果与预测有偏差，如个人所得税实际收入、就业保险金收入高于预期，而公司所得税、商品和服务税等的实际收入低于预期。对个人的主要转移支付和对其他各级政府的主要转移支付与预测基本一致，而联邦各部门和各机构的直接项目支出比预测低 6 亿加元，反映了 0.4% 的预测差异。公共债务支出较预期低 3 亿加元，反映有息债务存量的平均实际利率低于预期。

表 7-9　实际结果与 2019 年 3 月预算的比较

	实际数 （10 亿加元）	2019 年 3 月预算 （10 亿加元）	差额	
			绝对值 （10 亿加元）	百分比 （%）
收入				
所得税				
个人所得税	163.9	162.8	1.1	0.7
公司所得税	50.4	52.0	(1.6)	(3.2)
非居民所得税	9.4	9.6	(0.2)	(2.1)
小计	223.6	224.3	(0.7)	(0.3)
其他税和费				
商品和服务税	38.2	39.6	(1.4)	(3.7)
能源税	5.8	5.8	0.0	0.3
海关进口关税	6.9	6.9	0.0	0.0
其他税费	6.3	6.2	0.1	1.2
小计	57.2	58.5	(1.3)	(2.3)
就业保险金收入	22.3	21.4	0.9	4.0

续表

	实际数（10亿加元）	2019年3月预算（10亿加元）	差额	
			绝对值（10亿加元）	百分比（%）
其他收入	29.1	27.9	1.2	4.0
总收入	332.2	332.2	0.0	0.0
项目支出				
对个人的主要转移支付				
老年人福利	53.4	53.3	0.1	0.2
就业保险福利	18.9	18.8	0.1	0.5
儿童福利	23.9	23.9	(0.0)	(0.2)
小计	96.1	96.0	0.1	0.1
对各级政府的主要转移支付				
健康和其他社会转移支付	52.7	52.7	0.0	0.0
财政安排	18.0	18.1	(0.1)	(0.4)
天然气税基金	4.3	4.3	0.0	0.0
家庭护理和心理健康	0.8	0.9	(0.0)	(1.4)
小计	75.9	76.0	(0.1)	(0.1)
直接项目支出	150.9	151.5	(0.6)	(0.4)
总项目支出	322.9	323.5	(0.6)	(0.2)
公共债务支出	23.3	23.6	(0.3)	(1.3)
预算结果/估计	(14.0)	(14.9)	0.9	

资料来源：加拿大政府2018/2019财年财务报告，https://www.canada.ca/en/department-finance/services/publications/annual-financial-report/2019/report.html#_Toc17893652，2020年5月5日。

第八章

加拿大政府会计与政府财务报告制度

■ 本章导读

20世纪80年代以来,出于加强政府会计管理、统一各级政府财务信息及与国际会计惯例接轨的需要,加拿大开展了一系列政府会计改革。采用"分步到位"的方式,历经20多年,加拿大政府会计和财务报告基本上实现了从收付实现制向权责发生制的转变。本章从历史的角度详述了加拿大政府会计基础及财务报告制度的演变发展历程,对加拿大会计基础、政府会计准则及政府财务报告制度进行系统介绍,并结合我国国情,对我国目前正在进行的政府会计与财务报告制度改革提出了有关建议。

第一节　政府会计基础及其演变

一、政府会计基础概述

会计基础，即会计事项的记账基础，是会计确定的某种标准方式，是指那些应该予以确认的会计事项应该在何时确认、如何确认，或确认为哪些会计要素的问题。一般认为，会计基础主要分为两种，即收付实现制和权责发生制。但国际会计师联合会（International Federation of Accountants，IAFC）在《中央政府的财务报告》中指出：会计上有这样一个会计基础区间，区间范围以现金制和应计制为两个极端。在这两个极端之间有很多变化，这些变化实际上是对现金制或应计制的修正①。由此可见，收付实现制和权责发生制仅是会计基础的两个端点。在这两个端点之间的变化在会计操作实务中就主要表现为修正的收付实现制和修正的权责发生制。从目前世界各国现行政府会计理论和实务来看，政府会计基础可以分为收付实现制、权责发生制、修正的收付实现制②和修正的权责发生制③四种类型。上述四种政府会计基础的基本特征如表8-1所示：

表8-1　　　　　四种政府会计基础的比较分析

基本特征	收付实现制		权责发生制	
	收付实现制	修正的收付实现制	修正的权责发生制	权责发生制
确认时间	现金实际收到或付出时	延长期内事项的发生时间确认	交易或事项实际发生时，个别资产、负债、收入和费用的确认特殊处理	交易或事项实际发生时

---

① 荆新、高扬："政府会计基础模式：比较与选择"，《财务与会计》2003年第9期。
② 修正的收付实现制是在财务报表中包括有关主体在会计年度结束后的短时期内会导致现金收入与现金付出的交易或事项的信息，使财务报表主要报告主体在报告期内流动的或短期的财务资源及其变动情况。修正的收付实现制又有两种变体：附加期模式和附加披露模式。附加期模式是指在财政年度结束的特定追加期内（如1个月内）保持未结账状态，对源于前一会计期间的交易所产生的本会计期间的现金收付，仍然作为前一会计期间的现金收付予以确认，视同上一财政年度的业务处理。附加披露模式是对于通常在权责发生制下确认的项目（附加期内的应收应付款的收付）提供附加的信息披露。
③ 修正的权责发生制是不确认和报告长期性项目，而是将与这些资产、负债有关的现金流量确认为收入或支出，财务报表主要报告货币性资产和货币性负债。比如，对一些基础设施资产、国防资产的支出作为当期支出而不作为资本化处理；对养老金等类型的长期负债不确认，而是在支付时直接确认费用，等等。目前，世界上多数国家的政府会计都采用这一办法，最为典型的是美国住房基金收入和支出都按照该基础确认。

续表

基本特征	收付实现制		权责发生制	
	收付实现制	修正的收付实现制	修正的权责发生制	权责发生制
会计要素	现金收入、现金支出、现金余额	现金收入加应收款项、现金支出加应收款项、现金及类现金余额	收入、支出、金融资产、负债、净财务资源	收入、费用（包括折旧）、资产、负债、净资产
计量重点	现金结余及其变动	当期财务资源及其变动	总财务资源及其变动	经济资源及其变动
财务报表	收入支出表	收入支出表	资产负债表、损益表、现金流量表	资产负债表、损益表、现金流量表

资料来源：作者根据相关资料自制。

二、加拿大政府会计基础演变

（一）政府会计演变背景

在加拿大，政府会计也称为"公共部门会计"（public sector accounting），是政府整体、政府部门等公共部门主体所适用的会计。20世纪80年代以前，加拿大政府会计采用的是与政府预算基础相一致的收付实现制。自1980年开始，加拿大政府会计开始采用分步到位改革模式，逐步从收付实现制向权责发生制过渡。驱动其实施政府会计改革的动因主要有以下三个方面：

1. 加强政府会计管理的需要。20世纪80年代以前，加拿大经历了几次严重的经济危机，危机期间经济萧条，生产下滑，失业率猛增。为了拉动经济增长，加拿大比照西方国家（特别是美国）实施了扩张性财政政策。这种做法，尽管刺激了消费，扩大了就业，促进了经济增长，但也增加了政府的财政风险。特别是在收付实现制下，花了"下一代的钱"但体现不出现任政府的责任。因此，每到政府换届大选时都会导致反对党的强烈批评。为了改变这种状况，加拿大政府在财政管理方面进行了一系列的改革，在政府会计核算中，引入了私营企业的权责发生制。

2. 统一各级政府财务信息的需要。加拿大的政府会计管理体制与其政治体制十分相似，各级政府均有独立的财务管理部门和审计部门，有权选择适合于自身的财务体制。联邦政府的政府会计主管部门是国库委员会和财政部，省、市政府的政府会计主管部门是财政部门。这种体制导致了一些问题：一是各级政府采用的会计核算方法不统一，有的用收付实现制，有的用修正的收付实现制，还有的用修正的权责发生制。据加拿大联邦政府统计，在政府会计改革之前，仅联邦政府各部门就有60多种不同的会计处理方式。二是无法掌握全国统一的政府财务信息。由于各级政府的会计处理方式不同，使得各部门、各级政府之间财务信息缺乏可比性，无规则可循。三是在财务报表中，各财务事项的列示和会计专业术语的使用上也千差万别，即使是非常熟悉政府会计的人员，要领会财务报表信息的确切含义也困难。为了增强政府的受托责任，提高政府管理和服务的效率，使各个政府之间的信息具有可比性，加拿大各级政府面对国会、国内舆论以及外国投资者的压力，逐步实施了政府会计改革。

3. 与国际惯例接轨的需要。加拿大的法律制度受英联邦国家和美国的影响较大。英国、澳大利亚、新西兰等英联邦国家在20世纪80年代末就开始了政府会计改革，美国也从20世纪90年代初着手改革。这些国家改革的成果，受到加拿大政府的高度重视。特别是进入20世纪90年代以后，在OECD的推动下，加拿大很快就接受了澳大利亚、美国等国的成功经验，并且成为国际政府会计改革G4+1组织的主要成员（由澳大利亚、加拿大、新西兰、美国以及国际会计准则委员会组成），开始推行政府会计改革。

（二）政府会计基础演变历程

加拿大是世界上最早将财务报表编制基础从收付实现制转向权责发生制的国家之一。但加拿大对政府会计基础的改革是渐进的，采用的是分步到位模式，即经历了先采用修正的收付实现制，逐步过渡到修正的权责发生制，再转向现在采用完全的权责发生制的历程。在向权责发生制过渡过程中，遇到的最大挑战之一，即是如何对公共部门以往在购置时直接列支而未予记录为资产的有形资产予以确认和计量。

1980年以前，加拿大政府会计以收付实现制为会计基础。从1980年到1993年，加拿大政府会计开始采用修正的收付实现制。1989年，政府开始推行"财务信息战略"，以改进政府受托责任，提高政府行为及公共服务提供的效率。1993～2002年，政府会计转变为以修正的权责发生制为基础，即只确认可以为偿付政府债务或者可以为未来运营活动提供现金的金融性资产，而对那些不产生或不能转换为现金的实物资产、预付费等，则不作资本化处理。1995年，加拿大财政部经国会批准，在预算案中承诺联邦政府将采用完全的权责发生制的会计和财务报告制度[①]，但并未明确具体的实施时间表。同年后期，国库委员会秘书处采纳了一项计划，拟于2001年前完成以权责发生制为基础编制审核的政府财务报告。1997年，加拿大政府公布《审计现代化法案》。该法案与"财务信息战略"合并，进一步地强化受托责任分散措施，加强风险管理，通过人力资源信息、风险管理信息及绩效报告和成果相结合，实现资源与结果的配比。但这些措施很大程度上依赖于权责发生制会计提供的信息。2002年，加拿大联邦政府在2001～2002财年的政府整体财务报表中将所有资产项目及相关折旧账户均作资本化处理，采用完全的权责发生制。2004年，加拿大各省级政府也全部采用权责发生制作为会计基础。

此后，加拿大政府会计改革的重点转向不断完善其政府会计准则体系。2017年

---

① 资料来源：加拿大财政部官网2003年预算草案，https://www.fin.gc.ca/budget03/bp/bpa6-eng.asp。

4月1日，为了保证公共部门会计准则（Public Sector Accounting Standards，PSAS）能够合理一贯的运用，加拿大总审计长办公室在公共部门会计准则的基础上进行了补充和完善，出台了加拿大政府会计手册（Government of Canada Accounting Handbook，GCAH），增加了公共部门会计准则中的会计政策的选择以及关于部门财务报告和季度财务报告的相关政策。如 GC3150 有形资产的规定就是对 PS3150 的补充。该手册进一步强调了政府财务信息作为支持政府决策和管理活动、政策制定和项目服务的提供具有重要作用。

第二节 政府会计准则

一、制定主体

1902 年，经国会批准，加拿大成立了特许会计师协会（Chartered Accountants of Canada，CICA），并经政府授权负责制定加拿大会计准则体系。CICA 下设会计准则委员会，负责制定公认会计准则（Generally Accepted Accounting Principle，GAAP）。随着加拿大政府财务管理要求的不断提高，国内诸多的政府利益相关者认为，加拿大各级政府应当按照全国统一的、可比的和一致的方法编报财务报告，因此产生了由专门机构制定统一的公共部门会计准则的需求。1981 年，CICA 成立公共部门会计委员会（the Public Sector Accounting Board，PSAB），为专司制定公共部门会计准则和其他财务报告指南的独立的准则制定机构。加拿大公共部门包括：联邦政府、省级政府、区域型政府、地方政府、政府组织、政府的合作者及教育局。政府部门适用公共部门会计准则，国有企业适用公认会计准则（GAAP），其他的政府组织根据自身的会计核算情况，自主选择适用公共部门会计准则或者公认会计准则。

2013 年 1 月，CICA 与加拿大管理会计师协会（Society of Management Accountants of Canada，CMA）、加拿大注册会计师协会（Certified General Accountants of Canada，CGA）合并而成了新的会计师组织，即加拿大特许专业会计师协会（Canadian Chartered Professional Accountant，CPA）。CPA 替代了原先的 CICA，继续向 PSAB 提供人力上的支持。但值得注意的是，CPA 与图 8 - 1 中出现的包括 PSAB 在内的其余各个准则制定部门和监督部门都保持着相对的独立性（臂长原则，at arm's length from one another），从而避免 CPA 过多地影响和干预公共部门会计与审计准则的制定。

PSAB 目前由 12 名理事构成，理事均为兼职。其中，2/3 的理事为从事各级政府财务报告编报和审计工作的负责人，其余的理事来自学术界、政府财务报告使用部门等方面。PSAB 的日常工作由包括技术总监在内的工作人员承担。PSAB 制定和发布准则遵循严格的程序，每一项准则的立项、发布征求意见稿、最终发布等，都必须经过 2/3 的理事投票赞成方可通过。

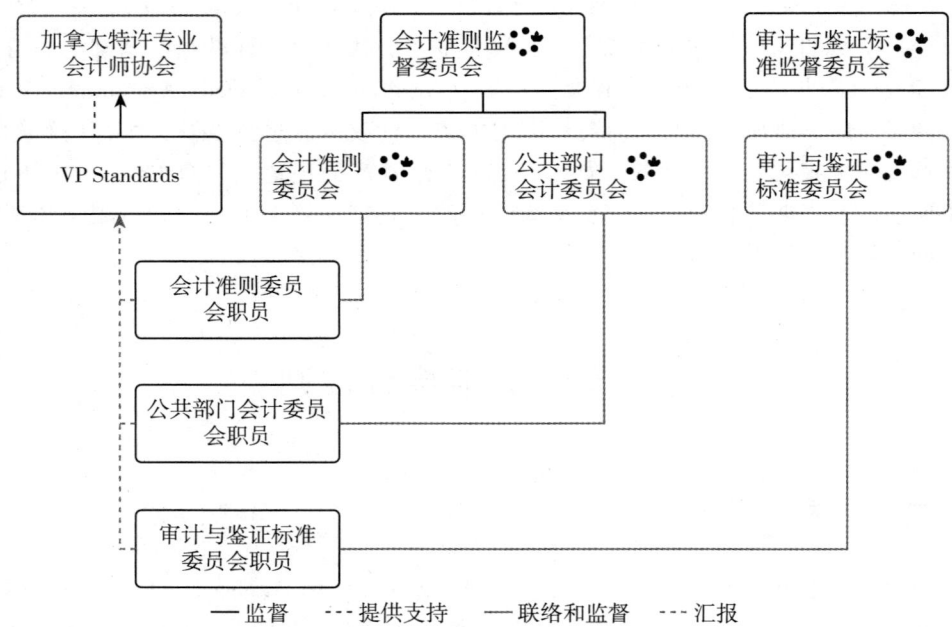

图 8-1　加拿大公共部门会计与审计规范制定与监督有关主体及其关系

资料来源：笔者根据有关资料翻译而来。

二、制定程序

(一) 立项

在政府会计准则立项阶段，社会各界，特别是 PSAB 的成员等，都可以提出意见。意见经过甄别、筛选，需要得到 PSAB 成员 2/3 人数的赞成才能立项。确定列入 PSAB 日程表后即进入研究和准备阶段。这阶段在一定程度上会影响甚至决定下一阶段起草的研究报告和准则草稿的质量。

(二) 研究和准备阶段

立项完成之后，PSAB 成员和社会各界都会参与到准则的制定中来，这在一定程度上有利于最终所制定的准则得到社会各界的认可。在这一阶段要研究立项准则的可行性和各种情况的处理方案，在经过充分讨论的同时尽可能广泛的取得一些倾向性意见，以便于下一步制定准则时确定对具体问题的处理方案。

(三) 发布征求意见稿

PSAB 根据反馈的意见拟定征求意见稿。在征求意见稿向社会公开并反复征求意见的基础上，最后具体确定要不要发布准则及发布怎样的准则。确定的准则必须得到 PSAB 成员 2/3 人数的赞成才能通过。

（四）最终发布

在征求了社会各界的意见，经过修改和完善，并经 PSAB 成员再次投票通过之后，就可以确定该项政府会计准则制定完成，最终向社会各界发布，并监督适用的相关的公共部门对该项会计准则的执行。

三、具体内容

PSAB 制定公共部门会计准则主要参考了加拿大企业会计准则，对于企业会计准则不适用于公共部门的方面或不能满足公共部门核算需要的方面，则会在对应公共部门会计准则中做出不同的规定或单独制定公共部门特定事项的准则。例如，公共部门会计准则中使用了与企业会计基本一致的资产、负债、收入、费用等要素定义，但对于资产减值事项，则根据公共部门持有资产的特殊性质，规定了不同于企业会计准则的减值计算方法。再比如，对于公共部门不同于企业的一些特殊资产（如土地等）和负债（如社会福利义务等），也需要另行考虑会计处理方法。PSAB 制定公共部门会计准则还会适当参考国际公共部门会计准则（International Public Sector Accounting Standards，IPSAS），但并不是完全加以采用，而是要充分考虑加拿大政府活动的特点。例如，加拿大公共部门会计准则中的金融工具准则就不同于国际公共部门会计准则。截至 2006 年，加拿大公共部门会计准则（PSAS）已经基本制定完毕。此后每年都在原有基础上结合工作中出现的实际问题对准则进行不断修订和完善。准则具体内容和制定时间以及 PSAS 尚未涉及的部分分别如表 8-2 和 8-3 所示。

表 8-2　　　　　　　　　加拿大联邦政府会计准则

财年	公告	序号
1982/1983	公共部门会计和审计建议导言	1
	会计政策披露的表述	2
1983/1984	政府财务报表的目标	3
1984/1985	审计表述1：公共部门审计	4
	审计表述2：公共部门财务报表审计	5
1985/1986	审计表述3：立法和相关机构的合规性审计	6
1987/1988	绩效审计准则	7
	定义政府报告主体	8
1988/1989	设计绩效审计：批准的审计底稿指南	9

续表

财年	公告	序号
1989/1990	审计准则：设计绩效审计	10
	政府转移支付的核算	11
1990/1991	地方政府财务报表：目标和一般原则	12
	审计准则：计划绩效审计的主体须知	13
1991/1992	审计准则2：计划绩效审计的审计主体须知	14
	应收贷款的核算：原则表述	15
1992/1993	审计准则：聘用专家参与绩效审计	16
	公告及评论：担保基础的服务应用	17
1993/1994	地方政府财务报表列报的一般准则	18
	应收贷款在政府财务报表中的列报	19
	原则表述：资本性支出和不动产	20
	原则表述：振幅贷款的担保和核算	21
1994/1995	审计表述：应用内部审计的工作成果	22
	原则表述：资本性不动产的核算和报告	23
	原则表述：政府财务报告主体的定义和阐释	24
	原则表述：受限资产和收入的核算和报告	25
	原则表述：担保的应用	26
	贷款担保的推荐指南：PS3310	27
1995/1996	推荐指南：PS1300 政府报告主体	28
1996/1997	公共部门会计和审计建议导言：政府组织	29
	担保抵押准则	30
	手册条款：PS3030 短期投资	31
	手册条款：PS3030 长期负债	32
	手册条款：PS2400 日后事项	33
	手册条款：PS3100 受限资产和收入	34
1997/1998	修订：公共部门会计和审计建议导言	35
	手册条款：PS3150 有形资本资产	36
	手册条款：PS2100 会计变化	37
	建议：固定废物掩埋披露和后期披露的医疗负债	38
	会计准则：地方政府养老金负债	39
	原则表述：政府参股	40
	原则表述：政府企业	41
	原则表述：合并财务报表	42

续表

财年	公告	序号
1998/1999	（公共部门会计和审计委员会）PSAAB 导言/任务大纲的变化	43
	手册条款：PS 2040 组合投资	44
	手册条款：PS 3800 政府援助	45
	原则表述：雇员未来福利	46
	手册条款：PS 2500 合并的基本原则	47
	获批的最终手册条款：PS 2510 合并的增订范围	48
	原则表述：地方政府有形资本资产	49
	审计建议修订：审计转移支付	50
1999/2000	手册条款：PS 3060 政府参股	51
	修订的原则表述：雇员未来福利养老金	52
	准则：售后回租事项	53
	手册条款：PS 3070 对政府企业的投资	54
	手册条款：PS 3230 为政府企业发行的债务	55
	准则：租赁的有形资本资产	56
2001/2002	手册条款：PS 3250 退休金	57
	原则表述：外汇兑换	58
	原则表述：负债、或有事项或承诺	59
	原则表述：政府转移支付	60
	手册条款：PS 1000 财务报表概念框架	61
	手册条款：PS 1100 财务报表概念目标	62
	手册条款：PS 1200 财务报表列报	63
	手册条款：PS 2600 外汇兑换	64
2003/2004	原则表述：通用会计准则（GAAP）层次	65
	PED 建议的表述：财务报表阐释和分析	66
	手册条款：PS 1300 政府报告主体定义	67
	最终过渡性条款政府报告主体：核算	68
	最终准则：基金和储备	69

续表

财年	公告	序号
2004/2005	最终手册条款：负债	70
	手册条款：或有负债	71
	手册条款：合同债务	72
	条款：PS 2130 计量不确定性	73
	地方政府有形资本资产 SOP	74
	条款：PS 1150 公认会计准则	75
2005/2006	地方政府有形资本资产准则	76
	财务工具的原则表述	77

资料来源：加拿大联邦政府官网：https://www.canada.ca/en.html。

表8-3 GCAH 中公共部门会计准则（PSAS）没有涉及的部分

GCAH 部分	额外工具
GC4100 特殊目的账户	N/A
GC4200 科技研发	N/A
GC4300 非货币交易	N/A
GC4400 部门季度财务报表	说明性案例
GC4500 部门财务报表	说明性案例
GC5000 加拿大账户上金融交易记录	N/A
GC5100 年底应付账款	N/A

资料来源：加拿大政府官网：Directive on Accounting Standards：Introduction - Government of Canada Accounting Handbook：https://www.tbs-sct.gc.ca/pol/doc-eng.aspx?id=32509#。

四、监督主体

会计准则监督委员会（The Accounting Standards Oversight Council，AcSOC）成立于2000年，负责对 PSAB 的工作进行监督和检查，确保 PSAB 能够依法履职，通常由 20-25 名投票成员与 5 名非投票成员组成。他们来自企业、财政与政府部门、学界，包括会计和法学方面的专家等。和 PSAB 一样，加拿大特许专业会计师协会（CPA）为 AcSOC 提供人力和技术上的支持，同时保持相对的独立性，不过多地干预 AcSOC 履行监督职责。

第八章 加拿大政府会计与政府财务报告制度

专栏 8-1：国际会计师联合会关于权责发生制会计的改革动态

国际会计师联合会（International Federation of Accountants，IFAC）于1986年设立了公共部门委员会。该委员会从1996年启动《国际公共部门会计准则》（IPSAS）的制定工作，其目的是为公共部门会计和报告提供全球公认的准则指引，提高公共部门会计和报告的质量和可比性，增强公共部门财政管理的透明度和受托责任。《国际公共部门会计准则》适用于除政府企业外的一切公共部门主体，包括中央政府、地区性（如州、省、区）政府、地方（如市、镇）政府和它们的组成机构（政府机构、理事会、委员会），而政府企业适用国际会计准则理事会（International Accounting Standards Board，IASB）制定的《国际财务报告准则》（《国际会计准则》）①。IPSAS试图协调各国政府会计准则之间的差异，提供一套全球公认的专门适用于公共部门的会计准则。从1996年下半年开始，为了促进世界范围内政府和其他公共部门主体会计和财务报告标准的协调，国际公共部门具体会计准则的制定全面启动。截止到2018年7月，共发布了权责发生制下的核心国际公共部门会计准则40项。分别是：

《IPSAS第1号——财务报表的列报》：规定了财务报表列报的一些整体性问题，明确了权责发生制基础下报告的结构和最低内容要求。

《IPSAS第2号——现金流量表》：要求提供本期有关运营活动、投资活动和筹资活动的现金流量变动情况。

《IPSAS第3号——当期净盈余或赤字、重大差错和会计政策变更》：规定了会计估计和会计政策变更及根本性差错纠正的会计处理，对非常项目进行了定义，并要求在财务报表内单独披露某些项目。

《IPSAS第4号——汇率变动的影响》：规定了外汇交易和外国经营的会计处理，明确了确认某些交易和余额应使用的汇率，并对如何在财务报表中确认汇率变动的影响进行了说明。

《IPSAS第5号——借款费用》：规定了借款费用的会计处理，要求借款费用要么直接费用化，要么将一些与合格资产的购买、建造或生产直接相关的借款费用进行资本化。

《IPSAS第6号——合并财务报表和受控主体会计》：要求所有控制方主体编制合并报表，将受控主体的财务报表进行逐行合并，并详细讨论了控制概念在公共部门中应用以及如何确定与财务报告目的有关的控制是否存在。

《IPSAS第7号——对联营主体投资会计》：要求在合并报表中对所有联营投资采用权益法核算，除非该投资取得和持有的唯一目的是在不久的将来进行处置，这种情况采用成本法。

《IPSAS第8号——合营主体的权益财务报告》：要求公共部门主体将比例合并法作为对合营进行会计处理的基准方法，但也允许采用权益法对

---

① 财政部会计司：《政府会计研究报告》，东北财经大学出版社2005年版。

合营进行核算。

《IPSAS 第 9 号——交换交易收入》：明确了确认交换交易收入的条件，要求这类收入以收到或应收的对价的公允价值计量，并规定了一些披露要求。

《IPSAS 第 10 号——恶性通货膨胀经济中的财务报告》：描述了恶性通货膨胀经济的特征，要求对恶性通货膨胀经济中的实体进行财务报表重新表述。

《IPSAS 第 11 号——建造合同》：对建造合同进行了定义，规定了确认此类合同产生的收入和费用的要求，并明确了一些特定的披露要求。

《IPSAS 第 12 号——存货》：对建造存货进行了定义，规定了存货（包括将以免费或仅收取名义费用的方式分发出去的存货）在历史成本系统下的计量要求和一些披露要求。

《IPSAS 第 13 号——租赁》：规定了出租人和承租人对经营租赁和融资租赁的会计处理要求。

《IPSAS 第 14 号——报告日后事项》：规定了一些报告日之后发生的事项的处理要求，区分了调整事项和非调整事项。

《IPSAS 第 15 号——金融工具：披露和列报》：规定了资产负债表内确认的金融工具的列报要求，说明了资产负债表内确认的金融工具和资产负债表内不确认的金融工具分别需要披露的信息。

《IPSAS 第 16 号——投资性房地产》：规定了投资性房地产的会计处理和相关披露要求，要求应用公允价值模型，或者应用历史成本模型。

《IPSAS 第 17 号——不动产、厂房和设备》：规定了不动产、厂房和设备的会计处理要求，包括初始确认的基础和时间、账面价值和相关折旧的确定等，但既没有要求也没有确认文物资产。

《IPSAS 第 18 号——分部报告》：规定了报告主体对可辨认活动的财务报表信息的披露要求。

《IPSAS 第 19 号——准备、披露或有资产和或有负债》：规定了确认准备、披露或有资产和或有负债的相关要求。

《IPSAS 第 20 号——关联方披露》：规定了报告主体对关联方交易的披露要求，关联方包括部长、高级管理人员及关系密切的家庭成员。

《IPSAS 第 21 号——非现金产出资产减值》：区分现金产出资产和非现金产出资产，规定不同的资产减值计量方法。该准则为实体在判定非现金产出资产是否发生了减值以及是否应该确认损失的问题上提供了基本准则。

《IPSAS 第 22 号——一般政府部门财务信息的披露》：规定了政府部门财务信息披露的要求和规范。

《IPSAS 第 23 号——非交换性交易收入》：这是对 IPSAS9 的一条补充，规定了非交换交易性收入确认的条件以及计量方法。

《IPSAS 第 24 号——在财务报表中陈述预算信息》：明确规定了公共部

第八章 加拿大政府会计与政府财务报告制度

门财务报表中要列示政府的相关预算信息。

《IPSAS 第 25 号——雇主收益》：规定了雇主收益的定义和涵盖的范围，以及对雇主收益的会计处理方法。

《IPSAS 第 26 号——现金资产的毁损》：描述了现金资产毁损的情形，规定现金资产毁损不同情形下的不同会计处理方式。

《IPSAS 第 27 号——农业资产》：定义了政府所拥有的农业资产的定义，以及农业资产的会计计量方法。

《IPSAS 第 28 号——金融工具的呈报》：规定财务报表中要列示政府控制的金融工具状况。

《IPSAS 第 29 号——金融工具的确认和计量》：制定了确认和计量金融资产、金融负债和一些非金融产品的买卖合同价值的原则。

《IPSAS 第 30 号——金融工具的披露》：规定要对 IPSAS29 中所提及的不同类型的金融贷款进行披露，让财务报告的使用者能评估：在政府金融状况和行为中金融工具的重要性；政府由于使用金融工具而暴露出的风险的本质和外延以及风险如何管理。

《IPSAS 第 31 号——无形资产》：规定了无形资产计量和披露的原则。

《IPSAS 第 32 号——服务特许协议（让渡人）》：从设计层面堵上了 PPP "孤儿资产"的漏洞；规定 PPP 固定资产及其负债均应记入公共部门的资产负债表，从制度层面封堵了公共部门利用 PPP 隐藏债务的可能性，降低了公共部门利用 PPP 进行"表外"融资的冲动。

《IPSAS 第 33 号——首次适用权责发生制》：规定了首次适用权责发生制并以此为基础制定财务报告的政府部门会计信息声称的要求和规范。

《IPSAS 第 34 号——单独财务报表》：取代 IPSAS 第 6 号。

《IPSAS 第 35 号——合并财务报表》：取代 IPSAS 第 6 号。引入了"投资主体"概念，适用于一些主权财富基金。通常情况下，投资主体通过盈余或赤字的公允价值衡量对被控制实体的投资。

《IPSAS 第 36 号——对关联方投资》：修订了 IPSAS 第 7 号关于短期投资中的一些规定。

《IPSAS 第 37 号——联合安排》：对 IPSAS 第 8 号做了大幅修订。将联合安排分为联合运营和合资企业两类，合资企业又分为共同控制实体、共同控制经营、共同控制资产。联合运营指参与双方对相关安排的资产享有权利，对负债承担义务。合资企业主要强调双方有权对净资产进行安排。

《IPSAS 第 38 号——在其他主体中的权益披露》：取代 IPSAS 第 7、8 号。

《IPSAS 第 39 号——雇员福利》：规定了政府雇员工资及其他福利支出信息披露的要求和规范。

《IPSAS 第 40 号——公共部门合并》：对公共部门合并过程中与合并后财务信息的生成与披露进行规范。

第三节 政府财务报告制度

一、政府财务报告制度的发展历程

加拿大政府财务报告制度的发展历程与其政府会计的演变历程基本同步。20 世纪 80 年代初,加拿大政府所面临的财政危机引起社会公众对政府财务管理水平和政府财务信息披露机制的质疑。为了应对财政危机,加强财政支出管理,提高财政财务管理水平,增强政府受托责任,加拿大联邦政府从 1982 年开始实施权责发生制的会计改革,逐步实现从收付实现制转向以权责发生制为基础的政府会计和财务报告制度。为此,加拿大国会修订了《财政管理法》(Financial Administration Act),从法律的层面明确要求建立"加拿大公共账户体系",并且在每一财政年度终了半年之内,发布和披露政府整体财务报告,全面反映财政年度内政府管理的所有资金的运用情况。1995 年,国会在审批财政部长提交的预算案时,批准了联邦政府提出的将要采用完全的权责发生制会计和以权责发生制为基础的财务报告的计划。1998 年 2 月,国会要求政府研究如何高效地在预算和拨款中使用权责发生制。联邦众议院公共账户常设委员会提议,为了确保财务信息战略的实施,政府和国会要按照完全的权责发生制拨付资金,由国库委员会负责权责发生制改革方案的设计。一些省国会也要求省政府以及市政府逐步采用权责发生制来进行会计核算和发布财务报告。截至目前,加拿大联邦政府整体财务报告已连续多年获得无保留意见的审计报告。各州政府则按照公共部门会计委员会(PSAB)准则规定,从 2005 年起陆续采用完全的权责发生制报告基础,以满足审计要求。

二、政府财务报告的编制程序

加拿大的财政年度是从每年的 4 月 1 日到次年的 3 月 31 日。政府各部门的财务报告初稿一般是在每年的 6 月中旬完成编制,经过审计之后,最终稿在 8 月份提交到总出纳长办公室(Office of Receiver General),由总出纳长办公室负责编制联邦政府整体的财务报告。

在政府整体财务报告编制过程中,加拿大联邦政府各部门需要把部门财务管理系统(DFMS)的数据信息按照政府整体财务数据代码基础(government-wide coding block)进行调整,然后将数据传输到总出纳长办公室的核心财务管理报告系统(CFMRS)。总出纳长办公室负责提取数据,按照财务报告内容和格式的要求编制财务报告。加拿大联邦政府部门不仅在每个年末向总出纳长办公室报送调整后的权责发生制和收付实现制的财务信息,而且在每个月末也会向其报送权责发生制和收付实现制信息。总出纳长办公室据此编制月度财务运行情况表,向社会公开以接受监督，该表也成为年末编制政府整体财务报告的基础。

三、政府财务报告制度的内容

加拿大公共部门会计准则要求从 2005 财政年度起，各级政府的财务报告要以完全的权责发生制为基础。财务报告要求会计程序的责任落实到各部门和各单位，各部门要报告全套预算和实际执行的财务报表，各部门在财务综合月报中要更加准确、及时地反映应收应付等款项。非金融资产要作为资产入账，资本资产、存货、预付费用要进行摊销。目前，加拿大政府财务报告体系包括以下内容：

（一）政府财务报告主体

政府财务报告的主体为完全由政府控制的组织。所谓"控制"，是指政府有管理和支配一个组织的财务和运营政策的权力，并且该组织从与其他组织的活动中会给政府带来预期盈利或亏损的风险。一般来说，政府财务报表应该合并报告所有政府报告主体的财务信息，但政府企业（GBE）除外，即政府财务报表不全部合并政府企业各项财务信息，只反映政府对这些企业的投资情况。

（二）政府财务报告体系

政府财务报告应该提供如下信息：有助于了解和评估政府业绩，而不仅仅是反映盈余或赤字；能反映政府在未来运作中使用的实物资源和在提供服务时使用这些资源所产生的成本；反映政府投资情况和来源于政府担保和承诺的或有债务；提供关于政府所能控制的财务资源的信息；披露政府财务状况的信息，即政府的筹资活动能力及偿债能力信息、政府提供未来服务的信息；政府对公共经济资源的来源、分配、使用情况信息；会计年度的活动如何影响政府净负债；反映政府如何筹集资金及如何满足未来现金需要；政府长期、短期负债能力；政府经济资源的分配和使用；政府经济活动性质和内容；政府财务管理的质量；政府收入类型和来源；在会计期间提供的货物和服务的成本；与同期收入相配比的成本范围；政府的财务状况；政府固定资产的库存、分配和使用的相关信息。

目前，加拿大联邦政府的财务报告是以《加拿大公共账目》的形式对外公布的，分为三册：第一册包括经审计的财务报表，近十年政府财务数据的摘要，其他财务信息与分析；第二册包括政府各部门的财务情况；第三册包括其他相关信息及分析。基本财务报表包括四张表：①政府运行和累计赤字表，反映当年政府运行的收入、支出以及累计赤字的预算数和实际发生数。加拿大联邦政府预算是以权责发生制为基础编制的，因此该表中的预算数和实际数都是以权责发生制为基础的。②财务状况表，也即资产负债表，反映政府的金融资产、非金融资产、债务、净负债（净负债＝负债－金融资产）以及扣除非金融后的累计赤字。③净负债变化表，详细反映了政府净负债的变化情况。④政府现金流量表，详细列示了政府运行活动和投资活动对现金流的影响。加拿大的政府年度财务分析非常全面和完整，包括对影响财务报表的重要事项的简要概述，可能影响财务报表的潜在重大风险和不确定性事件信息、对重大波动的解释，以及对财务报表要素的相关趋势分析。

（三）政府财务报告的发布

加拿大政府财务报告由各部门负责编制，财政部门负责编制各部门的合并财务报表（参见表8-4）。为了保证政府年度财务报告的真实、准确和完整，加拿大政府的财务报告在提交国会前，还必须经过三次严格的审计：一是由财政部门内设的审计机构进行审计；二是由社会中介审计机构进行审计；三是由审计委员会进行审计。每个财政年度终了的2个月之内，加拿大联邦政府必须将经过审计的年度财务报表向公众发布。同时在每个财政年度终了6个月之内，向公众发布更全面的政府综合财务报告。

表8-4　　　　　　　　　基本财务报表具体内容

报表名称	内容
政府运行和累计赤字表	反映当年政府运行的收入、支出及累计赤字的预算数和实际发生数
资产负债表	反映政府的金融资产、非金融资产、债务、净负债（净负债＝负债－金融资产），以及扣除非金融资产后的累计赤字
净负债变化表	反映了政府净负债的变化情况
现金流量表	列示了政府运行活动和投资活动对现金流的影响

资料来源：财政部国库司政府财务报告制度考察团. 美国、加拿大政府财务报告制度考察报告［J］. 预算管理与会计，2010（7）。

四、政府财务报告的审计

加拿大政府财务报告由总审计长负责审计，再由总审计长提交议会审核，到目前已连续数年获得了无保留意见的审计意见。加拿大联邦政府的经验就是在编制财务报告时与审计部门的人员进行充分的沟通，对会计政策的理解以及对会计事项的处理意见达成一致，这样财务报告容易被审计人员接受。在100个左右编制财务报告的联邦部门和机构中，只有1/3左右的财务报告是需要提交总审计长审计的。对于哪些部门的财务报告需要审计，一方面由法律规定，另一方面也可由部门自愿申请。今后，还将在审计部门交易事项基础上，对部门实行控制审计，具体采用哪种审计方式，部门可以选择。部门将根据要求建立内审制度、内控制度、首席财务官负责制等相关财务管理制度，但目前还没有统一的内控标准。

五、政府财务报告编制中重要事项的处理

政府作为提供公共产品和服务的组织,拥有众多特殊资产和负债。加拿大政府编制政府财务报告进行权责发生制账务调整时,最主要的调整事项包括应收税款、应付雇员养老金福利、资产计量及计提折旧,以及社会保险负债等。

(一)应收税款

在权责发生制基础上,税收收入确认的条件为:一是应税事项已发生;二是税收收入能可靠地计量,且来自应税事项的经济利益很可能流入会计主体。当符合上述两个条件时,应确认为税收收入。而按照收付实现制,则是在收到税款时确认税收收入,且按实际收到的税款额进行计量。应收税款表示该财政年度相关的纳税人尚未支付的税款额度,通常需运用统计模型、历史经验对其金额进行估计。在加拿大,国库部门与税务部门共同制定应收税款的标准,建立统计模型,税务部门根据历史经验以及当前的经济形势具体计算。然而,在财务报告编制初期,由于历史经验和技术所限,加拿大无法对应收税款准确估计,因此通常以财政年度结束后 30 天内收到的上一年度的税款作为上一年度的应收税款。目前,一些小的地方政府由于经验和技术所限,仍采用这一方式计算应收税款。

(二)普通固定资产及折旧

普通固定资产主要指政府的办公大楼、设备等。加拿大对于固定资产的计量一般采用历史成本法,当历史成本不可获取时通常采用重置成本法,即根据当前的重置成本考虑通货膨胀率等因素倒推其历史成本。权责发生制下需要对资产计提折旧,折旧方法以及不同资产的折旧年限由政府财务报告编制部门会同各相关部门以及有关领域的专家共同商定。对于一些政府办公大楼,通常出现账面价值很低而市场价值很高的情况,对此,加拿大财务报告编制机构认为,政府的固定资产不是用来出售变现的,对其采用历史成本法计量并计提折旧主要是便于核算政府提供公共服务的成本,因此,不需要定期对资产价值进行重估并获取其市场价值。对于固定资产的维修支出予以资本化(即增加固定资产价值)还是费用化(直接列为当年支出,不增加资产价值),分为两种情况:如果维修能延长资产的使用寿命,则支出资本化;反之,如果不能延长资产寿命,维修支出费用化。

(三)基础设施资产

基础设施资产是政府资产中的特殊资产,通常包括道路、桥梁、机场等设施。加拿大政府通常对基础设施采用计提折旧的方法,折旧年限一般为 5-40 年。

(四)应付雇员养老金福利

应付雇员养老金福利是基于雇员当前提供服务价值的一种推后的补偿。在雇员

向政府提供服务的同时，政府向雇员提供养老金福利的义务不断转化为负债。加拿大联邦政府应付雇员养老金福利是通过精算获取的数据，并由国库委员会下设养老金管理部门专门负责管理政府雇员的养老金和福利。

（五）社会保险承诺

社会保险承诺属于一种社会政策承诺，政府通过不同种类的社会保险计划向一定范围的、满足一定条件的社会群体提供福利，以体现政府作为国家管理者所承担的社会责任。加拿大设有专门的基金管理这些保险计划。加拿大社会养老保险负债不反映在联邦政府或州政府的资产负债表中，一方面，加拿大社会养老保险计划由联邦政府和州政府共同管理，有关决策需要有2/3参与州政府的共同批准，因此联邦政府或单个州政府对养老保险基金没有控制权，没有列入政府合并财务报告范围之内；另一方面，加拿大政府认为社会养老保险负债是未来很久以后的事（如75年），社会和经济的形式很难预测那么远，政府的有关政策很可能根据情况变化做出调整，因此没有必要计算。

（六）报告合并主体

确定报告合并主体是年末编制政府财务报告时的重点和难点问题。加拿大政府将控制作为确定政府财务报告合并主体的标准，而且对控制的内涵列出了7条具体的明细标准。但在具体操作中，达到其中一条明细标准就可以成为控制，还是要同时满足其中几项明细标准才可以确认为控制，需要由报告编制机构具体分析来确定。可以说，明细标准的变化对合并财务报告主体的确定有很大影响。对于政府企业（GBE），加拿大通常采用权益法在政府财务报告中反映政府在这些企业中的权益。

六、政府财务报告制度的特点

第一，从报告核算基础看，财务报告以权责发生制为基础，预算执行日常会计核算仍保持收付实现制基础。编制权责发生制财务报告，有利于全面、完整地反映政府资产、负债等财务状况，提高政府财务管理水平以及全面反映政府受托责任。但同时，加强预算管理与控制，保证预算执行的合规性，是政府财务管理必须满足的基本目标。相比权责发生制，收付实现制会计基础便于直观反映政府现金流入和流出的信息，更有利于预算执行与控制，因此，加拿大政府在日常会计核算中保留了收付实现制核算基础。从2003年起，加拿大联邦政府在编制收付实现制预算的同时，编制权责发生制预算。根据加拿大《拨款法案》（Appropriation Act），国会通过收付实现制的拨款来控制部门的支出，因此，加拿大联邦政府在日常跨级核算中也采用收付实现制基础来追踪和反映预算的执行情况。根据财务管理规定，各联邦部门每个月要向总出纳长办公室同时报送以收付实现制为基础的预算执行数据和以权责发生制为基础的财务数据，各联邦部门每月末要进行权责发生制的账务调整，登记权责发生制会计分录，当然年末更要进行权责发生制账务调整以编制年度财务报

第八章 加拿大政府会计与政府财务报告制度

告，因此，通常讲加拿大联邦政府日常采用收付实现制和权责发生制两种核算基础。用于记录收付实现制的会计科目称为授权代码（Authority Code），用于记录权责发生制账务信息的会计科目称为财务报告账目（Financial Reporting Accounts），两套科目是相互独立的。但是在财政年度结束后需要对账务进行调整，编制权责发生制政府财务报告。

第二，从报告编制依据看，有一系列的会计规范、操作指南作为依据。政府财务报告是披露政府财务综合信息的一种规范化方式，为了建立这种规范化的信息披露机制，加拿大政府会计准则制定机构、财政预算管理部门、报告编制机构以及各政府组成部门共同努力制定了一系列的会计规范和操作指南。会计规范包括会计准则和会计制度。会计准则主要是围绕如何编制对外的政府财务报告，各级政府部门在日常会计核算中主要还是依据各级政府财政部门制定的会计制度，以此来规定统一的会计科目、会计交易事项如何登记会计分录、内部会计报表的格式以及编制的周期等方面。可以说，会计制度是政府部门日常会计核算、预算执行管理以及内部会计管理工作的基础，也是编制财务报告的基础数据来源。政府会计准则虽然涉及财务报告的目标、报告主体以及会计事项的处理等方面的内容，但由于准则的规定相对比较原则、抽象，加拿大在编制财务报告时还需要会计政策解释、编报指南等具体规定作为指导。加拿大国库委员会秘书处不断针对 PSAB 发布的准则制定准则应用指南，联邦政府编制财务报告时具体依据《总出纳长手册》（Receiver General Manual），该手册也是每年修订，内容包括了财务报告编制的时间、流程、数据的传输与处理、会计准则适用条件的具体说明、会计政策的具体应用以及主要范例类型等。

第三，从报告编制范围看，都采取了逐步扩大政府财务报告编制范围的做法。政府财务报告的编制范围有两层含义：一是财务报告的主体范围，二是纳入政府财务报告编制的事项范围。加拿大联邦起初也仅是一些核心的联邦政府部门编制财务报告，随着管理的不断强化，从 2006 年起所有的联邦政府部门都要编制年度财务报告。加拿大对于政府合并财务报告的主体范围是以控制为依据的，但随着管理的需要，控制的具体标准也在不断变化。比如，2004 年加拿大公共部门会计准则 PS1300 条款对政府财务报告主体的相关规定做出了修正，扩大了政府财务报告的主体范围，将公立学校、公立医院、公共卫生机构等政府拥有和控制的机构纳入合并财务报告范围。纳入政府财务报告编制的事项范围从一定意义上来讲就是权责发生制的引入程度。加拿大政府财务报告中逐步加入金融资产事项、固定资产（含基础设施）以及养老保险等负债事项就成了完全的权责发生制报告。加拿大政府财务报告事项逐步扩大，其中既有技术方面的考虑，也有政治影响方面的考虑。将固定资产放在最后予以确认和计量，主要考虑对固定资产特别是基础设施进行价值评估、计提折旧方法选择的技术困难[1]。而对养老保险的确认和披露，主要是出于政治影响的考虑，

---

[1] 可参见加拿大政府官网政府财务报表，如加拿大农业部门 2017 年财务报告：http://www.agr.gc.ca/eng/about-us/planning-and-reporting/departmental-financial-statements/?id=1281467902385。

负债的披露很可能改变公众对政府的评估和态度。

第四,从报告编制内容看,都是围绕政府财务报告的目标来确定的。政府财务报告目标有"受托责任说"和"决策有用说"两类。围绕政府财务报告的目标、使用者信息需求以及政府经济活动特点,加拿大政府财务报告中将资产负债表、运行情况表、财务状况变化表等作为报表,而且科学设计了每张表的格式和所要传递的信息内容,以及各表之间的勾稽关系。在此基础上,加拿大还编制针对一般公众的简化版的财务报告,将公众所需要的财务报告信息通过概括、浅显易懂的形式表达出来。此外,为了更全面、客观、准确地反映政府履行受托责任的情况,加拿大政府的财务报告越来越注重非财务信息的披露。加拿大联邦政府主要部门均从单纯的财务报告转变为全面的绩效报告,不仅提供财务信息,而且有绩效评价,反映政府提供服务所使用的资源及非财务资源来衡量政府服务的产出效果,并进行成本效益分析。

第四节 对我国政府会计与财务报告制度的启示

一、建立权责发生制的政府财务会计体系

从传统的收付实现制会计转向权责发生制会计已经成为政府会计改革的基本趋势。在各国政府活动的早期,公共管理业务较为简单,政府财政管理的重点是合法组织预算收入、合理分配预算资金,因此传统上基本采用收付实现制的预算体制,并通过收付实现制的预算会计来核算和报告预算执行情况。随着政府职能、所控制资源和承担责任以及收支规模的逐步扩大,公共管理业务日趋复杂,政府在保护公共资产的安全完整、防范财政财务风险、提高公共资源的使用效率和效果、推动财政可持续发展等方面的财务受托责任不断增强。传统以收付实现制为基础的预算会计系统仅具备核算和报告预算收支的单一功能,无法满足政府全面解除其财务受托责任、提供绩效评价所需的资产负债、成本绩效等方面信息的需要,客观上促使各国实施政府会计改革,建立权责发生制基础的财务会计系统,将政府的全部公共受托资源及相应对外责任义务,以及全部财务收支活动都纳入政府会计核算范围,全面、完整、系统地反映政府的财务状况和财务活动结果。加拿大的政府会计改革都体现了这一基本趋势。

我国推进政府会计改革时,应当坚持于2017年已经生效的《政府会计准则—基本准则》中明确的"预算会计采用收付实现制、财务会计采用权责发生制"这一思路。我国传统预算会计制度由于未理清预算会计和财务会计的关系,难以有效发挥会计在服务预算控制管理和全面报告政府财务受托责任两方面的功能。加拿大政府会计改革的基本思路是建立和完善独立于预算和预算会计系统的权责发生制政府财务会计和报告系统。国际公共部门会计准则理事会(IPSASB)通过制定高质量的国

二、尽快完善我国的政府会计准则

截止到2019年底，我国已经公布包括基本准则在内的10号政府会计准则。涵盖内容包括总则、存货、投资、固定资产、无形资产、公共基础设施、政府储备物资、会计调整、负债、财务报表编制和列报、政府和社会资本合作项目合同。但这仅仅是起步阶段，与国际相比较，我国权责发生制政府会计准则的制定才刚刚进入起步阶段，远未满足实际需要。政府会计改革的首要任务和关键点是建立和实施统一的权责发生制政府会计准则，以使政府会计核算和财务报告编报有统一标准，政府审计有法定依据。建立政府财务报告制度，对于强化政府公共受托责任、提高政府成本绩效管理水平意义重大。实施审计制度又是政府财务报告质量的重要保证。然而，无论是正式编制政府财务报告，还是实施政府财务报告审计，都需要以建立统一的权责发生制政府会计准则并推动其在政府及其组成主体范围内全面实施为根本前提和重要基础。从加拿大的经验来看，进行政府会计改革都首先制定了统一的适用于政府整体及其组成部门和机构的政府会计准则，作为编制政府财务报告和实施审计的依据。我国推进政府会计改革的当务之急是建立、完善并尽快实施统一适用于行政单位、事业单位及其他政府组成主体的权责发生制政府会计准则。

三、借鉴企业会计准则来制定政府会计准则

从国际经验看，政府会计改革的基本趋势是在政府会计中引入企业会计的理念、原则和方法。国际公共部门会计准则理事会（IPSASB）制定国际公共部门会计准则的基本方法是在国际会计准则理事会（IASB）制定的国际财务报告准则（适用于企业）的基础上加以修改和补充。加拿大在制定本国的政府会计准则时也在一定程度上参考了本国的企业会计准则。我国制定权责发生制政府会计准则，应当借鉴和参考我国企业会计准则的基本原则和内容，并根据政府及其组成主体性质、业务活动等方面的特点加以变通和改进。此外，加拿大注重通过确保准则制定机构的独立性（独立于政府会计记账、编报等实践应用部门）来确保政府会计准则的中立性，以更好地服务于公众利益。我国《会计法》授权财政部负责制定国家统一的会计制度，如何在这一法律框架下通过完善政府会计准则的内部制定机制而使准则的制定与执行适当分离，值得思考和研究。

四、加快编制我国的政府财务报告

从加拿大的经验来看，实施政府会计改革，编制政府财务报告，对于全面反映政府承担的公共责任，摸清政府"家底"，衡量政府履行公共服务职能的效率与绩效，强化政府公共受托责任等方面具有重要意义。长期以来，我国实行的是预算会

计管理体系，政府财政财务信息是通过预决算报告来披露的，还没有严格意义上的政府财务报告制度。现有的报告机制虽可以满足政府加强预算管理的需要，但由于无法全面披露政府资产、负债情况，无法准确反映政府提供公共产品和公共服务的成本，不利于政府实施绩效管理的评价，不利于财政的科学化、精细化管理，也不利于促进财政的可持续发展。为此，我国国民经济和社会发展第十三个五年规划纲要已明确提出要"建立权责发生制政府综合财务报告制度和财政库底目标余额管理制度"，编制政府年度财务报告是政府会计改革一项非常重要的工作。

五、提供配套措施保障政府财务报告的编制

加拿大已建立起权责发生制政府财务报告制度，并经历多年实践和不断完善，但政府财务报告的编制仍面临诸多困难和问题，政府部门内部控制的缺陷、内部交易事项抵销技术上的不足、编报程序手段上的不完善等都影响到政府财务报告的质量。这些都说明，高质量政府财务报告的编制是一项复杂的系统工程，不仅需要统一、可比的政府会计准则作为基础，还需要方方面面的配套措施提供保障。我国在抓紧建立政府会计准则的同时，还应当统筹规划，切实推进政府会计信息化建设、政府会计专业人才培养、政府部门内部控制建设、政府财务信息披露义务立法等方面的配套工作。

第九章

绩效预算改革

■ 本章导读

　　加拿大的联邦预算绩效管理体系从重视以计划引导预算分配的信封预算体系到向部门放权以谋求更好内部管理的《部门权力和责任强化方案》，经过旨在削减赤字的项目审查，最终建立起以战略引导预算资金分配并以结果为导向的支出管理系统。随着支出管理系统的引入，加拿大建立起以国家战略计划为引导、以公民支出优先性为依据、以预算结果为目的的绩效预算管理体系。本章在介绍加拿大绩效预算改革历程的基础上，将梳理其绩效管理相关的政策与法律依据，而后从部门和机构、项目两个层次分别介绍其绩效评价的实施，最后总结其独具特色的经验，并给出对我国的预算绩效管理的启示。

第一节　绩效预算的改革历程

加拿大联邦政府自20世纪70年代起便开始探索绩效导向的预算模式。最初，加拿大要求政府部门测量和报告预算绩效，但结果并不理想。而后，加拿大采用计划项目预算系统（Planning Program Budget System，PPBS）来应对资源稀缺问题，但受到世界经济危机影响，改革并不成功。到1979年，当时的审计长和著名的皇家财务管理和责任委员会连续在其报告中表明，有必要对加拿大支出管理过程做出结构性调整，从而开启了一系列旨在寻求预算绩效的改革。改革涉及诸多内容，主要表现为相关法案的通过和创新做法的引入，具体包括20世纪80年代初的信封预算（Envelope Budget），20世纪80年代中后期的《部门权力和责任强化法案》，20世纪90年代的项目审查和2007年以后的支出管理系统。经过多年发展，加拿大建立起以国家战略计划为引导、以公民支出优先性为依据、以预算结果为目的的绩效预算管理体系。

一、信封预算

1979年，皇家财务管理和责任委员会认为当时的决策和支出管理体系已经不适应下行经济条件对政府管理的要求，需要在财政限制下制定计划来寻找出路。出于节约和改善决策过程的需要，信封计划应运而生。信封预算的正式称呼是"政策和支出管理系统"，是一个在宏观财政框架指引下的计划政策系统。其突出特点是将预算与政策结合起来，以政策目标（或计划）引导预算分配，从而将有限的财政资金用于政府最急需的事项上。信封预算是一个自上而下的预算过程，政策目标和预算安排由上层制定，而后向下层层分解。

信封预算系统聚焦政府主要的优先事项、支出部门的信封支出限制，旨在通过政策储备为创新提供资金，是一种较强的预算绩效推进机制。但信封预算是一个自上而下的体系，如果顶层设计的财政框架出现问题，那么将造成巨大损失；同时，上层在预算支出决策中作用过大，重大决策都由总理和他的委员会做出，而很少把决策留给不同政策领域的委员会。此外，在预算过程中很难排除政治因素的考量。实践中，信封预算的运作也不理想，不同参与主体之间缺乏相互让步机制的博弈，导致很难达成一致意见。同时，信封预算对支出项目设置的限制性条件，一定程度上削弱了各部门削减本部门项目资金的积极性。因此，如何提高部门的积极性并强化其预算责任成为当时急需考虑的问题。

二、《部门权力和责任强化法案》

1986年，加拿大开始实施《部门权力和责任强化法案》。《部门权力和责任强化

第九章 绩效预算改革

法案》将之前需要联邦政府批准的很多行政事务的决定权赋予部门。支出部门还可以在授权范围内重新分配资源,也可以将一部分资本预算结转到下年使用。通过这些赋权措施,支出部门获得了极大的支出自主权,为预算绩效改进提供了足够空间。而允许部分资本预算结转到下年也一定程度上促使部门厉行节约,不必为了完成支出额度而"突击花钱"。作为交换,《部门权力和责任强化法案》强化了部门的支出责任,要求部门事前确定支出的绩效目标,并要求部长对预期绩效目标负责,部门要为在与国库委员会达成的谅解备忘录中设定的预期绩效目标负责。①

三、项目审查

加拿大传统预算强调用政策引导预算。这种政策引导是自下而上的,其基本理念是:这是一个好政策吗?如果是,那么为它找钱吧。② 这一自下而上的"政策引导支出"传统随着《部门权力和责任强化法案》的执行又得到了强化,最终导致预算赤字不断扩大。1994 年,高达 450 亿加元的巨额财政赤字刺痛了财政部,时任财政部长保罗·马丁引入项目审查作为实质性削减赤字的重要工具。项目审查旨在"使政府做正确的事儿",要求所有政府项目需要评审以确定服务是否能被更加有效地提供。

项目审查的落实有效促进了加拿大的支出管理。其在过程和结构上有三个重要贡献:一是建立了内阁高级部长委员会,尝试实行自上而下的支出限制和削减支出总额机制。要求支出部门必须在向外公布的未来趋势估算中削减一定比例,部门自行对项目评估并由部长向委员会报告;二是部长要接受自上而下的政策指令,并且就部门内每笔支出和项目进行基础审查。部长要从最基础的项目开始重新确定哪些项目可以继续,哪些不能继续;三是国库委员会秘书处和财政部进行持续审查,并向委员会成员提供建议和批评性评论。这种自上而下,将集权和分权有效结合的预算模式是实现总额控制的有效工具。实施三年中,加拿大联邦政府项目支出削减了近 40%,1996/1997 财年实现了赤字低于 GDP 3% 的目标。③然而,尽管项目审查取得先期成功,但由于其是通过时任财政部长马丁的个人权力强力推行的,政府并没有对预算过程做结构性调整,当政府试图在下一财年重复项目审查时,内阁的政治意愿消散了。加拿大预算又回到老传统,预算赤字又不断增加。

四、支出管理系统

2000 年加拿大引入结果导向的管理和责任框架,但仅用于支撑对转移支付项目的周期性评估。这种导向逐步应用到其他项目,最终促使联邦预算向追求预算结果

---

① 按照《部门权力和责任强化法案》要求,支出部门要与财政部门在预算申请时就预算支出绩效结果达成一致意见,并形成谅解备忘录。

②③ Kelly Joanne (2000). Budgeting and Program Review in Canada 1994 – 2000, Australian Journal of Public Administration, Vol. 59, No. 3.

转向。2007 年，加拿大开始采用支出管理系统（EMS），目的是要确保所有项目都聚焦于结果、为纳税人的钱提供价值并确保项目与政府优先性安排和核心责任相一致。

这一系统主要由三部分组成：第一，为结果而管理。评估项目并向加拿大人展示结果，目的是确保项目与加拿大人的优先性需求相一致。其采用了可以整合计划、监控和报告的生命周期技术——《管理责任框架》和《管理、资源和结果结构政策》来改进决策制定；第二，前期纪律。所有新的政府支出动议都需要清晰成功的测量标准，以确保给出严格的开支建议，并需要说明新项目如何与既有项目融合；第三，持续的评估。审查所有的直接项目支出，即战略审查，以确保项目效率、效能并且与加拿大人民的优先性需求和联邦责任相一致。

支出管理系统突出国家战略和优先性，用国家战略引导预算资金分配，强调政府支出优先性和核心责任履行在预算分配中的引导作用。此外，支出管理系统非常强调"结果导向的管理"，并要求对结果进行有效测量。其采用的全面战略审查一方面可以实时监测项目执行和结果情况，另一方面为取消旧项目开发新项目的资源再分配提供了可靠基础。随着支出管理系统的引入，加拿大建立起以国家战略计划为引导、以公民支出优先性为依据、以预算结果为目的的绩效预算管理体系。

第二节　绩效管理的政策与法律依据

一、绩效管理的政策依据

2000 年，加拿大政府发布《加拿大人的成果：加拿大政府的管理框架》，对政府活动管理具有革新意义。此文件阐述了在新世纪全球化、信息技术高速发展、加拿大联邦及各政府关系日渐紧密的背景下，联邦政府应当如何以公共利益为导向，有效组织各部门、各政府协调合作，为加拿大人民提供高质量的公共服务。文件尤其强调政府应当将"聚焦于公民"的思想应用于政府活动及项目和服务提供中；重视良好的管理方式具备的价值；要求政府将关注点从政府活动本身转向加拿大公民在政府活动中的受益程度；最后，政府要重视活动中的规则设置，要求执行有效、物有所值（参考图 9-1）。据此，加拿大政府在随后十几年间逐渐建立起一套以绩效为核心的规范政府行为的管理评价体系。

文件中提出，政府应当做出四个方面的承诺以保证公共服务的有效性：第一，加拿大政府需要在决策、服务提供、绩效评估、绩效报告等方面贯彻以公民为中心的思想，与其他政府部门、私人部门、公益组织一同提高服务质量；第二，公共服务的管理应当遵从价值管理的思想，具备专业性，并符合民主、道德的需要；第三，每个职能部门、机构都必须关注政府活动的结果绩效，并以简明扼要的形式将其向上级政府和社会公众公开；第四，公共资源和资金是有限的，加拿大政府必须保证支

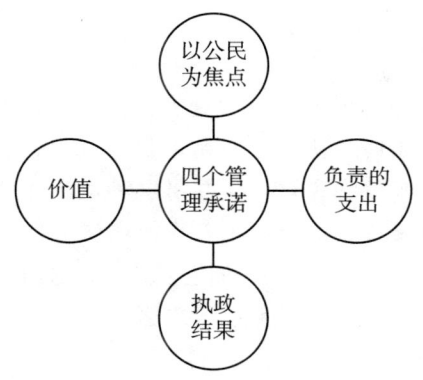

图 9-1 加拿大政府的四个管理承诺①

出是有效的,政府活动的花费必须同政府活动的结果联系在一起,保证为纳税人提供相称的价值。新项目和提议必须经过严格的测算,配套的管理措施要到位,以确保执行者的尽职尽责,尤其是与公民利益相关的项目必须在多年期内接受管理。

(一) 以公民为焦点

加拿大政府承诺以公民的利益为导向,设计政府活动、筹集活动资金、提供公共服务,并从公民的角度评估政府的活动结果。政府必须对公民的诉求做出响应,政府活动结果必须方便查询。政府除了在网络上公开信息以外,还应当便于通过邮件、电话等媒体进行查询。此外,政府应当针对全体公民利益提供公共服务,对那些直接从政府支出项目中获益的客户政府要保持良好的响应,对纳税人要提供与其所纳税收相匹配的公共服务。政府应当联合多方力量,包括私人部门和公益机构来提高公共服务的质量。

(二) 公共利益

加拿大政府承诺一切活动都以公共利益为最高价值取向。对于公共利益的具体内容,文件做出了规定:(1) 民主:政府官员都是通过民主选举产生的,对议会和公民负责,其公权力也是在民意选举的过程中赋予的。良好运行的政府必须对其民主性质有所认识,向上级政府和公民公开自己的活动结果。(2) 专业价值:政府雇员必须提供高质量的、富有专业性的公共服务项目,并提出有建设性的政策建议。(3) 道德价值:信誉,诚实,团结,这些是民主政府提倡的道德取向。公仆应当保持这些价值取向,并认识到公民对政府工作公开透明、负责守序的要求。(4) 人力资源价值:运转良好的政府机构应当为政府职员提供平等、和谐、高效的工作环境,鼓励交流,提倡合作。

---

① Treasury Board of Canada Secretariat, Results Canadians: A Management Framework for the Government of Canada, https://www.tbs-sct.gc.ca/report/res_can/rc-eng.pdf.

（三）结果绩效管理

现代化的管理需要管理者超越活动本身去关注活动的绩效——即活动的影响和效果。这种关注应当贯穿始终，从明确地制定目标开始，提供项目和服务，衡量并评测结果并自我调整以提高效率和效果，并将这种流程以便于理解的方式向加拿大人民进行报告。这种控制流程，应当在未来施加到加拿大政府所有的活动中。

结果绩效管理的基础是准确、及时的信息披露。部门和机构有义务对政府活动的关键领域实施测定、衡量和报告，保证管理者一直对活动项目的运行负责，对好的或者不好的表现都给予无差别的披露。

（四）负责任的支出管理

从部门的角度而言，它们需要提供有助于项目决策的支出与结果有关的历史信息，所作出的支出决策需要有政策的支持，并符合部门或机构的目标与任务。从整个政府的角度而言，决策者应当考虑新的政策是否同政府目前的目标与任务相一致，风险是否存在，以及是否有相应的策略去调和它们，支出项目的投资是否能够有效提高政府的表现和生产力，或创造出为加拿大人民服务的更好方式。

此外，文件中还规定了在革新政府管理的过程中，部门与机构负责支出和活动的具体施行，而国库委员会应对报告的审核以及整个政府运行效率的掌控负责。

二、绩效管理的法律依据[①]

加拿大预算资金使用管理与绩效评价的依据，所涉及的法律规范很多，主要包括：

（一）《联邦问责法》（Federal Accounting Act）

该法旨在强化政府纪律，提高廉洁度，防治公职人员贪污腐败，建立一个透明、负责任的政府，对税收等财政资金的有效使用负责，并接受议会和社会公众的监督。在该法中，包括防止政府腐败以及建立更加透明的政府内部工作机制的内容。

（二）《财政管理法》（Financial Administration Act，FAA）

该法是关于公共财政管理、公共服务机构职责的基础法律框架。它规定了一系列关于政府财政预算支出、消费、所得收入和介入资金具体使用方式的具体原则。FAA 为议会对分配给各部和各代理机构的资金实施内部控制，为财政资金管理以及政府年度财政收支预算、决算提供程序性规定。政府年度财政收支预算、决算须送交加拿大审计长，由其就年度预决算报告向众议院提供独立审计意见。FAA 规定设

---

① 加拿大国库委员会官方网站，https://www.canada.ca/en/treasury-board-secretariat/services/audit-evaluation/evaluation-government-canada.html。

立国库管理委员会，授权国库委员会为加拿大政府制定管理政策，发布各领域基金管理和控制方面的指令。虽然财政管理法并不涵盖所有公共管理规则和原则，但它是公务服务管理法规的基础，并为此制定一些参数对公共管理服务进行监督。

（三）《转移支付政策》（Policy on Transfer Payments）

它是关于加拿大联邦政府转移支付行为的具体规定。详细规定了负责联邦政府转移支付的部门及其在联邦政府转移支付中的义务和责任，获得联邦政府转移支付资金的资格条件，议会的联邦政府转移支付审批权，现金管理政策，转移支付方式，转移支付资金使用者的责任及其与联邦政府转移支付相关知识产权的处理、退款或收回款项和框架协议等内容。它同时明确了转移支付的程序规定，主要包括：国库委员会对具体项目、期限和条件的审批权，签订框架协议的要求，转移支付资金使用者提供财务报告的频次，转移支付计划的第三方支付的规定，对转移支付项目资金进行审批的要求等有关内容。

（四）《关于成果的政策》（Policy on Results）

2016年7月1日，《关于成果的政策》取代国库委员会的以下政策文件而正式生效：《向加拿大国库委员会秘书处报告联邦机构和公司利益的政策》（Policy on Reporting of Federal Institutions and Corporate Interests to Treasury Board of Canada Secretariat，2007）、《关于评价的政策》（Policy on Evaluation，2009）、《管理、资源和成果结构政策》（Policy on Management，Resources and Results Structures，2010）。它规定了加拿大联邦政府部门对绩效信息和绩效评价负责的基本要求，同时强调了成果在管理、支出决策以及公共报告中的重要性。通过实施该项政策，预期：（1）各部门都清楚自己要达到的目标及如何评估成功；（2）各部门对其绩效进行测量和评估，利用所得到的信息来管理和改进项目、政策和服务；（3）根据绩效分配资源以优化结果，包括通过国库委员会提交的、通过资源调整审查的以及各部门内部自行分配的；（4）议员和公众可以获得透明、明确和有用的信息，了解各部门取得的成果和用于这些成果的资源。

（五）《关于成果的指令》（Directive on Results）

2016年7月1日，《关于成果的指令》取代了《对评价功能的指示》（Directive on the Evaluation Function，2009）和《加拿大政府的评价标准》（Standard on the Evaluation for the Government of Canada，2009）。它概述了支持实施《关于成果的政策》的要求，包括确定加拿大联邦部门官员的角色和职责。依据该指令的要求，绩效评估委员会（Performance Measurement and Evaluaton Committee，PMEC）通过监督部门的工作表现及评价工作，就规划、资源筹措和协调这些职能向副部长提供咨询，以及在决策中使用绩效测量和评价信息等方式支持副部长建立和保持稳健的绩效衡量和评价职能。

该指令还包括5个附录：部门成果框架、项目清单、绩效信息概要和项目的强制性程序（Mandatory Procedures for Departmental Results Frameworks, Program Inventories, Performance Information Profilesand Programs），强制性评估程序（Mandatory Procedures for Evaluation），评估标准（Standard on Evaluation），强制性结果和绩效指标标准（Standard on Mandatory Outcomes and Performance Indicators），标注标准（Standards on Tagging）。

（六）《基于性别分析的绩效评价指南：初级》（Integrating Gender-Based Analysis Plus into Evaluation: A Primer, 2019）

2019 年生效的《基于性别分析的绩效评价指南：初级》为绩效评价者，特别是初级和中级评价者提供了关于如何将 GBA +（Gender-based Analysis Plus）纳入加拿大政府评价每个阶段的建议。它概述了需要考虑的要点、实例和方法。该指南对评价的每个关键阶段（规划、实施和报告）进行了一般性讨论，并特别强调了规划阶段的重要性。

此外，还有一些指导性、规范性文件，包括《快速影响评价指南》（Guide to Rapid Impact Evaluation）、《基于理论的评价方法：概念与实践》（Theory-Based Approaches to Evaluation: Concepts and Practices）等。

第三节　部门和机构绩效评价

从实施层次上划分，加拿大的政府绩效评价包括部门机构绩效评价和个别项目绩效评价两类。其中，部门机构的绩效评价主要依靠两大工具来加以推进：宏观层面的管理问责框架（Management Accountability Framework, MAF）和相对微观层面的部门计划（Department Plan）。

一、宏观层面——管理问责框架[①]

管理问责框架（MAF）是一个卓越管理的框架，是对部门和机构活动的过程与结果进行以年为周期的监管和评估的管理制度，被广泛用于加拿大的部门和机构。加拿大国库委员会秘书处（Treasury Board of Canada Secretariat, TBS）开发这一框架，确保联邦部门和机构对其得到的资源负责，并有效运用资源以期达成指定的成果目标。

（一）管理问责框架的目标

管理问责框架描述了一种对公共领域管理实践的良好期望，通过这一框架，受

---

① Management Accountability Framework [EB/OL], https://www.canada.ca/en/treasury-board-secretariat/services/management-accountability-framework.html.

托经济责任得到良好履行,部门和机构的管理水平得到有效提高。具体而言,管理问责框架的目标如下:(1)为国库委员会秘书处提供政策执行的信息;(2)为部门首脑和机构领导提供管理上的支持,反映其所属部门或机构的管理能力;(3)跟进了解整个政府的主要行政目标的完成情况;(4)从组织和政府的角度了解公共管理的实践和绩效状况以区别哪些领域更需要高水平的管理并对这些领域给予额外的关注;(5)持续提高整个政府的管理能力、效能和效率。

(二)管理问责框架的结构

图 9-2 展示了管理问责框架的具体内容。整个政府应当以维护民主和公共领域的利益为导向,以有效履行财务受托责任为目标,本着诚信、负责的态度开展公共管理活动。在战略层面上,政府应当准确阐明和描述政府受托责任的具体内容、近期主要目标以及长期发展前景,以指导各组织和部门规划其活动,并同时支持总理和议会为公共利益服务。

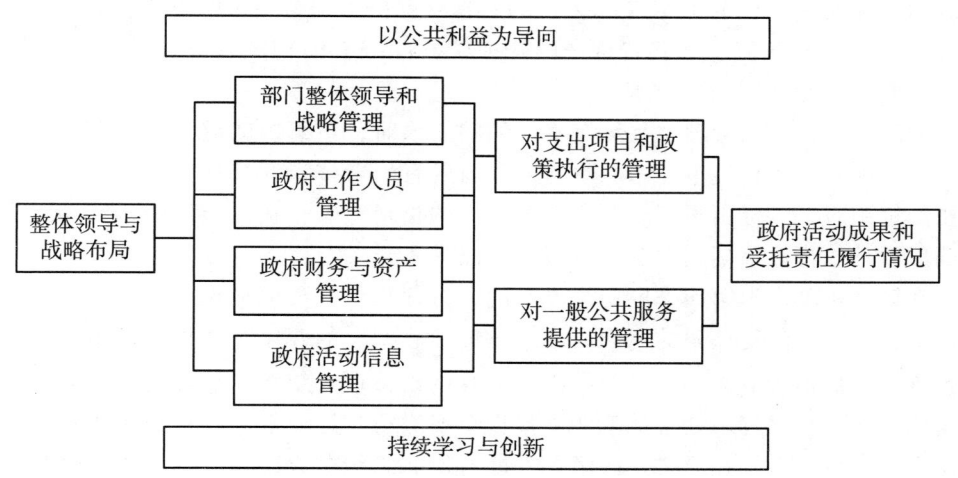

图 9-2 管理问责框架的内容①

对于每个政府部门和机构,管理问责框架要求它们应当将目标、计划、受托责任、风险管理等同时纳入考虑,进行管理,以保证政府自我约束并主动、高效地制定政策,执行项目,提供服务。各部门应当提供良好的办公环境,吸纳高素质的政府工作人员,提高工作人员的工作投入程度,以确保政府机构的高效运行。对政府的财务和资产实行有力、有效的内部管理,保持定时的、可靠的汇报,保证政府财务信息的透明度和公正性。政府应当将与公众利益切实相关的信息作为一种公共委托内容和战略资产进行保护和管理。

在对以上的日常事项进行管理的基础上,各部门应认真设计并管理政策与活动

---

① Management Accountability Framework [EB/OL], https://www.canada.ca/en/treasury-board-secretariat/services/management-accountability-framework.html.

项目，以保证这些政策和项目目标一致。依靠科技以及社会力量提供以客户为中心的服务，以满足利益相关者的要求。最后，总结各项目与政策的结果以及政府经济受托责任的履行情况。在整个政府活动的每一个环节中，还应当注重持续学习与创新，不断提高政府提供公共服务的质量和水平。

（三）管理问责框架下的绩效评价

1. 评价领域与流程。国库委员会秘书处应当确保政府进行有效的管理，履行委托责任，资源被分配用于实现符合公共利益的成果。利用管理问责框架，国库委员会秘书处在那些需要重点管理的领域为负有管理责任的部长和机构管理者设定了期望，然后通过考察这些期望的实现程度判断部门以及机构是否为促进公共利益增长采取了有效的措施。

以下四个领域是绩效考核的核心部分，涉及对每个部门和机构的考核：（1）财政管理状况；（2）信息管理情况以及信息技术的应用状况；（3）综合风险、计划和绩效的管理状况；（4）政府工作人员的管理状况。个别组织还应当接受对以下领域的考核：（5）购买服务和购置资产的管理状况；（6）与国家安全有关的项目管理；（7）政府提供服务的管理状况。

当政府的活动与管理学领域有着很强的联系时，该组织就应当接受七个领域的所有考核内容。考核发生在第一季度末，当所有的考核指标都被发送给相应的接受考核的组织时，指标由国库委员会政策中心的指定专家，在同他们的研究小组进行磋商后设计。指标包括问卷及支持问卷的证明文本。

在第二季度末至第四季度初这段时间，待评价组织要完成调查问卷，连同支持文件提交到管理问责框架的门户网站。政策中心指定的专家查阅提交结果并草拟评价报告。评价报告草案会在第四季度中期返回给待评价组织，待评价组织有一个月时间同国库委员会秘书处官员就评价报告草案进行讨论。汇总的评价报告草案在第四季度末完成校订，在第二年的第一季度对所有组织公开，同时国库委员会秘书会同各部门机构首脑会面，讨论其组织的运行状况。

国库委员会对组织管理令人满意之处和需要提高之处的判断会体现在评价结果中，同时汇总的评价结果还会综合评价所有受评价组织整体的运行情况的好坏。最后被投入组织机构首脑未来的管理活动中，枢密院办公室会监督评价结果的应用状况。管理问责框架允许组织从整个政府的角度为其活动的绩效设定一个标准，明确良好的公共管理活动应该包括的要素，提高整个联邦政府的执政水平，为整个加拿大的公共利益服务。

2. 具体评价内容。管理问责框架是政府提高各部门和机构管理能力的有力工具，它清楚地识别了有效的政府公共管理应当具备的要素，并保证联邦公共服务持续关注如何为每个加拿大人提供恰当的服务项目。针对每个部门与机构都要接受考核的四个领域与个别部门和机构要接受考核的领域，国库委员会分别针对部门之间的差异设计出针对性指标。部门和机构应当填写国库委员会秘书处提供的问卷，接受考核。

（1）财政运行状况的评价。政府部门与政府机构财政运行状况考核是绩效评价的基础，稳定运行的财政是政府履行职能，完成受托责任的前提。对财政运行状况的考察又可以细分为以下方面：①审核外部审计报告；②公共资源利用状况调查；③内部控制状况调查；④转移支付管理状况调查；⑤考察财政管理机制；⑥考察对金融秩序的规范程度。

对以上要求逐个进行分析，对外部审计报告的审核主要指对政府财务报告的真实性与可靠性进行审核，接受审查的组织在年末结账后不应当再出现任何的收入或支出，不能出现任何的会计舞弊行为，年终决算不应当出现任何类型的错误。同时，部门和机构应当保证其财务报告符合审计部门（Office of the Comptroller General）制定的准则。

对公共资源利用状况的考察旨在判断部门或机构是否通过有效的计划、监督、报告，以及对历史信息的分析，最大程度地发挥公共预算的效益。具体而言：首先，要判断公共资源利用计划是否是在合法、合规的程序下接受审查并批准的。项目的批准是通过投票表决实现的，国库委员会要审核本年发生的支出项目在投票表决时是否达到了规定的得票率。其次，要审核资金下达的效率。国库委员会规定在财年开始后，资金应当在 30 日内下拨到部门中拥有资金使用权的最基层单位。最后，管理问责框架下的绩效评价还要求建立跨年度的风险管理机制，有效评估并控制支出项目的风险。

对于部门或机构内部的资金控制，首先，财政问责框架要求其对内部财务报告进行持续的监督和适时的调整，择机发布政策建立年度风险评估机制和资金内部控制机制，以此保证资金使用的效率。其次，国库委员会还会具体考察部门和机构进行采购时货款及利息是否按时支付，相对的，也要考察应收账款是否按时收回，对难以收回的账款，应当计提坏账，或豁免等。最后，国库委员会还会调查部门或机构的薪金账户是否健康，管理是否妥当，能否及时、足额地支付薪水以维持政府部门运行。

对转移支付的评价重点关注转移支付是否能够满足接受支付的一方提供基本公共服务的需要，以及转移支付的信息公开状况。对财政管理机制，国库委员会要求每个部门和机构在投入建设财政管理机制时，都应当同其他部门和机构进行商议。国库委员会还要求审计部门（Office of the Comptroller General）对部门或机构任命、调动、撤销部门财务总监保持监督并提供建议，要求部门或机构对有关财务管理的重要职位提供严密的继任计划。但并不是每个部门和机构都有转移支付，这些方面的评估只对具备这些职能的部门有效。

（2）信息管理情况和信息技术应用状况的评价。管理问责框架对信息管理情况和信息技术应用状况的考察旨在反映技术和信息对项目管理及提供服务的辅助作用，了解部门之间在信息共享与管理上的合作状况，并识别未来政府活动管理中信息应用的趋势。具体考察以下方面：①分别反映单个部门和整个政府的信息管理状况和信息技术应用状况；②保证整个加拿大政府进行适当、有效的信息管理和信息技术管理；③保证政府活动项目和服务进行了合理的信息技术应用；④评价加拿大政府主要任务的进展;⑤增强部门进行信息技术管理的能力;⑥评价政府提供服务的绩效。

所有的部门和机构都应当有副部长支持批准的情报管理计划,具备成熟的信息记录保存流程。针对政府活动的外部信息来源,评价要求部门和机构逐步提高书面报告和电子文档报告的比例,即部门或机构应该以可靠的文字作为外部信息的来源。信息技术的另一应用是保持政府活动的透明度。管理问责框架要求每个部门提交其年度公开信息的清单,并且每年信息公开的比例应当逐渐提高。政府应当公开其全范围和全口径的非结构化电子信息以及具备书面报告的信息。

所有的部门和机构都应当有副部长支持批准的信息技术应用计划,部门要如实反映其信息技术花费,对于所有有关信息技术的有形(无形)资产、报废的到达使用寿命的资产应当提供清单。关于信息技术是否为政府活动项目提供了足够的支持,国库委员会秘书处要求部门按时提供应用了信息技术的项目的进展,将政府提供"加拿大共享服务(Shared Service Canada)"的成本记录在信息系统中。最后,部门与机构要按时将软件购买、硬件设备购买、信息系统应用、故障维修情况上报上级政府。

(3) 风险、计划和绩效的管理状况。为使联邦组织及其活动项目接受高效的管理,支出决策需要有充分的证据支持,统筹考虑风险、计划以及绩效后进行决策。加拿大政府对有效公共管理的理解已经发生了持续、深刻的变化,这体现在向公众公开政府的委托责任承诺,内阁建立控制监管管理计划、管理结果以及组织部门之间联络沟通的委员会,枢密院办公室建立结果与服务提供控制的单位,包括许多有关的举措。这些措施共同强调了绩效目标设定、绩效评价以及历史信息的重要性。

作为具体考核内容,部门及机构首先要向国库委员会提供一份评价自身表现、项目效果和政策效果的实施计划,应当将评价的责任进行具体的分配,并告知部门中是否设立了专门的评价小组,若没有,由谁来负责对部门行动进行自评。部门要证明自评结果确实以某种方式被用于指导资源分配决策。对于设计的用于评价部门表现的指标,部门或机构要追踪其变化,国库委员会会要求部门或机构自述自身在绩效管理上还有什么需要改进的地方,并且按时将自评报告上交。最后,国库委员会会关注部门设定的评价计划的完成情况。

(4) 政府工作人员的管理状况。对人力资源的有效管理与加拿大政府提供公共服务的效率和质量有密切联系。管理问责框架下对人力资源管理的绩效评价旨在通过事前选定的指标对政府工作人员活动的一些方面进行评价,为部门领导或人力资源主管提供分析政府工作人员工作效率的工具。

对于人力资源管理的评价,国库委员会首先要求部门和机构的价值追求与公众利益不能相悖。部门与机构要营造包容的工作环境,接受工作人员在各方面的多元化,国库委员会会调查部门及机构招募、提拔和调动女员工的数量以判断是否存在性别歧视的现象。这样的评价手段也被同时用于判断是否存在种族歧视、残疾人歧视等。加拿大政府对于歧视和骚扰现象持很低的容忍度并将其作为事故处理。对于官方语言的使用、规定休假的严格执行等等都做出了严格规定,以期为加拿大政府工作人员创造良好的工作环境。

（5）购买服务和购置资产的管理状况。并非每个政府机构和部门都要接受该方面的评估，但这方面的评估是政府机构稳定运行的必要条件。资产和服务的购买涉及公共管理的方方面面，包括投资计划和项目管理、政府采购以及固定资产的生命周期管理。据统计，部门支出占加拿大联邦支出的77%，各职能部门是加拿大最大的支出主体。管理问责框架能够帮助各部门提高管理外购资产和外购服务的能力，并在跨年度财政规划之内持续衡量政府的执政能力。

具体而言，管理问责框架首先要求政府购买资产或服务的行为合规、合法，并符合政府活动项目与公共利益需要。对于工程建设与设备安装，要求部门和机构建立管理手段框架、及时干预工程、安装进程，以保证结果达到预期。对获取资产和服务的成本要进行真实的记录。未能按时完成、未达到预期规模、超过预算的外购工程项目、服务项目不能超过一定的比例，否则该部门或机构会被认定为"管理不善"。

关于政府采购，管理问责框架会评估采购程序是否合规、合法，采购支出的规模应当与部门规模和一般业务相适应，采购信息应当按时、按规定向所有利益相关者公开。政府购买的计划和结果应当满足一定标准的公共服务需要。对于大数额的政府购买项目（超过25 000加元），部门及机构应当依法签订合同。对于小额购买项目（10 000加元以下），政府应当尽量使用采集卡进行购买（Acquisition Card）。在小于100 000加元的购买项目签订的合同中，存在一些能够使采购合同金额改变超过50%的修正条款，政府购买应当减少这类条款的存在。最后，加拿大政府鼓励规范的招投标采购，数额高于200万加元的政府采购项目都必须进行招投标，管理问责框架也会考察在这个数额以下的采购项目使用招投标的情况。

管理问责框架要求部门和机构建立有效的政府资产管理机制，对政府资产的购买、修理、报废做出严格的程序上的规定，保证政府外购资产的物尽其用。对这方面的考察实际上是对资产使用效率的考察，管理问责框架会对诸如租赁空间的使用程度、资产闲置情况、公车使用情况等做出考察以保证政府对外购资产的有效利用。最后，国库委员会要评估政府外购资产在已批准项目中的应用情况，评判外购资产是否对政府提供服务产生了正面的影响。

除了上述领域的检查外，加拿大政府还设置了针对国防部门的评估、针对直接提供行政服务的部门的评估以及对小型机构的评估，事无巨细，基本涵盖了整个加拿大政府的部门与机构，保证加拿大政府的绩效评估从策略落实到措施，促进了加拿大政府预算的稳定、健康、有效运行。

3. 评价结果信息运用。每个财年年末，国库委员会会公布一份管理问责框架评价的评价结果，这份结果由三份报告组成：加拿大政府管理问责框架评价结果、评价数据、受评价部门名单。评价结果是对加拿大过去一年以来政府活动的总结，报告涵盖了国库委员会设计的问卷中的全部内容，以文字和图表形式展示。评价数据是加拿大政府各个部门问卷调查结果的汇总，以绝对数字或比例的方式呈现。受评价的部门名单区分了大型部门及机构与小型部门和机构，这是部门选择填写哪一份问卷的依据。三份报告结合，就成为一份可靠、详实、全面地反映加拿大政府活动效率和效果的书面文件。

国库委员会秘书处通过管理问责框架下的绩效评价结果告知每个组织，其公共管理活动在哪些方面已经达到了预期，在哪些方面仍有改进的空间，这些信息对监管者与被监管者双方都有价值。受到监督的组织可以利用绩效评价结果提供的信息评价组织进行公共管理活动的水平，并辨明哪些公共领域的需求需要特别关注，以便对自身的管理方式施加必要的改变。评价结果还有助于组织的首脑将组织的表现放在整个政府的范围内进行比较，吸取别的组织和机构管理实践上的经验。

而国库委员会秘书处通过管理问责框架下的评价结果了解整个政府的公共管理活动运行情况，联邦政府面临的挑战，依此进行调整，提高整个联邦政府的政策协调性。国库委员会同时通过评价结果追踪政府重大项目的完成情况。总而言之，管理问责框架有利于政府不断提高其行政能力，行政效率和效益。

二、微观层面——部门计划（Departmental Plan）[①]

部门支出计划（Departmental Expenditure Plans）由两份文件组成：部门计划（Departmental Plan，DP）和部门结果报告（Department Results Report，DRR）。其中，部门计划是每个被拨款的部门和机构（不包括皇冠公司）的支出计划。它描述了各部门的优先事项、战略计划、项目、预期结果和相关的资源需求，从报告标题所示的年份开始，为期3年。国库委员会主席代表财政管理法案附表Ⅰ，Ⅰ.1和Ⅱ中所列依赖拨款的部门和机构的部长们，向议会提交部门计划。一旦提交，在3月31日或之前，部门计划将提交给委员会，委员会将根据81（7）号常务命令向下议院报告。

部门计划中的财务信息来源于主要概算（Main Estimates）中所列示的信息，也与加拿大公共账户（Public Accounts of Canada）中的信息一致。部门计划依赖加拿大公共账户的财务信息来显示过去财政年度使用的权限，而主要概算则提供下一财政年度的预算支出。部门计划中的计划支出数字包括估计数以及2月1日之前通过国库委员会提交的批准的任何其他金额。这种对财务数字的重新调整使我们能够按项目对计划支出有一个最新的了解。

2019年，加拿大联邦政府88个部门和机构公布了其部门计划，由于各部门职责不同，其为履行职责所制定的支出计划也存在差异。本部分以加拿大财政部2019/2020财年的部门计划来展示部门计划的要素及主要内容。

（一）优先事项

加拿大财政部2019/2020财年部门计划中的"部长致辞"表明，财政部将通过

---

① Departmental Plans，https：//www.canada.ca/en/treasury－board－secretariat/services/planned－government－spending/reports－plans－priorities.html.

重点关注四个优先领域为加拿大强劲的经济和健全的公共财政作出贡献：一是健全的财政管理，提高对加拿大社会和经济优先事项进行投资所需的收入，并公平、负责和有效地管理这些开支；二是强劲、包容和可持续的经济增长，创造和发展条件，为加拿大人、他们的企业和家庭带来这一代人所看到的最好的经济成果；三是健全的社会政策框架，支持政府努力促进全国所有公民机会平等；四是有效的国际参与，以保持和扩大加拿大在全球的领导地位和参与度，同时深化其贸易关系。

1. 健全的财政管理。确保对经济和财政框架进行有效管理，包括对联邦预算和联邦债务进行负责任的管理，并就加强加拿大税收制度的公平、中立、竞争力和效率的措施提供咨询意见：（1）继续评估加拿大当前及未来的经济状况以制定最佳的经济政策建议，并为准确的财政规划提供依据；（2）通过支持实施旨在提高税收制度公平性和完整性的立法建议，确保强有力的财政管理；（3）支持政府承诺，确保加拿大在面对国际发展（如2017年美国税收改革）时保持竞争力，并以财政负责的方式作出回应；（4）在与土著人民建立新的财政关系的背景下，就税收政策事项提供咨询意见；（5）有效管理联邦政府的货币、债务和国际储备。

财政部注重健全的财政管理，以确保以最公平和有效的方式筹集和使用用于支持加拿大社会和经济优先项目的投资的收入。在这一领域采取的行动有助于金融稳定、可持续增长、竞争力和经济繁荣，并促进代际公平。

2. 强劲、包容和可持续的经济增长。继续在制定鼓励生产力发展和劳动力参与的政策方面发挥领导作用。通过帮助维持金融稳定和确保当前的增长不以牺牲未来的繁荣为代价，为每个人提供参与经济并受益于经济增长的机会：（1）就一系列金融部门政策问题提供政策建议，包括国内住房金融制度、审查开放银行的优点、支付系统现代化和治理、零售支付新的监督框架、银行业的消费者保护、联邦监管的养老金、反洗钱和反恐怖主义融资框架，以及金融部门的脆弱性和风险；（2）通过确保预算决策符合不同男女群体的需要，支持基于性别的分析；（3）在农业食品和清洁技术等经济部门执行加拿大政府的经济议程；（4）协助执行与新的创新和技能计划以及出口多样化战略相关的政策，并继续与加拿大基础设施部合作，支持加拿大基础设施银行的发展。

财政部将着重为实现强劲、包容、可持续、长期和清洁的经济增长创造必要条件，从而提高加拿大人的生活水平和福祉。这方面的行动也有助于金融稳定，维护金融体系的安全和稳健。

3. 健全的社会政策框架。管理对各省和地区的主要转移支付项目，并继续与各部门、其他中央机构和省级合作伙伴合作，制定与政府社会政策优先事项相一致并予以落实的政策建议：（1）与其他政府部门合作，支持与土著人民的和解，包括与土著人民建立新的财政关系；（2）与各部门和中央机构合作，落实政府在劳工市场、土著和北方问题、司法、公共安全、卫生、艺术和文化以及收入保障等领域的优先事项；（3）与各省和地区，包括财政部长，召开会议并进行磋商，以推进共同关心的问题。

财政部将着重确保一个健全的社会政策框架，以支持政府努力促进全国所有公民的机会平等，并满足政府促进就业和经济增长的优先事项。这一领域的行动还针对与社会政策和主要转移支付方案有关的当前和正在出现的问题。

4. 有效的国际参与。支持加拿大政府保持其在全球的领导地位和参与度，同时深化其贸易关系。继续监测国际经济和金融状况及发展，以管理与财政框架和加拿大经济增长和竞争力所面临的压力有关的风险：(1) 通过参与七国集团和二十国集团，以及作为二十国集团强劲、可持续和平衡增长框架工作组联合主席，发挥领导作用；(2) 通过加中经济、金融战略对话，扩大加拿大在金融服务、多边经济治理、双边贸易和投资领域的利益；(3) 推进和实施加拿大的贸易政策议程，包括双边、区域和多边贸易谈判；(4) 与国内和国际机构合作，支持加拿大的国际援助和国际金融优先事项。

财政部将注重有效的国际参与，以促进全球经济的稳定和改善以规则为基础的国际秩序。这方面的行动旨在促进自由、有章可循的贸易，加强包容性的全球增长，支持全球金融部门的稳定。

（二）核心职责和计划要点

财政部 2019/2020 财年部门计划中指出，财政部的核心职责是在经济与财政政策方面，制定联邦预算和秋季经济报表，并就经济、财政和社会政策，联邦与省的关系（包括转移支付和纳税），金融、税收部门政策，国际贸易和金融向加拿大政府提供分析和建议。此外，财政部还需给自己提供内部服务。联邦政府认为内部服务是支持项目和/或履行组织法人义务所必需的服务的相关活动和资源组。不考虑部门中的内部服务交付模式，内部服务是指在组织中支持项目交付的 10 个不同服务类别的活动和资源，分别是：管理和监督服务、通信服务、法律服务、人力资源管理服务、财务管理服务、信息管理服务、信息技术服务、不动产服务、物资服务和采购服务。

与此同时，部门计划中还就 2019/2020 财年财政部拟采取的行动计划作了说明。除了在前文"优先事项"中已经说明的外，还有如公布联邦新税收措施和税收支出的性别分析附加（GBA +）信息、设立新的加拿大培训津贴、推出首次购房置业优惠等。在内部服务方面，财政部计划建设一支健康、多样化和高效的工作队伍，同时使信息管理现代化，使工作场所数字化和协作化，提高用户体验和加强网络安全。

（三）预期成果与相关资源需求

财政部 2019/2020 财年部门计划还对部门在 2019/2020 财政年度预期实现的成果及实现成果所需要的资金和人力资源进行了说明。如表 9-1 所示，财政部 2019/2020 财年预期实现的部门成果有 7 项。针对每一项预期成果，其设计了详细的部门成果指标及 2019/2020 财年的目标，并列示前几年的实际成果进行对比分析。表 9-2 和表 9-3 分别展示了财政部实现其核心职责和内部服务所需的资金和人力资源。此外，部门计划还对过去 3 年部门资金和人力资源需求的重大差异进行了解释说明。

表 9-1　　加拿大财政部 2019/2020 财年的部门预期成果

部门成果	部门成果指标	目标	目标完成日期	2015/2016 财年实际成果	2016/2017 财年实际成果	2017/2018 财年实际成果
1. 加拿大人享有更强劲、更可持续和更具包容性的经济增长以提高生活水平	1.1 人均国内生产总值（GDP）（在经合组织国家中排名）	人均 GDP 排名前 15	2019/2020	在 36 个经合组织国家中排第 14 位	在 36 个经合组织国家中排第 14 位	数据尚未提供
	1.2 15~64 岁人口的就业率（在经合组织国家中排名）	就业率排名前 15	2019/2020	在 36 个经合组织国家中排第 11 位	在 36 个经合组织国家中排第 13 位	数据尚未提供
	1.3 各收入群体的实际可支配收入*	各收入群体的增长基础广泛	2019/2020	下五分位数：1.1% 第二个五分位数：1.2% 第三个五分位数：1.1% 第四个五分位数：0.9% 前五分之一：0.7%	下五分位数：1.9% 第二个五分位数：1.4% 第三个五分位数：1.2% 第四个五分位数：1.2% 前五分之一：1.0%	数据尚未提供
2. 加拿大的公共财政是健全的、可持续的和包容的	2.1 联邦债务占国内生产总值的比率	中期稳定（指预算五年预测期结束）	2019/2020	达到目标	达到目标	达到目标
	2.2 联邦年度预算中包括对新的支出和收入措施对不同男女群体的影响的评估	在年度预算文件中有一份明确的"性别说明"，其中从性别观点阐述了预算措施的影响	2019/2020	2016 年预算中没有性别说明	有	有
3. 加拿大有一个公平又富有竞争力的税收制度	3.1 劳动所得税	低于七国集团平均水平	2019/2020	达到目标	达到目标	数据尚未公布
	3.2 营业税总成本	低于七国集团平均水平	2019/2020	七国集团中最低	七国集团中最低	数据尚未公布

续表

部门成果	部门成果指标	目标	目标完成日期	2015/2016 财年实际成果	2016/2017 财年实际成果	2017/2018 财年实际成果
4. 加拿大的金融体系健全、高效	4.1 主要国际组织和评级机构认为加拿大金融政策框架有利的百分比	100%	2019/2020	100%	100%	100%
	4.2 加拿大金融业在世界经济论坛全球竞争力报告中的排名	高于七国集团平均水平	2019/2020	高于七国集团平均水平 加拿大：5.47 G7 平均值：4.7	高于七国集团平均水平 加拿大：5.30 G7 平均值：4.76	高于七国集团平均水平 加拿大：5.44 G7 平均值：4.81
5. 加拿大政府的借款要求以低而稳定的成本得到满足，以支持和代表加拿大人有效管理联邦债务	5.1 政府的借款要求在财政年度内得到满足的百分比	100%	2019/2020	100%	100%	100%
	5.2 加拿大的主权评级	等于或优于七国集团国家的中位数	2019/2020	加拿大是七国集团中评级最高的国家	加拿大是七国集团中评级最高的国家	加拿大是七国集团中评级最高的国家
6. 加拿大政府有效地支持各省、领地和土著政府	6.1 协助和支持省和地区政府提供重要公共服务（包括无障碍的和高质量的医疗保健）的联邦法定转移项目是否及时（评分为1至5分）	5 分（100%审查的付款没有显示错误；100%向省和地区政府付款是在规定的时限内完成的）	2019/2020	5	5	5
	6.2 在多大程度上解决了与各省、领地和土著政府签订的税收协定有关的付款问题（评分为1至4分）**	2 分（大部分得到解决）	2019/2020	不适用	不适用	2 分（大部分得到解决）

续表

部门成果	部门成果指标	目标	目标完成日期	2015/2016 财年实际成果	2016/2017 财年实际成果	2017/2018 财年实际成果
7. 加拿大保持其在全球的领导地位和参与度，并加深其贸易关系	7.1 加拿大在《世界经济论坛全球扶持贸易报告》国内市场准入支柱中的排名	七国集团中最好	2019/2020	达到目标	数据不可用	数据尚未公布
	7.2 加拿大财政部为支持援助透明度而每月公开报告的国际援助付款百分比	100%	2019/2020	2018/2019 财年的新指标	2018/2019 财年的新指标	2018/2019 财年的新指标

注：① *：指标 1.3 衡量的是，在过去 5 年里，经通胀因素调整后，5 个收入群体的可支配家庭收入的平均增幅，范围从最底部的 20% 到最顶端的 20% 不等。家庭收入是通过家庭收入除以家庭规模的平方根来调整的。

② **：指标 6.2 的数据每三年收集一次，涉及这三年期间出现的付款问题。因此，2015/2016 财年和 2016/2017 财年均未出现任何结果，这两个财年出现的支付问题反映在 2017/2018 财年的结果中。

③资料来源：加拿大财政部 2019/2020 财年部门计划，https://www.canada.ca/en/department-finance/corporate/transparency/plans-performance/departmental-plans/2019-2020/report.html#_Toc507674717。

表 9-2　　　　　核心职责和内部服务的支出需求计划　　　　　单位：加元

核心职责和服务	经济与财政政策	内部服务	总计
2016/2017 支出	88 379 210 698	42 341 540	88 421 552 238
2017/2018 支出	90 282 485 447	44 232 684	90 326 718 131
2018/2019 预测支出	94 432 594 619	44 657 498	94 477 252 117
2019/2020 主要估计	98 925 279 991	39 594 484	98 964 874 475
2019/2020 计划支出	98 925 279 991	39 594 484	98 964 874 475
2020/2021 计划支出	102 512 301 034	39 425 693	102 551 726 727
2021/2022 计划支出	106 516 645 420	39 165 693	106 555 811 113

资料来源：加拿大财政部 2019/2020 部门计划，https://www.canada.ca/en/department-finance/corporate/transparency/plans-performance/departmental-plans/2019-2020/report.html#_Toc507674717。

表9-3　核心职责和内部服务的人力资源需求计划（全职）　　单位：人

核心职责和内部服务	2016/2017财年实际全职人员（等价）	2017/2018财年实际全职人员（等价）	2018/2019财年预测全职人员（等价）	2019/2020财年计划的全职人员（等价）	2020/2021财年计划全职人员（等价）	2021/2022财年计划全职人员（等价）
经济和财政政策	480	515	562	576	565	564
内部服务	254	254	230	233	233	233
总计	734	769	792	809	798	797

数据来源：加拿大财政部2019/2020财年部门计划，https：//www.canada.ca/en/department-finance/corporate/transparency/plans-performance/departmental-plans/2019-2020/report.html#_Toc507674717。

（四）附加信息

部门计划的附加信息包括：机构信息、项目清单和报告框架（参考表9-4）等。此外，部门计划指出，可以在加拿大财政网站上查询部门可持续发展战略、500万加元及以上转移支付详情、基于性别的分析等信息。

表9-4　加拿大财政部2019/2020财年的部门成果框架和项目清单

	核心职责：经济和财政政策		
	部门成果	部门成果指标	
部门成果框架	1. 加拿大人享有更强劲、更可持续和更具包容性的经济增长以提高生活水平	1.1 人均国内生产总值（GDP）（在经合组织国家中排名）	内部服务
		1.2 15~64岁人口的就业率（在经合组织国家中排名）	
		1.3 各收入群体的实际可支配收入	
	2. 加拿大的公共财政是健全的、可持续的和包容的	2.1 联邦债务占国内生产总值的比率	
		2.2 联邦年度预算中包括对新的支出和收入措施对不同男女群体的影响的评估	
	3. 加拿大有一个公平又富有竞争力的税收制度	3.1 劳动所得税	
		3.2 营业税总成本	
	4. 加拿大的金融体系健全、高效	4.1 主要国际组织和评级机构认为加拿大金融政策框架有利的百分比	
		4.2 加拿大金融业在世界经济论坛全球竞争力报告中的排名	
	5. 加拿大政府的借款要求以低而稳定的成本得到满足，以支持和代表加拿大人有效管理联邦债务	5.1 政府的借款要求在财政年度内得到满足的百分比	
		5.2 加拿大的主权评级	

续表

	核心职责：经济和财政政策		
	部门成果	部门成果指标	
部门成果框架	6. 加拿大政府有效地支持各省、领地和土著政府	6.1 及时的联邦法定转移项目在何种程度上协助和支持省和地区政府提供重要的公共服务，包括无障碍的和高质量的医疗保健（评分为1至5分）	内部服务
		6.2 在多大程度上解决了与各省、领地和土著政府签订的税收协定有关的付款问题（评分为1至4分）	
	7. 加拿大保持其在全球的领导地位和参与度，并加深其贸易关系	7.1 加拿大在《世界经济论坛全球扶持贸易报告》国内市场准入支柱中的排名	
		7.2 加拿大财政部为支持援助透明度而每月公开报告的国际援助付款百分比	
项目清单	项目：税收政策和立法	项目：加拿大健康转移支付	
	项目：经济和财政政策，计划和预测	项目：省与领地的财政安排	
	项目：经济发展政策	项目：税收征管协议	
	项目：联邦－省关系和社会政策	项目：对国际金融组织的承诺	
	项目：财政部门政策	项目：市场债务和外汇储备管理	
	项目：国际贸易和金融政策		

资料来源：加拿大财政部2019/2020财年部门计划，https://www.canada.ca/en/department-finance/corporate/transparency/plans-performance/departmental-plans/2019-2020.html。

三、部门成果报告（Departmental Results Reports）

部门成果报告（Departmental Results Reports）是指各部门和机构根据各自部门计划（DPs）中规定的计划、优先事项和预期成果，对最近完成的财政年度的实际业绩进行的核算。部门成果报告向议员和加拿大人展示该部门为加拿大人取得的成果。

以财政部2018/2019财年部门成果报告为例，部门2018/2019财年的优先事项为：（1）健全财政管理，确保经济和财政框架的有效管理，包括负责任地管理联邦预算和联邦债务；（2）包容性和可持续的经济增长，在确保当前的经济增长不以未来的繁荣为代价的背景下，为所有加拿大人提供就业机会并从经济增长中受益；

(3) 健全社会政策框架，管理省与地区之间的转移支付，与利益相关者合作，制定与政府的社会政策优先事项相一致的政策建议并贯彻执行；(4) 有效的国际参与，支持加拿大政府发挥在全球的领导和参与作用，并深化其贸易关系。

财政部 2018/2019 财年部门成果报告的"主要成果（Key Results）"部分归纳总结了其在支持部门四个优先事项方面取得的重大成果：(1) 根据部长对性别预算编制的承诺，在 2019 年预算中纳入了性别说明，并对联邦预算中 195 项措施的影响进行了 GBA+分析。(2) 为支持包容性和可持续的经济增长，财政部就制定 2019 年预算案中的一系列旨在提高住房支付能力、增加住房供应并加强住房市场规则的政策举措提供咨询和分析。其中，包括首次购房者奖励，帮助符合条件的首次购房者购买第一套住房。(3) 在 2018/2019 财年，财政部通过加拿大健康转移支付、加拿大社会转移支付、均等化和地区融资，向各省和地区提供总额 754 亿加元的支持。通过这些转移支付，财政部继续支持部长优先建立健全的社会政策框架。为了进一步支持这一优先事项，财政部协助土著政府制定了新的自治财政框架，作为加拿大皇家－土著关系和北方事务部领导的合作财政政策进程的一部分。(4) 为了确保有效的国际参与，财政部支持加拿大担任七国集团主席国，在本次论坛上就全球经济的未来和创造可持续经济增长的共同责任进行了讨论。财政部还积极协助政府在关税、金融服务、贸易救济、货币和渔业补贴等多个领域的贸易努力，包括《加拿大—美国—墨西哥协定》和世界贸易组织。此外，有关财政部计划、优先事项和取得的成果等更多信息，财政部结果报告在其"成果：我们取得的成就"（Results：what we achieved）部分进行了说明。

财政部 2018/2019 财年部门实际成果如表 9－5 所示。比较 2018/2019 财年部门成果报告框架与 2019/2020 财年部门计划的报告框架，它们在部门成果、部门成果指标及目标设定上是一致的，仅差在目标完成日期以及实际成果的汇报年份上。此外，部门成果报告中，也分析了部门为履行部门职责所使用的资源情况，包括资金和人力资源。

表 9－5　　加拿大财政部 2018/2019 财年部门实际成果

部门成果	部门成果指标	目标	目标完成日期	2018/2019 财年实际成果	2017/2018 财年实际成果	2016/2017 财年实际成果
1. 加拿大人享有更强劲、更可持续和更具包容性的经济增长以提高生活水平	1.1 人均国内生产总值（GDP）（在经合组织国家中排名）	人均 GDP 排名前 15	2018/2019	在 36 个经合组织国家中排第 14 位	在 36 个经合组织国家中排第 14 位	在 36 个经合组织国家中排第 14 位
	1.2 15～64 岁人口的就业率（在经合组织国家中排名）	就业率排名前 15	2018/2019	在 36 个经合组织国家中排第 13 位	在 36 个经合组织国家中排第 11 位	在 36 个经合组织国家中排第 11 位

续表

部门成果	部门成果指标	目标	目标完成日期	2018/2019财年实际成果	2017/2018财年实际成果	2016/2017财年实际成果
1. 加拿大人享有更强劲、更可持续和更具包容性的经济增长以提高生活水平	1.3 各收入群体的实际可支配收入*	各收入群体的增长基础广泛	2018/2019	数据尚未提供	数据尚未提供	下五分位数：1.9% 第二个五分位数：1.4% 第三个五分位数：1.2% 第四个五分位数：1.2% 前五分之一：1.0%
2. 加拿大的公共财政是健全的、可持续的和包容的	2.1 联邦债务占国内生产总值的比率	中期稳定（指预算五年预测期结束）	2018/2019	达到目标	达到目标	达到目标
	2.2 联邦年度预算中包括对新的支出和收入措施对不同男女群体的影响的评估	在年度预算文件中有一份明确的"性别说明"，其中从性别观点阐述了预算措施的影响	2018/2019	有	有	有
3. 加拿大有一个公平又富有竞争力的税收制度	3.1 劳动所得税	低于七国集团平均水平	2018/2019	达到目标	达到目标	达到目标
	3.2 营业税总成本	低于七国集团平均水平	2018/2019	数据不可用①	数据不可用①	达标目标
4. 加拿大的金融体系健全、高效	4.1 主要国际组织和评级机构认为加拿大金融政策框架有利的百分比	100%	2018/2019	100%	100%	100%

续表

部门成果	部门成果指标	目标	目标完成日期	2018/2019财年实际成果	2017/2018财年实际成果	2016/2017财年实际成果
4. 加拿大的金融体系健全、高效	4.2 加拿大金融业在世界经济论坛全球竞争力报告中的排名②	高于七国集团平均水平	2018/2019	高于七国集团平均水平 加拿大：86 G7平均值：83	高于七国集团平均水平 加拿大：5.44 G7平均值：4.81	高于七国集团平均水平 加拿大：5.30 G7平均值：4.76
5. 加拿大政府的借款要求以低而稳定的成本得到满足，以支持和代表加拿大人有效管理联邦债务	5.1 政府的借款要求在财政年度内得到满足的百分比	100%	2018/2019	100%	100%	100%
	5.2 加拿大的主权评级	等于或优于七国集团国家的中位数	2018/2019	加拿大是七国集团中评级最高的国家	加拿大是七国集团中评级最高的国家	加拿大是七国集团中评级最高的国家
6. 加拿大政府有效地支持各省、领地和土著政府	6.1 协助和支持省和地区政府提供重要公共服务（包括无障碍的和高质量的医疗保健）的联邦法定转移项目是否及时（评分为1至5分）	5分（100%审查的付款没有显示错误；100%向省和地区政府付款是在规定的时限内完成的）	2018/2019	5	5	5
	6.2 在多大程度上解决了与各省、领地和土著政府签订的税收协定有关的付款问题（评分为1至4分）③	2分（大部分得到解决）	2018/2019	不适用	2分（大部分得到了解决）	不适用

续表

部门成果	部门成果指标	目标	目标完成日期	2018/2019财年实际成果	2017/2018财年实际成果	2016/2017财年实际成果
7. 加拿大保持其在全球的领导地位和参与度，并加深其贸易关系	7.1 加拿大在《世界经济论坛全球扶持贸易报告》国内市场准入支柱中的排名	七国集团中最好	2018/2019	数据不可用④	数据不可用	达到目标
	7.2 加拿大财政部为支持援助透明度而每月公开报告的国际援助付款百分比	100%	2018/2019	达到目标	2018/2019财年的新指标	2018/2019财年的新指标

注：①该指标的第三方供应商毕马威（KPMG）自2016年以来一直没有编制营业税总成本报告。因此，在2017/2018财年和2018/2019财年报告期内无法获得结果。这一指标将作为2020/2021财年报告周期的一部分进行审查。

②2018年世界经济论坛《全球竞争力报告》引入了新的全球竞争力指数4.0，该指数将各国金融体系的得分定在0~100之间。2017年和2016年的报告使用了不同的指标，得分在1~7之间。因此，2016/2017财年和2017/2018财年的得分不一定与2018/2019财年的得分相当。

③指标6.2的数据每三年报告一次，涉及前三年期间出现的付款问题。这一指标的上一次报告包括在含有2015/2016至2017/2018财政年度的2019/2020财年部门计划中。2018/2019财政年度的结果将包含在下一个三年报告期的最后一年2020/2021财年里。

④《2016年世界经济论坛全球扶持贸易报告》是本报告的最新版本。因此，在2017/2018和2018/2019财年报告期内无法获得结果。该指标将作为2019/2020财年报告周期的一部分进行审查。

⑤资料来源：加拿大财政部2018/2019部门结果报告，https://www.canada.ca/en/department-finance/corporate/transparency/plans-performance/departmental-results-report/2019/report.html#ftn4。

第四节 项目绩效评价

加拿大对预算资金使用管理与绩效评价，既有针对部门和机构的绩效评价，也有针对具体建设项目实施的效果评价。两方面的监督或评价，在评价的内容、主题、程序、方法等方面，差异较大。另外，在具体操作上，在联邦、省层面尤其严格，到了市一级相对要简化一些。本部分以加拿大交通部的建设项目为例，说明加拿大的部门和机构是如何有效地开展项目绩效评价的。

一、项目绩效评价的方法和程序

针对具体建设项目实施的效果评价及其他监督,一般按以下方法和程序开展:

(一)确立绩效评价的依据

确立绩效评价的依据,即制定"框架协议"。加拿大交通建设资金基本来自政府财政预算。联邦政府预算出资方式有两种:一是无条件提供资金的拨款方式;二是有条件向特定法定实体提供资金的投资方式。投资方式是最主要的出资方式,联邦政府许多部门使用这种方式进行项目运作。

对于拨款项目,由联邦政府与省政府签订转移支付框架协议。对于交通基础设施投资项目,则由联邦交通部与项目风险管理委员会签订投资框架协议。投资框架协议作为政府投资管理的一种法定形式,依法对被投资方的责任和义务做具体规定。如果被投资方不遵守协议规定,则有可能被要求给予资金补偿或收回政府投资。

联邦政府以框架协议为标准实行问责制。政府向议会负责并报告工作,部长向政府负责并报告工作,项目风险管理委员会向部门负责并提供项目执行情况报告,项目风险管理委员会按照与联邦交通部签订的框架协议开展工作。交通基础设施项目绩效的第一责任人是部长,第二责任人是项目风险管理委员会。

(二)确立绩效评价的标准

确立绩效评价的标准是指"框架协议设定的目标"。交通基础设施项目根据其批准时确定的目标,由交通部分管基础设施的官员与政府资金资助对象就有关项目投资框架协议进行谈判,确定项目的期限、条件和预期实现的管理目标,由联邦交通部部长或授权代表与政府资金资助对象签订"项目投资框架协议",该协议确定的目标是对交通基础设施项目绩效评价的主要标准。

项目管理目标的设立,依据其项目性质的不同,在项目批准的程序中逐步完善确定。交通基础设施项目审批,一般经过以下环节:议会(立法部门)通过制定年度预算法案的形式确定投资项目,表决预算资金使用的额度;内阁(执行机构)对项目具体细节进行核准,包括投资项目的期限和使用条件;国库委员会(内阁委员会)负责对单个项目进行审批,或者由有管辖权的部长(或授权代表)对单个项目进行审批;联邦交通部依据转移支付等有关政策负责组织对交通基础设施项目的实施,通过签订"框架协议"确定管理目标,并保证投资项目实施的透明,且实行问责制。

(三)严格绩效评价的程序

1. 设立风险管理委员会。每个交通基础设施建设项目均设立一个风险管理委员会,具体对该项目实施监督管理、开展绩效评价工作。

2. 联邦交通部派出人员实施现场核查。对于联邦政府投资的项目,除通过参与项目风险管理委员会参与管理外,还采取长期派驻管理人员,或定期和不定期检查的方式，对项目在实施过程中的绩效情况，实施全过程的动态跟踪。

3. 对项目进行年度绩效审计。由独立的第三方审计机构对交通基础设施建设项目进行年度绩效审计，经项目经理审核确认后，提交给主管部门，并将绩效审计结果予以公布。

4. 向议会报告项目的绩效情况。交通部部长每年要向议会提交两份报告：一是对当年实施的交通基础设施项目的绩效情况报告；二是提交下一年度交通基础设施项目的计划和重点工作及其预期效果的报告，以接受议会的审议和监督。

5. 向社会公众公布绩效评价结果。上述两个报告，在向议会报告后，要向社会公众公布，以接受社会公众对交通基础设施项目实施情况和相应绩效的监督。

6. 签订项目管理目标完成保证书。交通基础设施项目完成后，项目经理要对照"框架协议"确定的目标，并与申报项目时提出的成本－效益分析报告进行对比分析，签订保证书以确认项目框架协议规定的预期管理目标，并作为项目绩效评价后实行问责制的证明文件。

7. 编制项目绩效反馈报告。项目完工后的一定期间内，由项目实施单位根据"项目投资框架协议"、项目实施期间绩效审计结果等资料，编制项目绩效反馈报告，对项目在建设、实施、运营期间是否达到了预期的管理目标，对项目本身的经济性、效率性、效果性进行分析，对项目管理的有效性进行评价总结。该报告经风险管理委员会审核同意后，上报交通部。

8. 组织项目绩效总体评价。交通部收到项目绩效反馈报告后，采取对部分交通基础设施项目进行总体评价，以核实绩效结果是否真实、客观，以进一步改进交通基础设施项目的管理，不断提高交通基础设施项目管理水平和资金的使用效益。

加拿大各省和特别行政区对其自主项目的绩效评价工作，采取的程序和方法与联邦政府资助项目基本相同，但实施项目绩效评价的主体是省级部门。

二、案例——交通部 RPRP 项目绩效评价[①]

（一）项目背景

2004 年和 2005 年，马尼托巴省（Manitoba）和魁北克省（Quebec）的铁路线所有者宣布将剥离并可能关闭政府补贴的铁路线的计划，于是这些地区的原住民团体购买并接管了这些线路及其客运铁路服务。这导致在魁北克和拉布拉多（from Sept Iles to Schefferville）建立了 Tshiuetin 铁路运输公司（TRT），在马尼托巴北部（from Pas to Pukatawagan）建立了 Keewatin 铁路公司（KRC）。为了应对这些发展（并继续支持其他两项现已停止的服务），联邦政府设计了一个联邦贡献计划——远程客运铁路计划（Remote Passenger Rail Program，RPRP）。该计划旨在确保向偏远

[①] 加拿大交通部，Evaluation of the Remote Passenger Rail Program，https：//www.tc.gc.ca/eng/corporate-services/des-reports-1506.html#t22。

社区提供安全、可靠、可行和可持续的客运铁路服务。目前，该计划由加拿大交通部的交通基础设施项目分部管理，TRT 通过 RPRP 获得资本金和运营资金，KRC 通过 RPRP 获得资本金，通过 VIA Rail 获得运营资金。

根据《有关成果的政策》（Policy on Results，2016），本次评价解决了 TRT 和 KRC 的相关性、有效性和效率性等关键评价问题。具体而言，已完成有关 RPRP 的持续需求，RPRP 与联邦和部门优先事项的一致性，与联邦责任的一致性，成果的实现以及效率评估等问题。此次项目绩效评价分析涵盖了从 2011/2012 财年到 2016/2017 财年的五个财政年度。

（二）评价方法

该项目采用了多种评价方法来解决相关性、有效性和效率性方面的关键评价问题，包括文件/文献研究、访谈、媒体/信息浏览和数据分析等。

1. 文件/文献回顾。回顾了相关的内部和外部文件，为评价的各个部分提供信息。查阅了政府文件、政策文件、联邦预算和官方演讲，规划文件和官方评论（如 CTA 评论）。

2. 访谈。对了解 RPRP 项目并能提供项目详细信息的关键工作人员进行访谈。评估和咨询服务部门根据受访者的专业领域起草了各种采访指南，以解决主要的评价问题和主题。总计 12 人接受了采访，其中 6 名来自加拿大交通部（Transport Canada，TC）内部，1 名来自原加拿大土著和北方事务部，3 名来自 VIA Rail，TRT 和 KRC 各 1 人。访谈于 2017 年 6 月至 7 月进行，每次访谈平均约为 1 小时。

3. 媒体/信息浏览。浏览与铁路、远程铁路基础设施和铁路运营地区的经济发展有关的网络内容和新闻文章，以发现文件/文献回顾期间未检索到的信息来源。

4. 数据分析。对铁路绩效数据（如出行次数和乘客人数）、财务数据和安全数据进行分析，以回答与项目和铁路的有效性和效率性相关的评价问题。

（三）评价结果及建议清单

从相关性、有效性、效率性和经济性四方面对项目进行了评价，共有 13 条评价结果及 4 项改进建议：

1. 相关性方面。通过检查对项目的持续需求、项目与联邦角色和职责的一致性、项目与联邦优先事项的一致性来评估 RPRP 的相关性。

（1）对 RPRP 的持续需求方面。发现 1：RPRP 持续发挥着作用，解决了居住在偏远地区的加拿大人能够使用国家运输系统的需要。

（2）与联邦角色、职责和部门结果相一致方面。发现 2：考虑到受益人群的狭窄性和同质性（例如，原住居民），与 CIRNA&ISC 的核心职责及以前的交通基础设施项目高度一致，以及最近 CIRNA&SC 的组织机构进行了更改，目前由 CIRNA&SC 管理 RPRP 项目具有合理性。①

---

① CIRNA&ISC 是指 Crown – Indigenous Relations and Northern Affairs Canada and Indigenous Services Canada.

发现3：加拿大原住民和北部事务部正在转型，新的机构（如 CIRNA&SC）应该可以接受加拿大交通部的 RPRP 项目。

发现4：CIRNA&ISC 参与 RPRP 的管理可以提高行政效率，而不影响铁路运营和安全。

建议1：确定一项行动计划以评估将 RPRP 移交给 CIRNA&ISC 的可行性。如果 RPRP 的转让被认为是可行的，则与 CIRNA&ISC 接洽并合作，概述请求转让的理由。

（3）转移支付方面。发现5：考虑到铁路的内部行政和管理能力，RPRP 出资协议中使用的条款和条件以及报告要求被认为是复杂和繁重的，这反过来又增加了 TC 的管理负担。

建议2：与转移支付专业技术中心内部进行协商，严格审查 RPRP 的当前条款和条件，包括融资工具，以确定转移支付指令中指南的适用性，因为接受者是原住民，其操作环境不同。

建议3：按照《转移支付指令》的规定，咨询加拿大国库部秘书处以促进与其他政府部门之间的合作（如 CIRNA&ISC），以探讨尽可能统一转移支付计划的可行性。

2. 有效性方面（绩效）。通过检查资金接受方是否满足其协议的条款和条件、基本建设项目是否已按计划完成、铁路运营的安全程度来评估 RPRP 的有效性。

（1）满足协议条款和条件方面。发现6：TRT 和 KRC 均符合其资助协议的条款和条件，每个财年的出行次数和运送的乘客人数证实了这一点。

发现7：对 KRC 客运铁路服务的需求增长强劲，有时会超出其现有客运车辆的载客量，迫使一些乘客站着或乘坐非客运客车。

建议4：加拿大交通部应与 KRC 合作，解决与超出乘客座位数相关的铁路安全问题。

（2）资本和运营计划——受助者审计方面。发现8：根据接受的审计和对 RPRP 项目工作人员的访谈，KRC 一直在以最少的问题满足其资本计划的条款和条件。

发现9：通过对 TRT 的审计和与 RPRP 项目工作人员的访谈，发现 TRT 的项目管理和财务管理程序存在各种各样的问题。这些问题已纳入一项行政行动计划，加拿大交通部将继续对其进行监测。

（3）与 CIRNA&ISC 的进一步联系方面。发现10：总体而言，从联邦政府的角度来看，补贴/鼓励原住民的经济发展是受到鼓励的（如 CIRNA&ISC 的战略目标和核心责任所示）。然而，对于 TC 来说，若 RPRP 仅专注于客运铁路，当 RPRP 资金帮助补贴货运铁路运营时就会产生冲突（如 TRT 的情况）。但如果 CIRNA&ISC 参与了 RPRP 的管理，这个问题的影响可能会降低。

（4）铁路安全方面。发现11：TRT 铁路运营的安全性与 VIA 铁路的安全性相当，只有不到1%的行程导致事故或意外。

3. 效率性与经济性。采用了两种分析方法来检验 RPRP 的效率和经济性：一是将提供 RPRP 的行政成本与所支付的资金数额进行比较，作为衡量行政效率的标准；二是通过比较每年提供的资金总额与运送旅客的人数，研究铁路的整体成本效益。

(1) 项目效率方面。发现 12：通过比较交通基础设施规划理事会确定的内部基准的行政成本与缴款支出的比例，可以证明 RPRP 得到了有效的管理。

(2) 铁路成本效益方面。发现 13：这两条偏远的铁路都为每位旅客提供高额补贴。但在过去的 5 个财年里，TRT 的补贴一直在增加，而 KRC 的补贴却在减少。

（四）管理行动清单

针对项目评价小组提出的建议，项目组采取了相应的行动，并明确了任务完成日期及责任部门，如表 9-6 所示。

表 9-6　　　　依据 RPRP 评价结果采取的管理行动

建议	管理应对与行动计划	完成日期	责任部门
1. 确定一项行动计划以评估将 RPRP 移交给 CIRNA&ISC 的可行性。如果 RPRP 的转让被认为是可行的，与 CIRNA&ISC 接洽并合作，概述请求转让的理由	● 将与 CIRNA&ISC 展开讨论，探讨将 RPRP 转移到 CIRNA&SC 的可能性	已完成 5 月 1 日开始与 CIRNA & ISC 进行讨论	交通基础设施项目分部
	● TC 将与 CIRNA&ISC 合作，制定方案，评估将项目转移到 CIRNA&ISC 的可行性	2018 年 9 月	
2. 与转移支付专业技术中心内部进行协商，严格审查 RPRP 的当前条款和条件，包括融资工具，以确定转移支付指令中指南的适用性，因为接受者是原住民，其操作环境不同	● 如果 CIRNA&ISC 接受 RPRP 的转移，AHS 将与他们和 TBS① 合作检查当前条款和条件以及转移支付的其他资助方式 ● 如果 CIRNA&ISC 不接受 RPRP 的转让，AHS 将与 COE 和 TBS 进行对话，以审查融资工具以及 RPRP 的当前条款和条件，以确定适当的财务控制水平	2018 年 6 月	交通基础设施项目分部
3. 按照《转移支付指令》的规定，咨询加拿大国库部秘书处以促进与其他政府部门之间的合作（如 CIRNA&ISC），探讨尽可能统一转移支付计划的可行性	● 如果 CIRNA&ISC 接受 RPRP 的转移，AHS 将与他们和 TBS 合作检查当前条款和条件以及转移支付的其他资助方式 ● 如果 CIRNA&ISC 不接受 RPRP 的转让，AHS 将与专业技术中心和 TBS 进行对话，以审查融资工具以及 RPRP 的当前条款和条件，以确定适当的财务控制水平	2018 年 6 月	交通基础设施项目分部

---

① TSB：The Transportation Safety Board of Canada，加拿大交通安全委员会。

建议	管理应对与行动计划	完成日期	责任部门
4. 加拿大交通部应与 KRC 合作解决铁路安全问题	• AHS 与 KRC 联系,以更好地了解问题 • AHC 将联系铁路安全部门,告知他们有关情况	已完成	交通基础设施项目分部
	• 如果认为有必要,铁路安全部门将与马尼托巴省就该问题展开后续行动	已完成	铁路安全部

资料来源:加拿大交通部,Evaluation of the Remote Passenger Rail Program, https://www.tc.gc.ca/eng/corporate-services/des-reports-1506.html#t22。

第五节 对我国预算绩效管理的启示

一、完善的绩效管理法律体系

加拿大在政府绩效管理方面建立起一整套健全、明晰的法律体系,通过立法来保障部门和机构以及项目绩效评价的有效实施。加拿大 1977 年就出台了《审计长法》,赋予审计长绩效审核的职责。1985 年发布了《财政管理法》,2006 年底颁布了《联邦责任法案》。此外,近些年陆续出台了诸如《关于成果的政策》《关于成果的指令》《基于性别分析的绩效评价指南:初级》等文件指导最新的绩效评价实践。各省也都相继制定了关于绩效预算方面的法律,如不列颠哥伦比亚省出台了《预算透明度和问责法案》,安大略省出台了《财政透明度和问责法案》。这些法律,对绩效管理做出了明确而具体的规定,政府及有关部门必须严格遵照执行,否则就是违法,就要依法处理。

二、先进的绩效管理设计理念

加拿大预算绩效评价制度的设计不仅跳出了绩效评价的框架,而且还站在政府绩效管理的立意之上设计其绩效评价制度。首先有了问责制的诉求,接下来才有政府绩效管理制度体系的回应性设计,而绩效评价制度则是作为绩效管理制度的一个必不可少的重要组成部分,要求绩效评价作为绩效管理的一个重要环节来进行制度设计。这种逻辑关系使得其绩效评价制度同整个政府日常运转的制度体系浑然一体,也使得绩效评价不只是为评价而评价,不只是为监督而评价,已经上升到为提升整个政府服务水平和服务质量而评价的高度。政府的日常绩效管理自然而然地需要

"绩效评价"这一反馈环节，即需要内外部的监督，需要证据充分的信息，需要科学合理的建议，因此两者相辅相成，相得益彰。

三、科学的绩效管理制度系统

此外，若干科学的绩效管理制度系统保障了加拿大绩效管理的有效实施。管理问责制框架（Management Accountability Framework）从宏观层面规范了部门和行政机构的绩效管理。这一框架的七个实施方面都必须精心设计绩效评价计划并开展绩效衡量，得到的信息一方面呈送副部长改善管理，另一方面呈送国库委员会秘书处进行监督。部门计划（Departmental Plan）是每个被拨款的部门和机构（不包括皇冠公司）的支出计划。它描述了各部门的优先事项、战略计划、项目、预期结果和相关的资源需求。支出管理系统（Expenditure Management System）则从资金的层面规范了部门和行政机构的绩效管理。该系统促使联邦部门从成本-收益的角度去认真思考和测算政策、方案和措施的预期效果是否能与为之付出的成本相匹配。议会报告体系（Parliamentary Reporting）则要求政府向议会提交正面回答上年度工作目标绩效实现程度的报告，接受议会和人民的监督。

综上所述，加拿大完善的绩效管理法律体系、先进的绩效管理设计理念以及科学的绩效管理制度系统，有效地保障了加拿大以预算结果为目标的绩效预算管理体系的实施。

第十章

社会性别预算和中期预算改革

■ **本章导读**

　　加拿大是第一个在国家层面实施社会性别预算的国家，也是最早一批实施中期财政框架并引入中期预算框架的国家。其独具特色的改革经验及实施方案，为我国正在探讨的社会性别预算改革及正在进行的中期预算改革提供了有益的借鉴。本章分别介绍加拿大的社会性别预算及中期预算改革，并在此基础上提出对我国相关预算改革的启示。

第一节 社会性别预算

一、社会性别预算的发展进程

OECD 国家认为,社会性别预算是指系统应用分析工具和过程以突出性别平等,使之作为预算过程的常规部分,并为性别敏感政策和优先资源分配提供信息。社会性别预算不是要建立单独的预算来解决性别问题或者社会妇女问题,也不是在预算分配中机械地强调男女两性获得相等份额的预算资源,而是在国家或者地方预算中纳入性别视角,以更趋于公平的方式分配资源,使政府预算满足包括女性和男性、女童和男童在内的社会不同群体的需求,从而更好地实现人的发展和男女平等受益。作为一种政策层面的制度安排,社会性别预算的核心要义在于,聚焦预算决策和执行过程中的性别敏感因素,全面考察预算收支及其相关的公共政策对男女两性的不同影响,以致力于减少或消除貌似中性的财政预算政策对妇女及其他弱势群体的歧视。

实施社会性别预算是加拿大政府促进社会公平的重要举措之一。加拿大在性别平等的国际指标方面得分较高,也是第一个在国家层面实施社会性别预算的国家,社会性别预算走在世界前列。20 世纪 80 年代,加拿大政府在制定政策和方案的过程中就开始使用基本性别的分析(Gender-based Analysis Plus,GBA+)。近年来,政府不断采取措施加强和完善社会性别预算,并不断提高其提供信息的数据质量。2015 年,加拿大成立了第一个性别均衡内阁,任命了第一位正式的"妇女地位"部长;2016 年,要求所有提交给内阁及财政委员会的备忘录都需要有基于性别的分析(GBA+);2017 年,加拿大首次发表性别声明;2018 年,于预算报告中建立了加拿大的性别成果框架(Canada's Gender Results Framework),与此同时,议会通过了《加拿大性别预算法》①(Canadian Gender Budgeting Act),并成立了妇女和性别平等部(Department for Women and Gender Equality,参考专栏 10-1)。2019 年,加拿大各级政府预算报告和各部门的部门计划中均采用并实施了相应的性别预算分析。

专栏 10-1:妇女和性别平等部

加拿大政府通过立法设立了妇女和性别平等部。妇女和性别平等部在性别、性取向、性别认同或表达、种族、民族和族裔血统、土著血统或身份、年龄、社会经济状况、居住地和残疾等多个方面促进所有加拿大人的平等。这项立法承认妇女和性别平等部在 GBA+ 领域提供指导、最佳做法

---

① 2018 年 12 月,加拿大议会通过了《加拿大性别预算法》,要求政府在做决策时,在预算方面考虑到政策对所有加拿大人的影响。

和专门知识方面发挥的重要作用。

资料来源：加拿大 2019 年预算报告，https：//www.budget.gc.ca/2019/docs/plan/chap – 05 – en.html，2020 年 4 月 7 日。

二、社会性别预算的管理框架

加拿大为本国的社会性别预算实践建立了较为完善的法律、机构、政策治理框架，具有实行社会性别预算的良好基础。① 一是制定了完善的法律体系，在立法和制定政策时充分考虑社会平等问题，为社会性别预算的顺利施行提供法律基础。二是建立了较为完善的机构框架，关注高级政治结构中的性别平等，任命内阁级妇女地位部长，由妇女地位部领导和推动全系统应对性别平等差距和需求，中央政府负责领导和指导，部门机构和其他机构负责完善协调机制，议会和审计长办公室负责独立监督和问责，统计局提供按性别分类的数据，同时加强联邦、省和地区合作，并充分发挥民间社会团体的作用。三是促进性别评估与政策密切结合，通过结构化的政策评估形式，强制政策制定者对拟议政策的性别影响进行分析，否则就不能做出预算决定，同时要求基于性别的评估要贯穿于整个政策周期。

三、社会性别预算的目标②

加拿大于 2018 年预算中引入了政府的性别成果框架（Gender Result Framework），作为一个政府工具来帮助和指导未来的政策决策，并跟踪在若干政策优先事项中性别平等和多样性的发展。其中，提出了加拿大性别平等的六大目标，然后逐一细化目标并制定针对性措施和衡量指标，目前已经取得一些成果。

（一）在教育和技能发展方面机会平等和多元化的路径

在教育和技能发展方面，政府致力于：一是增加多元化的教育路径和职业选择，统计女性持有大专以上学历的比例、大专学生中女生的比例，以及按性别划分的初中完成率；二是减少青年在阅读和计算能力方面的性别差距，统计按性别划分的中学阅读和数学考试的得分；三是为成年人提供平等的终身学习机会，统计按性别划分的成年人文学和数学能力测试分数。

政府实施了诸如技能学习（Cancode）、加拿大研究主席（Canada Research Chairs）、新前沿研究基金（New Frontiers in Research Fund）、实习前计划（Pre – Apprenticeship Program）、女子学徒奖励金（Apprenticeship Incentive Grant for Woman）、妇女参与建设基金（Women in Construction Fund）、土著技能和就业培训方案（In-

---

① 娄洪、李春阳："经合组织国家社会性别预算实践及经验"，《预算管理与会计》，2018 年第 10 期。
② 资料来源：加拿大 2019 年预算报告，https：//www.budget.gc.ca/2019/docs/plan/chap – 05 – en.html#Gender – Results – Framework，2020 年 4 月 10 日。

digenous Skills and Employment Training Program）等七个项目来促进教育和技能发展方面的机会平等及多样化。目前有 35 万女学生、超过 6.8 万土著学生、10 万年轻人，以及 3.4 万新来加拿大的人通过了 Cancode 资格标准学习数字化技能。于 2018 年 12 月启动的女子学徒奖励金项目鼓励女性进入"红海豹"行业（Red Seal Trades）并增加女性在技术行业获得高薪工作的机会，这项补助金预计将在 5 年内向大约 5 000 名妇女提供资助。

（二）促进经济生活中平等和全面的参与

为促进公民平等和全面参与经济生活，加拿大政府致力于：一是增加女性在劳动力市场的机会，统计按性别划分的劳动力参与率和就业率；二是降低性别工资差距，统计小时工资的性别差距和年就业收入的性别差距；三是增加全职女性就业，统计按性别划分的全职工作者的比例；四是平等分担养育子女家庭责任，统计按性别划分的花在家庭照料和工作上的时间占比，从儿童保育区、早教计划或者财政补贴中得益的儿童数量，家庭年收入中用于照看孩子的比例；五是更好的跨职业性别平衡，统计职业群体中女性占比；六是更多女性从事高质量的工作，统计按性别划分从事临时、非自愿兼职或低薪工作者的比例。

目前，加拿大政府通过实施多边幼儿教育和儿童保育框架（Multilateral Early Learning and Child Care Framework）、就业保险父母分享计划（Employment Insurance Parental Sharing Benefit）、积极的薪酬公平机制（Proactive Pay Equity Regime）、阳光工资（Pay Transparency）、劳动市场信息（Labour Market Information）、少数民族新人计划（Visible Minority Newcomers）等六项措施来促进经济参与和繁荣。2016 年和 2017 年联邦政府预算承诺在未来 11 年投入 75 亿加元以提供更高质量的儿童保育服务。多样性幼儿教育和儿童保育框架增加了日托场所，使更多中低收入的母亲能够进入并继续留在劳动力市场。积极的薪酬公平机制提高了工作场所的公平性，确保联邦监管部门的男性、女性工作人员同工同酬。

（三）领导角色和决策制定水平方面的性别平等

在领导和民主参与方面，加拿大政府致力于：一是提高女性担任高级管理职位的比例，并发挥多样化作用，统计管理职位中女性雇员的比例；二是为女性启动和发展事业创造更多机会，统计女性在公司中拥有多数股权的比例；三是女性占据更多董事会席位，并发挥多样化作用，统计董事会成员中女性占比；四是增加女性在中央和地方政府选举产生的职位和部长职位中的代表性，统计国家议会和地方政府中女性席位比例、政府和国家团体中部长职位女性占比；五是增加司法系统中女性工作人数，统计联邦法官中女性占比以及执法、安全和情报部门女性占比。

目前，加拿大政府通过行政长官任命（Governor – in – Council Appointees）、公司董事多样性（Diversity on Corporate Boards）、性别预算分析论坛（GBA + Forum）、国会议员工作生活平衡计划（Work – life Balance for Members of Parliament）、女性创业战略（Women Entrepreneurship Strategy）、女性计划（Women's Program）等六个项

目来促进领导角色和决策制定水平方面的性别平等。通过推行公开、透明及公平的方法遴选行政长官,任命为行政长官的女性比例从2015年的34%提高到2019年的47%。2018年,政府投资近20亿加元帮助女性创业和发展企业,女性创业策略让女性企业家获取融资、人才、网络和专业技能,促进她们企业的成长。

(四)消除性别暴力和性别骚扰,提升人们的安全感及获取公平的方式

在性别暴力和司法途径方面,加拿大政府致力于:一是工作场所免受骚扰,统计按性别划分,雇员在工作场所中被骚扰的比例;二是减少女性成为性别暴力和性侵犯受害者的比例,统计女性受到的身体、性或心理暴力的比例,按性别划分的被性侵犯的人口比例;三是减少儿童虐待的受害者,统计按虐待类型和性别划分,受到虐待的儿童占比;四是减少被伴侣杀害的女性人数,统计按与行凶者的关系和性别划分的凶杀率;五是增加对暴力犯罪的报告,统计按犯罪类型和性别划分,记录在案的暴力犯罪事件的比例;六是减少原住民女性和女童遭受的暴力犯罪,统计原住民女性和女童受到身体、性、心理暴力的比例;七是增加刑事司法系统的问责和响应性,统计被认为是"无根据"的报告给警察的性侵犯事件的比例。

目前,加拿大政府通过推行预防和解决性别暴力的加拿大策略(Canada's Stategey to Prevent and Address Gender – Based Violence)、工作场所性骚扰(Workplace Harassment)、加拿大人权法案和刑法(Canadaian Human Rights Act and Criminal Code)、统一家庭法院(Unified Family Courts)、无根据的性侵犯案件(Unfounded Sexual Assault Cases)、国家住房战略(National Housing Strategy)、防止校园性别暴力的国家框架(National Framework to Prevent Gender – Based Violence on Campus)、对失踪和被谋杀原住民女性的全国调查(National Inquiry into Missing and Murdered Indigenous Women)等八项措施来消除性别暴力和性别骚扰,提升人们的安全感及获取公平的方式。2018年5月启动的132亿加元的全国住房公共投资基金将帮助新建6万套,修复或续建24万套住房,其中包括为家庭暴力幸存者提供的4 000个避难所。

(五)减少贫困,提高健康和幸福感

加拿大政府致力于减少贫困,提高公民的健康和幸福感,其细化目标及衡量指标有:一是生活在贫困中的弱势群体数量减少,统计按经济家庭类型和性别划分的低收入程度;二是生活在食品不安全家庭的女性和儿童的数量变少,统计按经济家庭类型和性别划分,生活在中等或者严重食品不安全家庭的个人的比例;三是缺乏稳定、安全、永久住房的弱势群体减少,统计按家庭经济类型和性别划分,核心住房需求中的人口比例;四是强制支付孩子和配偶赡养费,统计按受益人类型划分,收到的支付比例;五是关注长期健康状况,统计按性别划分死亡的主要原因、出生时预期的健康调整、有规律参加体育运动的人口比例;六是提高精神健康,统计按性别划分,心理健康程度高的成年人占比;七是提高年轻人避孕的途径,减少青少年的生育率,统计15~34岁人口意外怀孕的人中未使用避孕措施的比例,15~19岁人口中生育率。

目前，加拿大政府通过儿童福利计划（Canada Child Benefit）、反贫困战略（Poverty Reduction Strategy）、本土居民的健康与安全（Indigenous Health and Safety）、家庭护理与心理健康（Home Care and Mental Health）、服刑人员的心理健康支持（Mental Health Supports for Inmates）、国家住房战略（National Housing Strategy）等六个项目来减少贫困和改善健康与福利。受益于 2016 年开始实施的儿童福利计划，90% 的家庭享受了更高的儿童福利，近 30 万儿童摆脱了贫困。2018 年 8 月发布的反贫困战略引入了加拿大官方贫困线，并制定了到 2020 年贫困人口减少 20%，2030 年贫困人口较 2015 年减少 50% 的目标。目前，2020 年这一目标已提前实现。

（六）促进性别平等，建立更加和平、包容、以规则为导向以及繁荣的世界

在促进性别平等方面，加拿大政府的目标是：一是在外交、贸易、安全和发展方面促进女性的参与；二是使更多女性担任领导和决策角色，建立强有力的女性权益组织；三是更多的女性和女童能够获得健康服务；四是增加加拿大贸易协定中关于性别的规定；五是更多女性有公平的途径获取资源来获得经济上的成功并且促进女性团体的建立；六是在冲突环境和网络环境中，减少性别暴力的受害者；七是更多的女童和女性能够获得学历教育和技能培训。

在国际贸易和投资方面，加拿大政府签署现代自由贸易协定中的性别条款（Gender Provisions in Modernized Free Trade Agreement）、实施国际贸易项目中的商业女性（Business Women in international Trade Program）和女性企业家融资倡议（Women Entrepreneurs Finance Initiative）等项目来重申性别平等价值观。在外交方面，建立了 G7 集团第一个性别平等咨询委员会（G7's First Gender Equality Advisory Council）、召开女性外长会议（Women Foreign Ministers' Meeting），并关注外交代表（Diplomatic Representation）的性别均衡。2018 年，在外交使团的大使、高级专员和总领事中，女性占比 48%，高于 2015 年 32% 的水平。在和平和安全行动方面，为推进女性参与联合国和平行动，加拿大发起了 Elsie 妇女参与和平行动倡议（Elsie Initiative for Women in Peace Operations）和七国集团妇女、和平与安全伙伴关系倡议（G7 Women, Peace and Security Partnerships Initiative），并于 2018 年预算中计划在 5 年内投资 2 030 万加元，接收来自世界各冲突地区的 1 000 名弱势妇女和女孩成为加拿大政府的援助难民。在国际发展协助方面，发起了妇女声音和领导计划（Women's Voice and Leadership Program）、性别平等伙伴关系（Partnership for Gender Equality）、她的声音和她的选择（Her Voice, Her Choice Intitative）等项目来促进妇女权利平等、打击性别暴力。

四、2019 年的预算行动[①]

针对其性别平等的六大目标，加拿大政府 2019 年预算中明确指出了其相应的预

---

① 资料来源：加拿大 2019 年预算报告，https：//www.budget.gc.ca/2019/docs/plan/chap－05－en.html#Gender－Results－Framework，2020 年 4 月 10 日。

第十章　社会性别预算和中期预算改革

算行动：

第一，为支持教育和技能发展，一是增加学生贷款项目的灵活性，让弱势群体学生更容易获得；二是降低学生贷款和学徒贷款的利息率，并给予其毕业后 6 个月的免息期；三是将加拿大服务队（Canada Service Corps）作为加拿大标志性的国家青年服务项目；四是通过 Cancode 项目为从幼儿园到 12 年级的学生提供编程和数字技能发展项目；五是更新和扩大专上学生支持项目（Post – Secondary Student Support Program）的资金；六是实施因纽特人主导的专上教育策略（Metis Nation – Led Post – Secondary Education Strategy）；七是执行梅蒂斯专上教育策略，为梅蒂斯学生提供经济援助；八是鼓励学生参与科学、技术、工程和数学（STEM），并通过"让我们谈谈科学（Let's talk Science）"打开未来学习和职业的大门；九是为阅读残障者制作无障碍材料；十是为原住民、因纽特人和梅蒂斯人学生提供奖学金和助学金；十一是将获得理事会资助的学生和博士后研究员的育儿假从 6 个月延长到 12 个月；十二是通过"加拿大培训津贴（Canada Training Benefit）"让职工有时间离开工作岗位接受培训，帮助解决阻碍成年人技能提高的主要障碍；十三是增加对 ESDC 的资助以收集和发展更好的性别及多样化数据，提高衡量、监测和解决性别差距的能力；十四是确保技能发展项目具有前瞻性，并通过 2017 年预算中宣布的"未来技能倡议"（Future Skills Initiative）为加拿大人做好迎接挑战的准备；十五是与北部政府和包括原住民在内的居民讨论协商，共同制定新的北极和北部政策（Arctic and Northern Policy Framework），促进北极和北部地区经济发展和繁荣，扩大其专上教育选择。

第二，为促进经济参与和繁荣，一是推出现代化青年就业战略（Youth Employment Strategy），为青年提供量身定制的就业支持，帮助他们获得就业所需的技能和经验；二是通过扩大学生就业安置计划（Student Work Placement Program），投资更多的就业机会，以在 2023/2024 财年之前每年为加拿大的专上学生提供多达 84 000 个新工作岗位；三是使工人和雇主更容易掌握各种技能发展项目，通过简化技能项目的获取途径等方法以确保项目能够反映雇主的需求并响应不断变化的劳动力市场需求；四是改善视力障碍者的就业状况；五是识别、消除和预防联邦政府工作场所的技术障碍；六是就重大能源项目与土著社区进行协商，支持土著居民在自然资源部门的经济参与；七是通过加拿大技能项目和新的学徒培训活动，促进技术行业的学徒培训，使之成为可行的职业道路；八是制定新的策略支持学徒和熟练技术人员，消除进入技术行业的壁垒；九是要求联邦监管的金融机构披露旨在提高董事会和高级管理层多样性的政策。

第三，为促进领导与民主参与，一是加强对梅蒂斯资本公司（Metis Capital Corporations）的资金支持，支持梅蒂斯中小企业的创业和发展；二是扩大原住民创业计划；三是创建土著增长基金（Indigenous Growth Fund），使包括梅蒂斯资本公司和其他机构在内的所有土著金融机构能够支持更多的土著企业家和更有发展前景的项目；四是投资加拿大未来企业家项目（Futurpreneur Canada），使其能够继续支持下一代企业家的发展；五是支持在维多利亚大学建造土著法律小屋（Indigenous Legal Lodge），开设包括加拿大普通法（Canadian Common Law）和土著法律秩序（Indigenous Legal Orders）的新的双学位课程，为有关振兴土著法律的辩论、学习、公共教育和伙伴关系奠定基础；六是加强女性计划（Women's Program）以促进加拿大性别平等，包括支持和鼓励女性发挥领导和决策作用的项目；七是要求联邦监管的金融机构披露旨在提高董事会和高级管理层多样性的政策。

第四，为解决性别暴力，改进司法途径，2019 年的预算行动包括：一是打击网上儿童性剥削；二是通过司法伙伴关系和创新计划（Justice Partnership and Innovation Program）支持加拿大各地的土著法律行动，以改善加拿大法律体系中土著人民的平等；三是制定新的政府战略以打击人口贩卖；四是支持加拿大各地对公共法律教育和信息服务日益增长的需求；五是通过立法修订增加家庭司法案中，特别是离婚案中，个人官方语言的选择；六是加强促进性别平等的女性计划（Women's Program），包括支持解决性别暴力问题的项目。

第五，为减少贫困和改善健康及福利，一是提高保障性收入（Guaranteed Income Supplement）的免征额，提高低收入老人的经济保障水平；二是支持实施首个国家痴呆症策略（National Dementia Strategy）；三是引入立法，积极招募 2020 年年满 70 岁或以上但尚未申请领取退休金的加拿大养老金计划缴款人，确保加拿大老年人能享受他们应得的福利；四是支持爱德华王子岛的公共安全住房项目（Prince Edward Island's Public Safety Housing Project），以帮助有复杂健康和社会需求的个人；五是执行约旦原则（Jordan's Principle），同时继续努力制定一种较长期的办法；六是继续与因纽特伙伴合作，解决因纽特儿童的迫切需求及其在获得健康和社会服务方面的独特挑战；七是确保辅助生活计划（Assisted Living Program）继续满足老年人和残疾人的需求；八是与原住民和因纽特人社区合作制定长期护理策略；九是支持努纳维特（Nunavut）治疗设施的建设和运营，确保因纽特人和努纳武特的其他居民获得精神健康和药物使用支持；十是支持为消除和预防原住民社区中的长期饮用水咨询而做的努力；十一是通过对友谊中心的资本基础设施投资和为土著人民提供服务设施的其他城市规划，确保城市土著居民有安全和可达的空间来获得与文化有关的服务；十二是老年人新视野项目（New Horizons for Seniors Program）支持老年人参与和融入社区；十三是确保难民和其他符合条件的索赔人可以根据临时联邦医疗计划（Interim Federal Health Program）获得临时医疗保险，从而减轻省和地区政府的医疗费用；十四是创建用于器官捐献和移植的泛加拿大数据库；十五是加强联邦政府对阿片类药物危机（Opioid Crisis）的应对；十六是扩大因纽特人自杀预防战略（National Insuit Suicide Prevention Strategy）的覆盖面，以增加获得因纽特人特定心理健康支持的机会；十七是支持泛加拿大自杀预防服务。

第六，为促进世界范围的性别平等，2019 年预算采取了以下行动：一是更新加拿大的中东战略（Canada's Middle East Strategy），以援助和减少受冲突影响的人口，特别是妇女，女童和其他弱势群体的脆弱性，并促进妇女参与叙利亚的和平进程和伊拉克的和解进程；二是提高世界银行支持实现可持续发展目标的能力；三是通过国际援助信封（International Assistance Envelope）在 2023～2024 年间再投资 7 亿加元，以支持加拿大女权主义国际援助政策的实施；四是制定打击人口贩卖的新战略。

五、2019 年性别预算分析[①]

（一）加强性别预算分析流程

高质量的性别预算分析（GBA+）需要早期关注和可靠的数据，以制定有效的选择和策略，向加拿大人提供计划和服务。为使性别预算分析实现价值最大化，最理想的做法是在政策制定过程的早期阶段就直接构建性别预算分析。根据编制预算的有关部门提供的资料，2019 年有 66% 的预算在预算制定的早期阶段或者在已有的预算项目上运用了性别预算分析。性别预算分析的早期运用表明，整个加拿大政府都努力在政策过程中尽早纳入性别和多样性的考虑，尽管还有进一步改进的余地。

对于某些措施，其分析结果可以揭示制约提议措施对特定群体有效性的障碍或挑战。在这种情况下，性别预算分析过程的一个重要部分就是制定具体的策略来减少这些挑战，并确保措施惠及尽可能多的加拿大人。目前，已经确定大约有 15% 的措施可能对一些群体产生不利影响或使现有的不平等现象长期存在。对于这些措施中的大部分，已经制定了相应的缓解策略以处理可能产生的各种负面影响。针对那些不太可能产生消极影响的措施，也已对其中 8% 的措施采取了积极手段，尽量减少可能带来的不平等，并帮助创造公平的竞争环境。主动采取的措施包括制定多样化政策，召集咨询小组或者是调整现有的程序以增加对拟议项目影响人群的了解等。

（二）预算措施的目标人群

政府所有的计划和政策都旨在改善福利和促进加拿大经济和社会发展。在一些情况下，这些目标是通过主动采取普遍适用的以及让加拿大人广泛受益的行动来实现。在其他情况下，采取帮助特定群体的有针对性的措施，去应对他们所面临的特殊挑战或机会。在 2019 年预算案中，有 86 项措施将惠及所有加拿大人，占新预算措施总价值的 40%。另外，还有 83 项措施是针对某一个或几个特定群体的，占新预算措施总价值的 49%。例如，实施约旦原则旨在帮助原住居民的儿童，但最终实际受益者为原住居民和年轻人。此外，有 29 项措施，占新预算措施总价值的 11%，是针对特定区域或部门的。下面将重点介绍从 2019 年预算措施中受益的一些特定群体。

1. 与土著人民重建关系。2019 年预算中的一些措施旨在帮助土著人民。如 2019 年预算案第 3 章所述，政府承诺开辟一条通向和解的新道路，并修复加拿大与土著人民之间的关系。在 2019 年预算中，有 24 项措施旨在从各个方面帮助原住居民、因纽特人和梅蒂斯人，包括教育、经济参与、健康和福利。这包括引入各种独特的专上教育支持，以帮助减小教育程度差距，如更新和扩大的原住居民专上教育

[①] 资料来源：加拿大 2019 年预算报告，https：//www.budget.gc.ca/2019/docs/plan/chap－05－en.html#Gender－Results－Framework，2020 年 4 月 10 日。

学生支持计划（First Nations Post – Secondary Student Support Program），以及新的十年期因纽特和梅蒂斯国家主导的专上教育战略（Insuit – led and Metis Nation – led Post – secondary Education Strategies）。目前，通过加大对土著参与资源项目和支持原住居民和因纽特人商业发展的社区机会准备项目的投资，增加劳动力市场机会。2019年预算还提供了一系列健康和福利方面的投资，比如更新和扩大因纽特人自杀预防战略的覆盖范围，实施约旦原则确保原住民儿童得到及时的医疗护理等。此外，加大投资为全国各地的原住民社区提供清洁饮用水。

2. 帮助有残疾和健康问题的人。2019年预算中有20项措施专门为残疾人提供帮助，包括有慢性健康问题的残疾人。比起无残疾人士，残疾人更可能失业、生活贫困、收入低下，因此在加拿大支持无障碍设施投入有助于在发展经济的同时支持个人。

加拿大公共卫生机构指出，在20岁以上的成年人中，44%的人至少患有十大最常见的慢性病之一。女性往往寿命更长，但研究表明女性患慢性疾病的概率高于男性，尤其是老年痴呆症、关节炎或骨质疏松症等这些与年龄相关的疾病。2019年预算表明，加拿大将在6年内投资20多亿加元用于改善其慢性病患者的生活，并消除残疾人遭遇的障碍。

3. 支持年轻人。在2019年的预算中，性别预算分析措施第一次对年轻人给予了关注，为一系列旨在帮助加拿大年轻人的措施提供了近60亿加元。现在的年轻人比过去接受了更好的教育，联系更紧密，更多样化，但他们也面临着自己的挑战。虽然数字化生活和高度互联带来了许多好处，但也带来了新的问题，比如潜在的网上剥削和网络欺凌，以及加剧的心理健康问题等。有证据表明，女孩、LGBTQ2 +（女同、男同、双性恋者、跨性别者、性向复杂的人，以及双灵人）和高危青年最容易受到网络剥削。因此，2019年预算安排资金以提高对网络虐待的认识，以及保护一些最脆弱的加拿大人免受伤害。男孩、LGBTQ2 +（特别是跨性别者）和土著青年的自杀率最高。而对加拿大自杀预防服务的投资将为训练有素的响应者提供全天候的危机支持。

随着全球化、自动化和人工智能应用的不断加快，就业的性质受到了影响。据政府了解，找到合适的全职工作对今天的年轻人来说是一个挑战。于是，2019年预算案使年轻人就业战略现代化，并对学生就业安置计划进行投资，以便年轻人能够获得相关经验并建立人脉来发展自己职业。拟扩大加拿大服务队为年轻人创造机会，使他们获得技能和领导经验，同时对他们的社区产生积极的影响。2019年预算也在采取措施解决许多年轻人所面临的买房困难问题。改变购房者的计划（Home Buyers' Plan）和引入新的共享股权抵押贷款计划（Shared Equity Mortgage Program），使得首次购房者有更多可选择的杠杆来购买他们的第一套房。

（三）主要的受益者

这部分内容主要关注性别预算分析揭示的2019年预算措施所带来的好处。虽然一项政策的目标可能针对某特定人群或所有加拿大人，但所有措施都会产生直接或

第十章　社会性别预算和中期预算改革

间接、短期或长期的影响。例如，建设租赁融资计划（Rental Construction Financing Initiative）将直接惠及城市中低收入和中等收入的个人和家庭，而那些在建筑行业建造租赁单元的人也将间接受益。

1. 性别方面。2019年预算中的大多数措施都将给男性和女性带来大体相同的直接影响，而其他一些措施则可能对男性和女性产生不同的影响。对于预算措施总价值的80%来说，受益群体被认为是性别均衡的，而在预算措施的受益群体中，男性和女性所占比例分别为8%和12%。这表明，男性和女性倾向于参加不同的工作部门，有不同的收入水平，在家庭中扮演不同的角色，面对不同的挑战，因此所受的影响也有所不同。

例如，尽管父亲花在照顾孩子上的时间越来越多，但母亲仍然是家庭中主要的照顾者。因此，虽然预计一些男性将受益于一些措施，如为学生贷款的借款人提供的免息、免费医疗和育儿假计划，以及延长研究生的育儿假等，但女性将从这些措施中获得更多的好处。同样，诸如加大力度打击网上儿童性剥削和实施国家痴呆战略等举措将主要改善女性的健康和安全，因为她们的危险因素高于男性。相反，像退伍军人卓越第二中心这样的措施将帮助所有退伍军人，其中大多数是男性。尽管加强联邦支持学徒制和基础设施投资等措施会直接或间接使男性受益，但政府在2019年预算和以前的预算中均采取了一些措施来鼓励女性参与学徒制和从事建筑行业工作。

2. 人口统计资料。虽然加拿大人可能拥有共同的价值观，但所有人都来自不同的背景和经历。GBA+（性别预算分析+）中的"+"承认GBA超越了生物学（性别）和社会文化（性别）差异，着眼于每个人拥有的交叉身份，如种族、民族、宗教、年龄和精神或身体残疾。这种交叉性的概念是通过预算措施来分析的，分析男女各个子群体所期望看到的直接和间接的收益。

分析使加拿大各特定群体受益措施的数量，发现使土著居民直接受益和间接受益的措施数量是最多的，排在第二位和第三位的是青年群体和低收入群体。许多预算措施都为不止一个群体带来好处，因此措施在各个类别之间会重复。例如，像国家痴呆症战略（National Dementia Strategy）这样的措施将有利于那些患痴呆症风险更高的人。由于及早发现和提高认识是该战略的关键要素，老年人、妇女、土著社区和生活在农村地区的加拿大人最有可能从这项措施中直接受益，因为他们具有更高的风险因素。

3. 现有的少数族裔社区。现有的少数族裔在人口中所占的比例不断增加，他们仍然是加拿大社会结构和经济的重要驱动力。无论他们是寻求庇护者、移民还是在加拿大出生的少数族裔，他们所面临的系统性障碍和挑战，与他们的背景一样复杂。据估计，现有的少数族裔群体的男性失业的可能性比来自非种族化群体的男性高24%。现有的少数族裔女性失业的可能性比现有的少数族裔男性高48%，收入仅占后者的55.6%。在社会参与方面，2014年综合社会调查（General Social Survey）中，约有1/5的现有少数族裔受访者表示，在调查前的5年中感觉受到过歧视或不公平待遇，其中63%的受访者认为这源于他们的种族或肤色。

过去几年，加拿大遗产常务委员会和联合国消除种族歧视委员会提出一系列重要建议，如需要采取联邦行动以解决现有少数族裔面临的困难，以及搜集这些问题的有关数据。2018年预算提供了650万加元，从2018/2019财年开始，为期五年，用于创建一个新的性别、多样性和包容性统计中心。该中心将收集、分析和传播有关现有少数族裔的数据，以了解不同群体面临的困难以及如何最好地支持他们。2019年预算中的15项措施被确定为有利于现有的少数族裔社区，包括新的反种族主义战略、全球人才流动、多元文化主义和临时联邦卫生项目等举措。

4. 农村社区。农村和偏远社区对加拿大的经济成功和社会格局至关重要，但也面临一系列独特的挑战，如缺乏联系、就业多样性不足、人口下降、青年人口外流、服务（如卫生保健）的可及性和质量下降、基础设施水平下降和教育程度较低等。2019年预算提出了20多项向农村和偏远人群提供直接好处的措施，包括支持新的北极和北方政策框架，建立加拿大体验基金支持加拿大的旅游业，投资创新连接计划、引入政府新成立的通用宽带基金等。

（四）收入分配的影响

性别预算分析还评估了2019年预算中的每项措施对不同收入水平的加拿大人的影响。2019年预算提出了一系列具有渐进影响的措施（使低收入的加拿大人受益），如降低加拿大学生贷款的利率，主动为尚未申请的70岁及以上老年人加入加拿大养老金计划（CPP）。其他措施也有可能被收入较高的加拿大人利用，比如购房者计划的变更。数据显示，65%的措施对收入分配没有显著的影响，约8%的措施有显著积极影响，约22%的措施有一些积极影响。

（五）代际影响

在进行性别预算分析时，也需要分析一项措施如何影响不同代的加拿大人。在大部分情况下，措施对几代人的影响是均等的。然而，2019年的某些预算措施主要为老年人或年轻人提供了不成比例的福利。积极的CPP登记将帮助老年人，提高保障性收入的收入免征额将有利于低收入工作的婴儿潮一代，而那些有患痴呆症风险的人将通过国家痴呆症战略获到帮助。大量的措施也将帮助今天的年轻人和未来的几代人。例如，加拿大学生贷款的低利率将使年轻人更能负担得起专上教育，并帮助他们在完成学业后顺利过渡到劳动力市场。通过学生就业安置计划，加拿大各地的专上教育学生，包括弱势学生和来自弱势群体的学生，将根据他们的职业志向获得更多的在职学习机会。儿童和未来几代人也将受益于旨在应对气候变化的措施，如清洁技术投资、碳污染定价和零排放车辆等。数据显示，15%的预算措施将主要影响年轻人、儿童和未来几代人，9%的预算措施主要影响婴儿潮一代或老年人。

第二节　中期预算改革

加拿大是联邦制国家中分权程度最高的国家之一，政府间在公共服务供给中多采用协商合作的形式。在这种各省（地区）享有较高自治权的制度环境下，加拿大的中期预算形成了自己的特点。加拿大联邦政府一级并未明确提出"中期预算框架"等明确的法律概念，但每年公布的《秋季经济声明》会根据全球目前的经济发展状况，提出加拿大经济展望，即关于当前预算年度及之后四个财政年度的私人部门经济预测。由于加拿大联邦与各省之间的独立性，个别省份，如 British Columbia 省，就明确地提出了三年期的经济计划，并将政府预算与其挂钩。本部分将分别介绍联邦政府与省级政府（以 British Columbia 省为例）中期预算的实施情况。

一、中期预算及其实施背景

中期预算（Medium Term Budget），也称"中期预算框架"（Medium Term Budget Framework，MTBF），是一个为期 3~5 年的滚动的、具有约束力的支出框架，它为政府各部门提供每个未来财政年度支出预算务必遵守的财政约束。根据国际货币基金组织（International Monetary Fund，IMF），中期预算框架的关键特点包括：一是一份有关财政政策目标的说明；二是综合的中期宏观经济和财政预测；三是对预算年度后 2~4 年各部门和机构的收支估计；四是对"远期"或"年外"正式进行的估计；五是以部门和机构预算拨款为形式的硬预算约束。

20 世纪 70 年代中期以后，国际形势的变化使政府职能范围进一步扩大，加之国际石油价格上涨对经济发展产生较大冲击，财政收入比重降低，赤字和债务规模扩大，财政困难加剧，计划项目预算在支出项目管理中的作用下降。为解决赤字问题和债务问题，同时为了加强政府财政管理，提高财政透明度，联邦政府于 1979 年制定了政策和支出管理制度，引进了 5 年期财政计划，象征着加拿大政府开始实施中期财政框架。1991 年，在中期财政框架基础上，加拿大进一步引入了中期预算框架。随着制度的不断完善和相关技术的发展和更新，加拿大的中期预算框架已经相对比较成熟。

二、中期预算的法律依据

采用中期预算的国家无论采用何种形式，中期预算的地位都必须通过法律形式固定下来，组成正式预算过程的一部分，并与年度预算的安排相结合，从而对年度预算具有足够的约束力，而不是仅仅作为制定年度预算的参考资料。1997 年，加拿大联邦政府颁布实施的《财政管理法案》（Financial Administration Act）是目前实行中期预算最核心的法律文献。《财政管理法案》为加拿大政府进行财政管理、设立和维持加拿大国民账户以及管控国有企业等各种行为提供了法律依据。《财政管理法案》第 7 条第 3 款第 1 目规定了财政委员会应该审查各部门的年度和长期支出计划和方案，并确定其优先事项，明确指出各部门应提交自己的长期支出计划，且财政委员会应该进行审查批准。负有编制长期支出计划责任的主体涉及加拿大各政府部门机构以及国有企业。

三、中期预算的编制主体和流程

加拿大联邦政府中期预算主要由财政预算部门主导完成,各具体部门之间职责分工清楚,程序严格,并同年度预算的编制相结合。首先,财政部向各主管部门送达支出安排的通知和原则,各部门据此编制部门计划期内的支出计划,并发送至财政部;接着,由财政部起草报告文案,并向内阁报告今后各年度政府支出计划,议定支出总额;之后财政部再分别与各相关部门就支出计划交换意见。公共支出计划经协商确定后公布;最后财政部向议会详细报告下一年度联邦政府的支出预算,经议会审议批准后下达执行。

四、中期预算的基本编制方法

加拿大中期预算的编制方法较为科学,财政收支预算都建立在一套科学的经济预测体系基础上。每个政府部门和国有企业首先制定长期战略规划和长期支出计划,部门在编制预算的过程中以发展战略为基础,同时参照较为科学的预测经济前景和发展速度,对中期预算进行编制。每年预算不仅包括当年的预算,还包括今后4个财政年度的预算框架。这样基本实现了预算和部门发展规划与实际工作状况的结合,同时延长了预算编制的周期,为预算的进一步展开和细化提供了非常有效的条件。具体来说,加拿大中期预算的基本编制方法有以下特点:

(一)以财政目标为导向

加拿大中期预算起源自财政问题。财政赤字和债务率的居高不下使得联邦政府拟通过中期预算制度调节收支关系来保证政府预算的相对平衡,为此,在制定中期预算的过程中,加拿大联邦政府一直在践行赤字削减计划,以求逐步实现财政平衡。如2019年预算案明确指出"政府在为经济增长、创造就业、改善中产阶级和努力工作的人们的生活质量提供切实成果的同时,将继续谨慎管理中期赤字"。将2019年预算中提出的措施包括在内后,预计赤字将从2019/2020财年的198亿加元下降到2023/2024财年的98亿加元(参考图10-1)。此外,联邦债务与GDP的比率也将继续下降,到2023/2024财年将达到28.6%。

(二)以经济预测数据为基础

经济预测数据主要包括实际GDP和名义GDP、就业率、失业率、消费价格指数、经济周期等。中期预算编制过程中,加拿大经济预测委员会将根据财政经济形势的发展变化,不断更新其财政经济形势预测,并更新其"经济与财政展望"报告。这一报告包括对当前和未来4年的财政收入、支出、盈余(或赤字)的情况的最新预测,为总理、政府的议员和党派讨论确定规划内容的基调和主题。

第十章 社会性别预算和中期预算改革

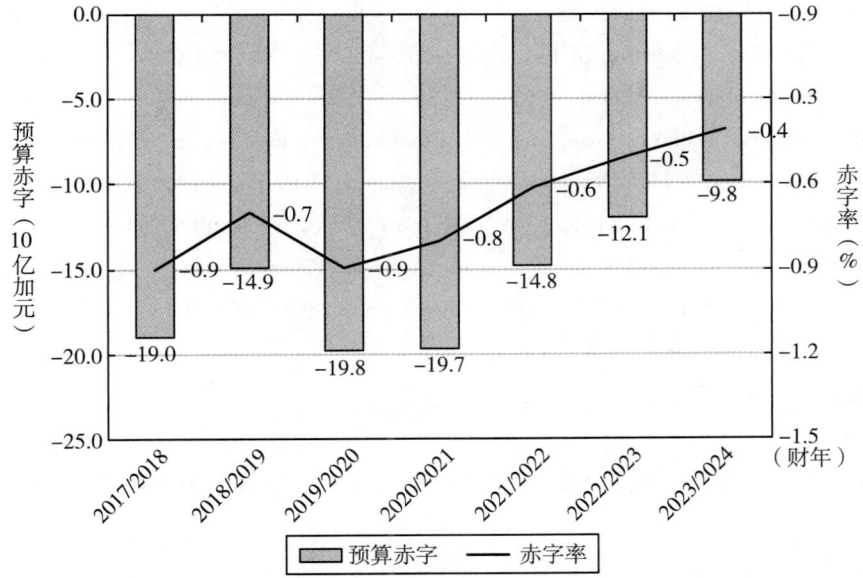

图 10-1 联邦财政预算赤字和赤字率①

自1994年以来,私营部门经济预测的平均数被用作财政规划的基础,这一方式也为政府财政预测引入了独立因素(参考专栏10-2和表10-1)。这种做法得到了国际货币基金组织等国际组织的支持。财政部定期访问经济学家,了解他们对加拿大经济前景的看法,且每年2月、9月及12月均会进行调查,以随时更新私营部门对当前年度及其后4年的经济预测。在新的宏观经济预测基础上,根据宏观经济形势的变化,财政部编制预算案时相应地调整其对财政收支预测。以2019年预算案为例,其在2018年《秋季经济声明》的基础上,对财政收支预测作出了相应的调整(参考表10-2)。

专栏10-2:私营部门参与财政预测

20世纪90年代末以前,加拿大联邦和省财政长期收不抵支,财政赤字规模居高不下。从20世纪80年代初到1995/1996财政年度前,联邦政府财政赤字占GDP的比重一直在4%以上,各省平均财政赤字占GDP的比重也在2%左右。1993年10月克雷蒂安政府上台后,为扭转这一局面,一方面对收入预测方法进行改革,另一方面加强了对支出项目的审查。在收入预测方法改革方面,自1994年起,加拿大政府在预算计划上采取审慎的措施:改革过去单纯依靠财政部内部对经济的预测确定收入规模的做法,引用了私营部门做出的经济预测来确定收入预算,比以前更加谨慎,提高了收入安排的可靠性。2019/2020财年,有14家私营部门参与了财政预

---

① 数据来源:加拿大2019年预算案,https://www.budget.gc.ca/2019/docs/plan/anx-01-en.html#Budget-2019-Fiscal-Outlook,2020年4月15日。

测：（1）BMO Capital Markets；（2）Caisse de dépôt et placement du Quebec；（3）Canadian Federation of Independent Business；（4）CIBC World Markets；（5）The Conference Board of Canada；（6）Desjardins；（7）IHS Markit；（8）Industrial Alliance Insurance and Financial Services Inc.；（9）Laurentian Bank Securities；（10）National Bank Financial Markets；（11）Royal Bank of Canada；（12）Scotiabank；（13）TD Bank Financial Group；（14）the University of Toronto（Policy and Economic Analysis Program）。

资料来源：加拿大 2019 年预算案，https：//www.budget.gc.ca/2019/docs/plan/anx-02-en.html，2019 年 5 月 22 日。

表 10-1　　　　　　　　　私营部门经济预测平均值

	2018 年	2019 年	2020 年	2021 年	2022 年	2023 年	2018~2023 年
实际 GDP 增速（%）							
2018 年预算	2.1	1.6	1.7	1.6	1.8	—	—
2018 年秋季经济声明	1.9	1.9	1.6	1.6	1.9	1.9	1.8
2019 年预算	1.9	1.8	1.6	1.7	1.9	1.9	1.8
GDP 通货膨胀率（%）							
2018 年预算	2.0	1.9	2.0	2.0	1.9	—	—
2018 年秋季经济声明	2.0	2.0	1.7	2.0	2.0	2.0	2.0
2019 年预算	1.9	1.6	1.9	2.0	2.0	2.0	1.9
名义 GDP 增速（%）							
2018 年预算	4.1	3.5	3.8	3.6	3.8	—	—
2018 年秋季经济声明	3.9	4.0	3.3	3.7	4.0	3.9	3.8
2019 年预算	3.8	3.4	3.5	3.7	3.9	4.0	3.7
名义 GDP 水平（10 亿加元）							
2018 年预算	2 229	2 307	2 395	2 482	2 576	—	—
2018 年秋季经济声明	2 226	2 314	2 391	2 479	2 578	2 679	
2019 年预算	2 223	2 298	2 379	2 467	2 564	2 667	—
2018 年预算与 2019 年预算的差距	-6	-9	-16	-15	-12		
2018 年秋季经济声明与 2019 年预算的差距	-3	-16	-12	-13	-14	-13	-12
3 月期国库券利率（%）							
2018 年预算	1.4	2.0	2.3	2.5	2.5		
2018 年秋季经济声明	1.4	2.1	2.4	2.4	2.4	2.6	2.2

续表

	2018年	2019年	2020年	2021年	2022年	2023年	2018~2023年
2019年预算	1.4	1.9	2.2	2.3	2.4	2.5	2.1
失业率（%）							
2018年预算	6.0	6.0	6.1	6.0	6.0	—	—
2018年秋季经济声明	5.9	5.8	6.0	6.1	6.0	6.0	6.0
2019年预算	5.8	5.7	5.9	6.0	6.0	5.9	5.9

资料来源：加拿大2019年预算案，https：//www.budget.gc.ca/2019/docs/plan/anx-02-en.html，2019年5月22日。

表10-2　2018年秋季经济声明至2019年预算的财政预测变化

单位：10亿加元

	预测					
	2018/2019	2019/2020	2020/2021	2021/2022	2022/2023	2023/2024
预算收入的变化						
所得税	4.2	1.7	2.0	1.2	1.2	1.4
消费税	1.6	1.5	1.1	1.2	1.2	1.2
燃料费用收入	0.0	0.0	0.0	0.0	0.0	0.1
失业保险金	-0.6	-0.5	-0.7	-0.7	-0.8	-0.8
其他收入	0.6	-0.4	-0.3	-0.1	0.0	0.0
总预算收入	5.7	2.3	2.1	1.6	1.6	1.8
项目支出的变化						
给个人的转移支付	1.5	1.5	1.6	1.1	0.9	0.7
给其他层级政府的转移支付	-0.1	-0.2	0.0	0.1	0.1	0.0
直接项目支出	-1.5	-0.1	-0.4	-0.7	0.2	1.0
总项目支出	-0.1	1.2	1.1	0.5	1.2	1.6
公共债务费用	0.3	1.3	1.4	1.6	1.4	1.2
自2018年秋季经济声明以来总的经济与财政发展	5.9	4.8	4.7	3.7	4.1	4.6

注：负数表示财政不平衡状况加剧（财政收入更低而支出更高），正数表示财政预算平衡的好转（财政收入更高而支出更低）。

资料来源：加拿大2019年预算案，https：//www.budget.gc.ca/2019/docs/plan/anx-02-en.html。

(三) 以规避风险为主要目的

与经济前景相关的风险是财政预测最大的不确定性来源。为了量化这些风险对财政前景的影响,加拿大编制预测时考虑了预算余额对若干经济冲击的敏感性。如在 2019 年预算案中,分别分析了三种经济假设的变化对财政收入和支出预测的影响:(1) 劳动生产率和就业率下降导致一年实际 GDP 增长率下降 1%(参考表 10 – 3);(2) 一年 GDP 通货膨胀率下降 1% 导致名义 GDP 下降(假设 CPI 和 GDP 通货膨胀率保持一致);(3) 所有利率持续上涨 100 个基点。

表 10 – 3　　实际 GDP 增长率下降 1% 对联邦收入、支出和预算平衡的影响　　单位:10 亿加元

	第一年	第二年	第五年
联邦收入			
税收收入			
个人所得税	-3.0	-3.1	-3.6
企业所得税	-0.7	-0.7	-0.7
商品和服务税	-0.4	-0.4	-0.5
其他	-0.2	-0.2	-0.2
总税收收入	-4.2	-4.3	-5.0
就业保险费	0.1	0.5	0.6
其他收入	-0.1	-0.1	-0.1
总预算收入	-4.2	-3.9	-4.5
联邦支出			
主要给个人的转移支付			
老人年福利	0.0	0.0	0.0
就业保险福利	0.9	0.9	0.3
加拿大儿童福利	0.0	0.1	0.2
总计	0.8	1.0	0.5
其他项目支出	-0.2	-0.2	-0.5
公债费用	0.1	0.2	0.6
总支出	0.7	0.9	0.6
预算平衡	-4.9	-4.9	-5.1

注:由于四舍五入,总数可能有误差。

数据来源:加拿大 2019 年预算案,https://www.budget.gc.ca/2019/docs/plan/anx - 02 - en.html。

除了经济发展前景之外,财政预测还存在其他独特的上行或下行风险来源,如财政变量与它们所涉及的基本活动之间的波动性。具体有个人所得税和应税收入之间的关系,企业弥补亏损减少在以前和未来年度应纳税所得额的程度,部门和机构没有充分利用议会批准的所有拨款额度等。虽然这些波动都不与宏观经济变量直接相关,但却给财政预测带来了额外的不确定性。

(四) 以基线预测为核心方法

基线预测法是指以报告年度预算收支的执行数为基础,分析影响计划年度预算收支的各种有利因素和不利因素,并预测这些因素对预算收支的影响程度,从而测算出未来年度的收入和支出状况。加拿大中期预算的编制主要通过基线预测法,用以清楚地区分和仔细评估现行政策与新的政策提议的未来成本,在此基础上决定政策取舍、政策重点和优先性排序,以及确定适当的支出水平。"基线"常常被定义为:假设当前财政政策和经济活动持续下去,未来年度收支是否会发生变化?中期规划要求以执行现行财政政策和活动需要的后续支出,即假定不变更现行政策,也不出台新的政策的前提下需要的支出,作为支出估计的基线,在此基础上考虑是否应该增加或减少支出。基线法要求对执行现行政策在预算年度所增加的支出进行仔细评估,还要对新出台的政策所增加的成本及成本有效性进行严格的分析和测算,并与可得的预算资源总量进行比较,据以决定是否应该出台新的政策,或停止执行某些现行政策,以确保财政政策的可持续性,以及将稀缺资源优先用于更具价值的项目中。

专栏 10-3:中期预算框架的难点

中期预算框架的难点是经济预测(Economic Assumptions)。经济预测是建好中期预算框架的基础。错误的预测可能会导致一定的财政风险,因为经济预测决定中期预算框架下的财政收入和支出预算安排。根据 OECD 国家经验,控制风险,做好预测的方法包括以下几方面:一是全面、完整的信息披露;二是进行灵敏度分析(Sensitivity Analysis);三是要与私人部门的分析进行比较;四是要建立独立的分析机构。此外,经济预测应采取审慎原则。

资料来源:财政部预算司,OECD 国家预算改革新进展及泰国预算改革 [EB/OL],http://yss.mof.gov.cn/zhengwuxinxi/guojijiejian/200810/t20081029_85913.html。

五、BC 省的中期预算[①]

(一) 实施的基本情况

受 1997~1998 年亚洲金融危机的影响,不列颠哥伦比亚省(以下简称 BC 省)

---

① 杨雅琴:"我国中期预算改革基本方向与国际借鉴——来自加拿大 British Columbia 省的经验",《地方财政研究》,2015 年第 3 期。

当时面临较严峻的经济形势挑战。为更好地提供公共服务并实施经济政策，BC省预算程序检查委员会（the Budget Process Review Panel）建议省政府公布一个3年期经济计划，并将政府预算与其挂钩。于是，1999年3月公布的1999/2000财年预算报告公布了三年期政府基本经济政策，2000/2001财年预算报告中则公布了一份5年财政规划。但由于没有法律的明确约束，这两个中期框架仍属于政府的"自愿"行为。2000年，BC省政府建议立法机构在《预算透明和责任法案（the Budget Transparency and Accountability Act，BTAA）》中正式加入3年中期预算框架，将具体目标、期望结果、财政预测、政府报告等要求纳入法律框架；同时要求政府各部门和机构上交各部门3年绩效计划。2001/2002财年BC省政府预算报告中，对3年中期预算框架的原则、基本假设、组成内容等细节都进行了明确和规范。

目前，BC省政府预算计划已经形成稳定的包括当前预算年度在内的3年中期预算框架，滚动编制。其主要包括三大部分内容：一是三年滚动预算，包括总体收支情况、收入、支出、资本支出、省政府债务、可能对本预算计划产生影响的因素（参考表10-4）；二是税收预测，包括对各项税收的回顾及未来3年预测；三是省内经济、金融情况回顾及展望，包括经济活动（劳动市场、消费者支出、商业和政府活动、外贸、人口变化、通货膨胀），对未来经济形势可能产生影响的因素，BC省经济情况与国际、国内的对比，金融市场情况等。

表10-4　　　　　　　　　　BC省3年财政计划

	更新的预测 2019/2020财年	预算估计 2020/2021财年	计划 2021/2022财年	计划 2022/2023财年
收入	59 326	60 585	62 366	64 211
支出	(58 823)	(60 058)	(61 887)	(63 537)
预测津贴	(300)	(300)	(300)	(300)
盈余	203	227	179	374
资本支出：				
纳税人承担的资本支出	5 248	7 216	7 399	8 390
自我承担的资本支出	4 301	3 409	3 204	3 119
	9 549	10 535	10 603	11 509
省级债务：				
纳税人支持的债务	44 569	49 202	53 929	58 598
自我支持的债务	25 769	26 890	27 834	28 697
总债务（包括预测津贴）	70 638	76 392	82 063	87 595
纳税人支持的债务/GDP	14.6%	15.5%	16.3%	17.1%
纳税人支持的债务/收入	77.9%	84.1%	89.4%	94.4%

续表

	更新的预测 2019/2020 财年	预算估计 2020/2021 财年	计划 2021/2022 财年	计划 2022/2023 财年
经济预测：	2019 年	2020 年	2021 年	2022 年
实际 GDP 增长率	1.8%	2.0%	1.9%	1.9%
名义 GDP 增长率	3.7%	3.9%	3.9%	3.9%

资料来源：BC 省预算和财政计划 2020/21～2022/23，https：//www.bcbudget.gov.bc.ca/2020/pdf/2020_budget_and_fiscal_plan.pdf，2020 年 4 月 15 日。

（二）BC 省中期预算的特点

BC 省实施的中期预算，具有以下特点：

第一，强调预算平衡基本理念。编制中期预算有利于根据实际经济及财政条件，在中期内实现预算平衡，也更有利于政府实施财政政策。加拿大从联邦政府至省级政府受到立法机构及社会公众较强的监督约束，特别是政府部门政治家选举过程中政府预算是否平衡对其选票数的影响较大，所以加拿大政府存在较好的预算平衡的自我约束，即使不能保证每个年度都无赤字，亦会承诺在未来一段时期内实现财政平衡或盈余。

第二，3 年滚动编制，不再强调中期预算或年度预算。目前 BC 省预算报告包括对上一财政年度预算回顾及执行情况更新，当年以及后两年预算计划。这种滚动编制预算报告的方法经过多年实践，目前已经成为 BC 省预算编制的基本做法，每年的预算报告都是一个包括 3 年中期预算在内的政府中短期政策规划，中期预算和年度预算已较好地合二为一。

第三，对收入、支出项目预测精细准确。以 2019/2020 财年 BC 省预算报告中对收入的预测为例，根据不同收入来源，分别预测了税收收入，包括个人所得税、企业所得税、销售税、燃油税、碳税、烟草税、财产税、财产转移税、保险收入等税收收入；自然资源收入及其他收入。以上每项收入又根据收入对象、收入税率、税基、经营状态等因素进行收入预测。

第四，是一份政府部门服务计划。每年 BC 省政府预算报告中在支出计划部分都会说明各部门的各类支出。同时，与政府预算报告同时公布的还有各政府每个部门的服务计划、国有和省有企业服务计划，以及一份长期发展规划。其中政府各部门服务计划主要有本部门服务计划、实现措施、服务目标和手段、绩效水平和评价、资金收支基本情况等。国有和省有企业服务计划形式及内容较部门服务计划稍灵活，除以上基本内容外，还会包括企业情况、资本项目或主要投资项目等内容。

第五，同时还是对过去一年省内经济增长情况、各项政策执行情况、政府财政运行情况的梳理、回顾和展望报告。这主要是因为预算报告中的各项政府服务计划、各项收支计划都需要在对过去一年经济和财政基本情况进行分析及预测的基础上进行。

第六，预算报告修订法制性强。加拿大政府预算报告一旦经过立法机构审议通过后就成为法律，不得轻易修改，政府的收入和支出都必须严格按照经立法机构通过的收支规模及预算进程执行。在特殊情况下确实需要修订预算的，则需要编制预算更新报告，并经立法机构审议，通过后才能实施。

第七，明确的预算报告编制、咨询、审议、执行程序及时间规定。根据 BC 省《预算透明和责任法案》规定，每年 9 月 15 日前应公布下一年度预算咨询草案，并向相关部门、委员会咨询意见；每年 11 月 15 日之前相关部门应根据咨询结果更改预算草案，并向社会公布一份咨询结果以及咨询意见采纳（或不采纳）的说明报告；每年 2 月第 3 个星期二必须向省议会提交经修改后的预算草案，由议会进行审议；经议会审议通过后，每年 4 月 1 日根据通过后的预算案开始执行预算；预算执行过程中，应于每年 9 月 15 日、11 月 30 日、2 月 28 日、5 月 31 日分别提交上一季度的季度报告；每年 8 月 31 日之前，应公布上一年度预算执行报告。根据以上规定，从上一年度 9 月 15 日公布咨询意见稿，到预算年度结束后的 8 月 31 日公布年度执行报告，在不考虑咨询意见稿编制的前期准备及预测工作时间的情况下，BC 省整个预算编制、执行及报告的过程约持续两年。这种明确的流程控制，也是 BC 省保证预算精确性的必要条件之一。

（三）BC 省中期预算的效果

第一，保证了财政的稳定和平衡。BC 省中期预算的一大特点就是强调预算平衡的基本理念，通过科学的技术方法对经济周期和发展前景进行预测，再根据预测结果对现有支出情况进行调整，保证财政的稳定，同时保证在年度可能出现赤字的前提下、未来一段时间内实现财政平衡或盈余。

第二，增强了政府行为的可预见性。考虑到加拿大的分权制度，加拿大省级政府拥有相对较大的权力和自由度，因此保证地方政府行为的可预见性对于公民来说尤为重要。实行中期预算制度意味着 BC 政府在财政规划和市场结构设计上有一定的前瞻性和可控性，从这个角度看，中期预算制度同时起到了调节加拿大联邦与地方关系的作用。

第三，提高了项目管理的经济性和实用性。BC 省中期预算的实施对许多大型工程项目或社会公共服务有很强的促进作用。BC 省位于加拿大最西侧，森林资源和水资源丰富，有关林业或者渔业的诸多大型基础设施建设恰恰是通过中期预算实现了中长期的规模经济，达到了社会效益和经济效益的统一。

第三节　对我国相关预算改革的启示

一、对我国社会性别预算改革的启示

近年来，加拿大社会性别预算改革进展迅速，是第一个在国家层面实施社会性别预算的国家。根据 OECD 发布的社会性别预算综合指标体系测算，加拿大已成功实现了"主流化"的社会性别预算实践水平。这些指标主要包括①：（1）管理层面上，制定国家性别平等战略，建立社会性别预算的法律基础，合理应用社会性别预算准则，民间社会对社会性别预算的参与度，建立社会性别预算跨部门小组；（2）工具层面上，使用议程设置工具、政策打样工具、结构化规范工具、审查工具、问责工具；（3）基础支持层面上，编制年度性别预算报告，设立专家咨询小组，相关人员培训和能力发展，统计一般性别分类数据，统计具体部门性别分类数据。

从加拿大社会性别预算实践可以看出，实行社会性别预算具有积极意义：一是通过分性别的统计数据，将性别不平等量化，在不同领域和层次的预算中将社会性别纳入主流，从而更加深刻地了解性别差距，提高人们的性别意识，最终推动社会性别主流化；二是通过社会性别预算，对两性需求的满足程度有清晰的认识之后，有针对性地将资源分配到最迫切需求的群体中，使得女性和男性、女童和男童的需求都获得同等满足，使得有限的资源获得最充分的利用；三是社会性别预算将政府的承诺与公共财政资金相联系，能够增强政府的责任意识，从而推动性别平等的贯彻落实；四是由于社会性别预算的参与主体较多，实施社会性别预算有利于调动公众积极性，加强性别平等的宣传和倡导力度，各参与主体还能监督预算的实施，评估预算效果，减少腐败。

我国于 2005 年首次引入性别预算，至今已经发展出河北石家庄、河南焦作以及浙江温岭三种性别预算实践模式。尽管三地的社会性别预算提高了公民对性别预算的认识，有效促进了性别平等，也推动了政府合理配置预算资源，取得了一定的阶段性成效，但其可持续性却遭遇挫折，进而阻碍了社会性别预算工具价值的充分发挥。究其原因：一是我国传统文化中的性别盲视和政治权力系统中女性边缘化致使我国目前社会性别主流化意识薄弱；二是相关法律制度匮乏且性别预算技术不成熟导致社会性别预算改革动力不足；三是社会组织政策倡导力量及社会力量参与程度偏低导致政府推行社会性别预算的能力受限。借鉴加拿大社会性别预算改革的经验，我国应该：一是优化社会性别预算的制度环境。重视社会性别预算理念的培育，将社会性别预算嵌入法律制度框架以及社会发展规划职责中，同当前的政府预算的过程相融合。二是完善社会性别预算的制度安排。在预算体系重构过程中，将预算绩效改革与社会性别预算改革相结合，把社会性别因素纳入绩效管理体系，为社会性别预算的监督和评价提供参考依据，从而保证社会性别预算的顺利运行。三是保障社会性别预算的制度效率。社会性别预算改革的有效推进需要一定的技术能力作支撑，因此应该加强性别统计能力的建设、开发中国化性别预算的分析工具，并加强性别预算参与主体的能力建设。从认知更新、顶层设计以及能力建设三个方面推进我国社会性别预算改革。

---

① 娄洪、李春阳："经合组织国家社会性别预算实践及经验"，《预算管理与会计》，2018 年第 10 期。

二、对我国中期财政规划改革的启示

我国于 2003 年后相继在河北省、河南焦作市和安徽芜湖县推行"一省一市一县"中期预算试点,为我国全面推行中期财政规划积累了有益经验。2015 年,为落实《国务院关于深化预算管理体制改革的决定》,解决我国支出结构固化、僵化,地方债务风险隐患,财政收支与政策规划衔接不足等问题,国务院出台了《关于实行中期财政规划管理的意见》,在我国正式推行中期财政规划。财政部随后出台《财政部关于推进中央部门中期财政规划管理的意见》,确立中央所有部门对纳入一般公共预算及政府性基金预算的拨款收支(支出重点是项目支出)编制 2016~2018 财年的三年滚动预算。各地方政府也对省级一般公共预算及政府性基金预算同时编制 3 年滚动收支预算。

但从当前实践的效果看,多省财政反映三年滚动预算的编制"形式容易、实质很难"。表现在:一是职能部门中长期规划及执行能力不足,难以同预算一致衔接。中期财政规划中财政仅为牵头部门,收支滚动预算基数源于各职能部门。职能部门规划是否科学、合理,部门根据规划编制的预算是否可行,直接决定整个中期财政规划的科学、合理性。但由于职能部门对中长期经济和社会发展规划能力不足、对转移支付的用途及可获取权数额可预计性不足等,导致部门规划与预算的脱节现象仍然严重。二是宏观经济形势难测及预算编制方法落后影响中期财政规划准确性。由于中期财政规划涵盖年限较长,准确把握宏观经济走势成为各级政府准确、合理开展中期财政规划的前提。但由于我国处于改革攻坚期,宏观经济形势存在较多的变动点,这在增大收入预测难度的同时也影响支出特别是项目支出安排。与此同时,鉴于项目库建设不足和预算编制水平不够,"基数+增长"仍是我国项目支出最主要的编制方式,导致预算与项目之间政策联系脱节。三是中期财政规划约束力度及公开程度有限,影响预算执行效力。从加拿大经验看,若要滚动预算编制准确、发挥实效,必须赋予中期财政规划较强的约束力。我国三年滚动预算的大范围编制仍处于探索阶段,在约束上仅纳入"规划"的范畴,预算约束力较弱对中期财政规划取得实效形成制约。此外,对中期财政规划及其涉及的重点项目公开不足,不利于发挥公众的监督作用,减弱了中期财政规划约束力度。

为完善我国的中期财政规划改革,建议政府应该:(1)科学、合理地制定中长期发展规划,提升滚动预算与政策规划的一致性。一方面,要提升部门中长期发展规划制定的合理性,政策制定过程要经过系统、全面、科学论证,避免随意调整政策。另一方面,要加快财政事权和支出责任改革,明晰各级政府在全国性政策落实中的支出责任,避免预算中支出级次频繁调整。(2)提升宏观经济把握能力,提升预算编制水平。一是进一步提高财政等收入征缴部门对宏观经济形势的判断把握,同时引入预测模型或敏感性分析等方法,增强预测的科学性。二是在完善项目库建设管理的基础上坚持推动项目支出的零基预算,准确安排项目预算资金。(3)明确主体责任,增进预算公开,强化中期财政规划约束力。中期财政规划落实需要强有

第十章　社会性别预算和中期预算改革

力的约束。我国现阶段虽因编制水平较低，暂时无法运用法律约束，但仍有必要借助其他手段强化其约束力。一是明晰各预算编制主体在中期财政规划中的主体责任，特别是强化部门的编制责任，并通过审计等手段促使其重视编制，提高水平。二是细化预算信息，增进预算公开。如在公开年度预算基础上公开中期财政规划及主要项目预算，增加公众参与，在公众监督及建议中不断提升中期财政规划水平。

第十一章

政府债务管理

■ **本章导读**

　　加拿大政府债务管理体系较为完善，促进债券市场发展的措施较为有效，因此能够长期稳定并低成本地从市场筹资，实现其债务管理的目标。本章首先在明确加拿大政府债务统计口径的基础上，分析其政府债务的规模及管理目标，其次分别介绍联邦政府和省级政府债务管理情况，最后归纳对提升我国政府债务管理水平的启示。

第十一章 政府债务管理

第一节 政府债务概况

一、政府债务统计口径

由于加拿大政府会计的会计基础为权责发生制,所以其政府债务的统计口径与我国差异较大。表 11-1 以 2018 年 3 月 31 日联邦政府的相关债务数据为例,展示了加拿大政府的债务统计口径。加拿大政府债务(累计亏空)等于总负债减去各项金融及非金融资产。其中,总负债由未到期债务、养老金和其他负债、应付账款、应计项目和津贴组成,而未到期债务、养老金和其他负债属于有息债务。根据加拿大财政部官网公开的 2017/2018 财年债务管理报告,截至 2018 年 3 月 31 日,联邦政府的有息债务总额为 10 026 亿加元,总负债为 11 574 亿加元,净债务为 7 588 亿加元,政府债务(累计亏空)为 671.3 亿加元。

表 11-1　　政府债务统计口径　　　　　　单位:10 亿加元

项目	2018 年 3 月 31 日联邦政府债务相关数据
未到期债务③ = ① + ②	721.2
市场债务(有价债券、短期国库券、零售债券和外债)①	704.3
市场债务价值调整、资本租赁义务以及其他未到期债务②	16.9
养老金和其他负债④	281.4
有息债务总额⑤ = ③ + ④	1 002.6
应付账款、应计项目和津贴⑥	154.8
总负债⑦ = ⑤ + ⑥	1 157.4
减:金融资产(现金、准备金、贷款)⑧	398.6
净债务⑨ = ⑦ - ⑧	758.8
减:非金融资产(固定资产)⑩	87.5
政府债务(累计亏空)⑪ = ⑨ - ⑩	671.3

资料来源:加拿大 2017/2018 财年债务管理报告(Debt Management Report 2017/2018),https://www.fin.gc.ca/dtman/2017-2018/dmr-rgd1801-eng.asp#_Toc526251683,2019 年 6 月 20 日。

二、政府债务规模

(一)联邦政府债务规模

1975 年以前,加拿大联邦政府债务每年稳步增长,幅度在 5% ~ 10%(参考图

11-1)。1975~1986年，联邦政府债务增长迅速，平均每年增长幅度超过20%。1981年，联邦政府债务（累计亏空）超过1 000亿加元，1985年超过2 000亿加元，1988年超过3 000亿加元，1992年超过4 000亿加元，1994年超过5 000亿加元，1997年达到顶峰5 630亿加元，随后债务数额逐年下降，2008年减少至4 580亿加元。但随着经济衰退和联邦支出增加，2009年起联邦政府债务又呈现逐年增长的趋势。从2009年到2013年的巨额年度赤字使得加拿大联邦政府债务于2012年11月超过6 000亿加元大关，超过了1997年的峰值（以绝对加元计算比较）。从2014年开始，加拿大联邦政府恢复了预算平衡并出现了小幅盈余，债务增长的势头得到了有效控制。依据最新的2019年加拿大联邦政府预算，未来4年，联邦政府债务（累计亏空）的绝对数虽有小幅提高，但其占GDP的比重却将逐年下降，并预计在2023/2024财年再次实现联邦政府债务（累计亏空）绝对数的下降，占GDP的比重也将下降至28.6%（参考表11-2）。

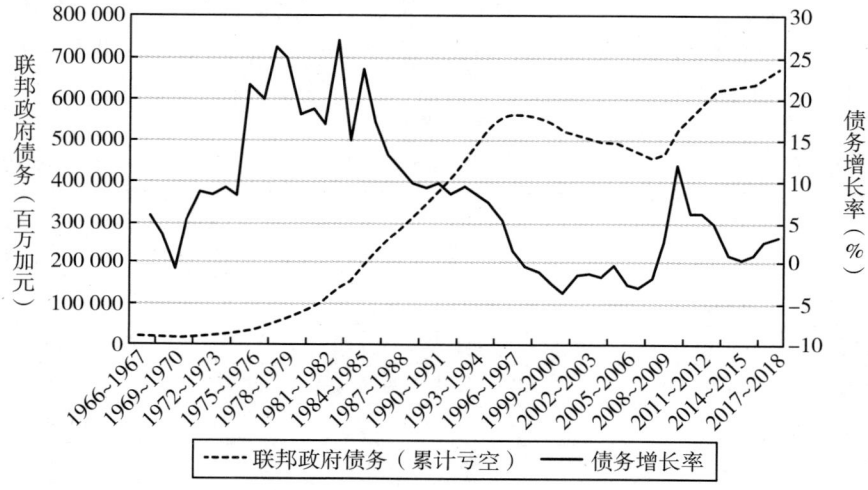

图11-1　联邦政府债务规模增长趋势（1966~2018年）

数据来源：加拿大财政部官方网站——历年财政数据，https：//www.fin.gc.ca/frt-trf/2018/frt-trf-1803-eng.asp#tbl15，2019年6月20日。

表11-2　　　　　　　　加拿大联邦政府债务规模　　　　　　单位：10亿加元

	联邦政府债务（累计亏空）	联邦政府债务（累计亏空）/GDP（%）
2014/2015 财年	628.9	31.6
2015/2016 财年	634.4	31.8
2016/2017 财年	651.5	32.0
2017/2018 财年	671.3	31.3
2018/2019 财年	685.6	30.8
2019/2020 财年	705.4	30.7
2020/2021 财年	725.1	30.5

第十一章 政府债务管理

续表

	联邦政府债务（累计亏空）	联邦政府债务（累计亏空）/GDP（%）
2021/2022 财年	739.8	30.0
2022/2023 财年	751.9	29.3
2023/2024 财年	716.7	28.6

注：2018/2019 财年及以后的数据为预测数，以前的为实际数。

数据来源：加拿大 2017 年、2018 年、2019 年预算报告，https://www.budget.gc.ca/。

依据 2017 年 11 月 23 日生效的《借款授权法》（Borrowing Authority Act），加拿大议会批准了政府和皇冠公司（Crown Corporation）的市场未偿债务的最高存量为 11 680 亿加元。2019/2020 财年，联邦政府预计有 198 亿加元的财政赤字，计划借款 2 800 亿加元，其中包括 2 700 亿加元借款，100 亿外币借款（参考表 11-3）。预计到 2019/2020 财年底，政府和皇冠公司市场未偿债务将达到 10 700 亿加元，其中包括约 7 540 亿加元的政府市场债务和约 3 160 亿加元的皇冠公司市场债务①。而 7 540 亿加元的政府市场债务含国内债务 5 830 亿加元、国库券 1 510 亿加元、外债 190 亿加元及零售债券 10 亿加元（参考表 11-4）。

表 11-3　　　　2019/2020 财年借款计划　　　　单位：10 亿加元

借款来源	金额
加元借款	
短期国库券	151
债券	119
加元借款合计	270
外币借款	10
总借款额	280

数据来源：加拿大 2019 年预算报告，https://www.budget.gc.ca/2019/docs/plan/anx-04-en.html，2019 年 6 月 14 日。

表 11-4　　　　加拿大联邦政府市场债务结构　　　　单位：10 亿加元

	2015/2016 财年	2016/2017 财年	2017/2018 财年	2018/2019 财年	2019/2020 财年
国内债券	504	536	576	574	583
国库券	138	137	111	131	151

---

① 数据来源：加拿大 2019 年预算报告，https://www.budget.gc.ca/2019/docs/plan/anx-04-en.html，2019 年 6 月 21 日。

续表

	2015/2016 财年	2016/2017 财年	2017/2018 财年	2018/2019 财年	2019/2020 财年
外债	22	18	16	16	19
零售债券	5	5	3	2	1
市场总债务	670	695	705	723	754

注：①数据时间为每个财年的最后一天；
②2015/2016、2016/2017、2017/2018 财年的数据为实际数，2018/2019 财年的数据为估计数，2019/2020 财年的数据为预测数；
③由于四舍五入，数据相加可能与总数有出入。

数据来源：加拿大 2019 年预算报告，https://www.budget.gc.ca/2019/docs/plan/anx-04-en.html。

专栏 11-1：加拿大皇冠公司

　　加拿大皇冠公司（Canadian Crown Corporations）是加拿大君主（即皇冠）拥有的国有企业。它们是根据议会法案或省立法机构法案建立的，并通过相关内阁中的官方部长向该机构报告，但它们"不受政府不断的干预和立法监督"，因而与政府部门相比，在直接政治控制权方面享有更大的自由度。

　　皇冠公司在加拿大拥有悠久的历史，并在国家的形成中起到了重要作用。他们可以提供公众所需的服务，而这些服务若由私营企业提供在经济上是不可行的，或者这些服务不完全属于任何一个部门的职责范围。从某些商品和服务的分配、使用和价格到能源开发、资源开采、公共交通、文化推广和物业管理等，它们都参与其中。

　　资料来源：维基百科，https://en.wikipedia.org/wiki/Crown_corporations_of_Canada，2019 年 6 月 21 日。

（二）省（地区）政府债务规模

由于加拿大政府财政分权度较高，省（地区）政府在债务发行方面拥有较大的自主权，因此各省（地区）政府债务规模存在较大差异。根据表 11-5 可以发现，纽纳瓦特省和育空地区在 2013~2018 的五年间，净债务均为负数。新斯科舍和爱德华王子岛近些年净债务的增长幅度则非常小，如新斯科舍 2017/2018 财年的净债务仅比上一财年增加了 1 000 万加元。阿尔伯塔在 2013~2016 的三个财年里净债务为负数，但 2016/2017 财年和 2017/2018 财年净债务增长幅度极大，增长率高达 117.3%。此外，一些省份净债务水平较高，如安大略省、魁北克省、不列颠哥伦比亚省等。其中，安大略省净债务水平最高，2017/2018 财年高达 3 238.34 亿加元，远超同期联邦政府的净债务水平，而魁北克省 2017/2018 财年的净债务较上一年有所减少。

表 11-5　　加拿大各省（地区）政府的净债务　　单位：百万加元

	2013/2014 财年	2014/2015 财年	2015/2016 财年	2016/2017 财年	2017/2018 财年
阿尔伯塔省	-13 032	-13 054	-3 919	8 901	19 344
不列颠哥伦比亚省	38 697	38 579	39 560	37 769	41 869
育空地区	-195	-223	-153	-80	-30
西北地区	512	573	666	743	N/A
努纳武特地区	-276	-295	-304	-297	-144
纽芬兰及拉布拉多省	9 085	10 330	12 504	13 598	14 674
爱德华王子岛省	2 099	2 134	2 170	2 172	2 208*
新不伦瑞克省	11 657	13 109	13 651	13 820	13 926
魁北克省	183 415	185 687	185 025	181 755	179 278*
安大略省	267 968	285 403	295 372	314 077	323 834
马尼托巴省	17 599	19 903	21 936	23 294	24 365
新斯科舍省	14 762	15 007	15 072	14 949	14 959
萨斯喀彻温省	4 615	5 552	7 899	10 192	11 288
净债务合计	536 907	562 704	589 480	620 884	645 571*
净债务占 GDP 比重（%）	28.3	28.3	29.5	30.5	30.1*

注：标有"*"号的数据为预估数。

数据来源：加拿大财政部官方网站——历年财政数据，https://www.fin.gc.ca/frt-trf/2018/frt-trf-1805-eng.asp，2019 年 6 月 18 日。

（三）政府债务规模的国际对比

根据 OECD 公开的 G7 国家政府债务数据可以发现，2008 年至 2017 年十年间，加拿大政府总债务占 GDP 的比率为 67.8%~91.1%，政府净债务占 GDP 的比率为 18.4%~29.3%，与其他 G7 国家相比，政府债务处于较低的水平（参考表 11-6 和表 11-7）。2017 年，加拿大政府总债务占 GDP 的比率为 89.7%，而同期日本这一比率为 236.4%，意大利为 131.5%，美国为 107.8%，法国为 97%，英国为 87%，德国为 64.1%，G7 国家平均为 118.6%。由此可见，虽然在国际范围内加拿大的政府总债务占 GDP 的比率已经处于较高的水平，但在与其他发展情况类似的 G7 国家中，加拿大的政府负债情况处于较低的水平，不存在较大的债务风险。若比较 G7 国家政府净债务占 GDP 的比重，这一结论会更加明显。2017 年，加拿大政府净债务占 GDP 的比率为 27.8%，而同期日本的这一比率为 153%，意大利为 119.9%，法国为 87.7%，美国为 82.3%，英国为 78.2%，德国为 45.1%，G7 国平均为 87.5%。

表11-6　　2008~2017年G7国家政府总债务占GDP比率　　单位:%

年份	加拿大	美国	日本	英国	德国	法国	意大利	G7平均
2008	67.8	73.7	183.4	49.9	65.2	68.7	102.4	88.6
2009	79.3	87.0	201.0	64.1	72.6	82.9	112.5	103.6
2010	81.1	95.7	207.9	75.6	80.9	85.1	115.4	111.8
2011	81.5	100.0	222.1	81.3	78.6	87.8	116.5	116.9
2012	84.8	103.5	229.0	84.5	79.8	90.7	123.4	121.1
2013	85.8	105.4	232.5	85.6	77.4	93.5	129.0	119.0
2014	85.0	105.1	236.1	87.4	74.7	95.0	131.8	117.7
2015	90.5	105.2	231.3	88.2	71.0	95.8	131.5	116.6
2016	91.1	107.2	235.6	88.2	68.2	96.6	132.0	119.7
2017	89.7	107.8	236.4	87.0	64.1	97.0	131.5	118.6

注:G7平均值由名义国内生产总值按平均市场汇率换算成美元加权而得。

数据来源:加拿大财政部官方网站—历年财政数据,https://www.fin.gc.ca/frt-trf/2018/frt-trf-1809-eng.asp#tbl54,2019年6月18日。

表11-7　　2008~2017年G7国家政府净债务占GDP比率　　单位:%

年份	加拿大	美国	日本	英国	德国	法国	意大利	G7平均
2008	18.4	51.6	108.5	44.1	52.6	59.7	94.1	61.9
2009	24.4	62.7	122.7	57.3	59.4	69.6	102.8	73.6
2010	26.8	70.1	131.1	68.4	60.9	73.5	104.7	79.9
2011	27.1	76.5	142.4	72.9	59.2	76.4	106.8	85.4
2012	28.3	80.5	146.7	76.0	58.4	80.0	111.6	88.7
2013	29.3	81.3	146.4	77.2	57.4	83.1	116.7	87.5
2014	28.0	80.8	148.5	79.1	54.2	85.6	118.8	86.9
2015	27.7	80.5	147.6	79.6	51.1	86.5	119.5	86.2
2016	28.5	81.1	152.9	79.1	48.5	87.5	120.2	88.1
2017	27.8	82.3	153.0	78.2	45.1	87.7	119.9	87.5

注:G7平均值由名义国内生产总值按平均市场汇率换算成美元加权而得。

数据来源:加拿大财政部官方网站—历年财政数据,https://www.fin.gc.ca/frt-trf/2018/frt-trf-1809-eng.asp#tbl54,2019年6月18日。

三、政府债务管理目标

加拿大政府债务管理有两大目标:一是长期目标(根本目标),即长期稳定且低成本地从市场筹资以满足预算需求；二是短期目标，即保证每天有足够现金满足支付需要。为保证根本目标实现而产生的派生目标，指的是建立和保持一个流动性强、功能完善的二级市场。为实现上述目标，加拿大政府在制定和实施债务管理政策时，始终遵循"依法筹资原则""谨慎性原则""透明、规律和流动性原则""严格监督原则""定期评估原则"等主要原则，即：政府须在国会授权的范围内开展筹资活动；政府须保持完善的债务结构，建立多元化的筹资渠道和培养广泛的投资者基础；政府须保持市场的透明度和流动性以吸引投资者；政府的筹资行为须在严格监督下进行，并定期进行评估。

2017/2018 财年，四家评估机构对加拿大政府债务的评估结果显示，其以加元和外币计价的短期和长期债务继续获得最高信用评级，前景稳定（参考表 11-8）。评级机构表示，加拿大有效、稳定、可预测的政策制定和政治机构、经济富有弹性及多样性、金融市场监管良好以及货币和财政灵活性的力量支持了该国目前的 AAA 信用评级。此外，评级机构还表示加拿大政府的债务状况将保持良好，这为加拿大债务投资者提供了安全感。

表 11-8　　　　　　　　加拿大政府信用评级

信用评价机构	期限	本币	外币	前景	上一次评定日期
穆迪 Mooy's Investor service	长期 短期	Aaa	Aaa P-1	稳定	2002 年 5 月
标准普尔 Standard & Poor's	长期 短期	AAA A-1+	AAA A-1+	稳定	2002 年 7 月
惠普 Fitch Ratings	长期 短期	AAA F1+	AAA F1+	稳定	2004 年 8 月
多美年 Dominion Bond Rating Service	长期 短期	AAA R-1（High）	AAA R-1（High）	稳定	2002 年 12 月

数据来源：加拿大 2017/2018 财年债务管理报告，https://www.fin.gc.ca/dtman/2017-2018/dmr-rgd18-eng.asp，2019 年 6 月 20 日。

第二节　联邦政府债务管理

一、国债管理体系

（一）法律依据

加拿大政府实施债务管理的法律依据为《金融管理法案》。该法案要求每个财政年度开始之前，政府须向国会提交年度政府债务管理战略，内容包括：债务管理目标、债务管理策略和方式、年度筹资计划等等。该战略须待国会批准并向社会公布后方可实施。同时，每财年结束后，政府还须向国会提交并向社会公布年度债务管理报告，对该年度的债务管理工作进行总结。此外，《加拿大银行法案》赋予加拿大银行行使政府财政代理行的权力，协助财政部从事政府债务管理工作。

（二）政府监管

加拿大财政部与央行共同负责政府债务的管理。其中，财政部偏重政策的研究和制定，央行作为财政代理行则偏重具体业务的操作和管理。为确保发债和资金运作行为的合规性和安全性，政府还特别成立了资金管理委员会，负责监督筹资计划的执行情况、评估筹资活动的执行结果，并向财政部提供政策建议等。

（三）行业自律管理

在强调政府监管的同时，加拿大还十分重视证券市场的行业自律管理。目前，加拿大证券市场的行业组织为投资行业自律管理组织。该组织是由加拿大投资商协会和市场管理服务公司于2008年合并成立的。该组织在政府部门的授权下，通过监控国内各主要证券市场，制定和实施行业规则，规范其下属会员机构和其注册雇员的行为来实现行业自律管理。例如，该组织与财政部和央行共同制定了会员经纪公司在国内债券批发市场的行为规范，用于规范经纪公司在债券市场中的各种交易行为。目前，该组织所监控的加拿大国内证券交易场所有10家，所监管的投资机构会员达206家。

二、国债的种类

加拿大政府债券种类繁多，绝大部分可以上市交易。从证券市场交易量看，政府债券交易占国内市场交易总量的70%左右，形成了以政府债券为主体的发行，流通转让市场。政府债券按发行主体划分，可分为联邦政府国债，地方政府公共债券和政府机构债券。联邦政府国债是财政部发行的以国家财政收入为担保的债券，称为国家债券；地方政府公共债券是由地方财政部门为了筹集本地区的建设资本而发行的债券，又称为市政债券；政府机构债券是由政府所属机构或公共团体发行，由政府提供担保的债券，以上三种类型的债券在加拿大统称为政府债券。此外，加拿大政府债券还有以下几种划分标准：

（一）按偿还期限划分

按偿还期限划分，可分为短期、中期和长期政府债券。加拿大把期限1年以内的债券称为短期债券；期限1~10年的债券称为中期债券；期限10年以上的债券称为长期债券。短期政府债券是政府部门为调整当年国库收入季节性波动而发行的，主要以国库券拍卖筹集资金，以弥补财政暂时性资金不足；而中、长期政府债券是为了解决较长期的财政收支不平衡而发行的，主要有定期发行的财政库券和储蓄债券两种。

（二）按可否上市划分

按可否上市划分，又可分为上市债券、不上市债券和可转换债券三种。其中可上市债券占绝大多数。在加拿大证券交易市场上流通的政府债券主要有短期国库券、库券和市政债券，一般说来，发行期限长，利率档次高；期限短，利率水平低。上述可上市的债券，经政府推销出去以后，随时可由持有人在公开市场上自由买卖，价格也随市场利率变动，成为资本市场中投资人投机、牟取暴利的工具。不上市的债券主要有两种，即储蓄债券和外币债券。这两种债券虽不能上市流通转让，但如果持券人急需兑换现金，也可以按政府的规定，扣掉一部分利息后而领取现款。还有一种可转换的债券，原则上不能自由买卖，但它可以兑换成其他可上市的债券，从而进入市场买卖，所以它又类似于可上市的债券。

（三）按发行区域划分

按发行地域划分，国债可分为内债与外债。加拿大在国内发行的政府债券为内债，在境外市场上发行的政府债券为外债。外债又划分为外国货币公债、加元公债和"欧洲货币单位"债券。由于加拿大国内居民多数为欧洲移民，加之外国在加设立企业和投资占比较大，故此加拿大国债认购十分广泛，债券逐步趋向国际化，严格区别内债与外债相当困难。

加拿大国债之所以采取多种形式，目的是为了适合投资者的各种需要，以便更多地吸引社会上的闲置资本，弥补不断扩大的财政需求。近年来，长期国债占比下降，短期国债占比上升。这是因为过去发行的长期国债陆续到期，而联邦财政赤字逐年增大，无力偿还，只有采取借新债来还旧债；同时又因为通货膨胀，物价上升，影响市场利率和汇率的变动，投资者为避免风险带来的损失，不愿认购长期债券，政府只得大量发行短期债券，缓解财政困难，使得市场上国债的平均到期年限越来越短，发行国债与偿还到期旧债本息更为频繁，债务负担进一步加重。

专栏 11-2：加拿大政府债券的主要品种和特点

  可上市固定利息债券。面额从 1 000 加元到 1 000 000 加元，半年付息一次，期限为 1~30 年不等。采用拍卖形式发行，到期前不能兑付，但可以在二级市场买卖，具有很活跃的二级市场，流动性很强，在债券市场上承担基准债券大角色。

  短期国库券。期限有 3 个月、6 个月和 12 个月。面值从 1 000 加元到 1 000 000 加元。以贴现形式发行，可上市转让。发行目的主要是满足临时资金需求，促进债券市场的流动性。

  实际收益债。采用单一价格拍卖发行，固定利率，半年付息一次。本金依照加拿大消费物价指数（CPI）半年调整一次，这种债券收益稳定，受通货膨胀的影响较小。到期前不能兑付，可在二级市场交易。这种债券的市场相对较小，主要参与者是加拿大证券交易商、保险公司和养老基金。

加拿大储蓄债券。可以通过现金或工资扣除法购买。不可转让，但可提前兑付。另外还有以美元标价的加拿大短期和中期国债。

资料来源：中国人民银行，《关于赴美国、加拿大考察政府债券市场有关情况的报告》，1997年。

三、国债的发行

加拿大国债是联邦政府作为债务人，为了增加财政收入或弥补财政赤字而向公众发行的债券，是一种以国家信用原则为基础的举债行为，表明发行主体（财政部）与承购者（机构与个人）的债权债务关系。加拿大财政决定权在国会，年度财政预算由行政管理和预算局提出，经国会审查通过后，授权财政部组织实施。法律规定：财政出现赤字是财政政策上的问题，与银行无关，必须用发行债来弥补，不能向银行透支。由此可见，发行国债是法律允许的。加拿大财政、银行相互独立，但在制定国债政策，组织政府债券发行的过程中又相互配合，加拿大中央银行积极为联邦财政服务，负责筹划政府债券的发行规模，办理政府债券的发售和还本事宜，以促进财政政策与货币政策的互助协调，进而实现经济的良性循环。

（一）国债发行的具体方式

加拿大发行国债历史较长，发行方式经过多次改革，已由传统的银团包销方式演变为以拍卖方式为主。新的发行方式更加市场化，其价格和收益率是购销双方根据市场情况在拍卖过程中决定的，很受投资者的欢迎，这使国债的发行在激烈的市场竞争中，保持了极为优势的地位，成为证券发行市场的主要组成部分，并通过流通转让带动了金融市场的发展。

1. 国债拍卖发行。加拿大每周发行国债，主要采取拍卖方式发行，全部拍卖按三个规范化程序进行。具体活动过程是：

（1）分析市场状况，提出拍卖意向。政府制定的发行意向受经济发展状况和市场繁荣程度制约，要使制定的发行意向适应市场经济的要求，就必须对市场状况，包括财政需求，社会资金供求变化以及市场利率水平等进行分析和预测。为此，加拿大财政部和中央银行都设有专门的经济研究部，对财政政策与货币政策以及有关通货膨胀、政府债券问题进行调查和研究，每周财政部长和央行行长都要碰头一次，互通情况，共同商议对策性意见。在此基础上，提出拍卖发行报价意向，报价的具体内容包括国债的种类、新发行的数额、拍卖时间和发行期，并在政府的公开刊物上发布消息，以示公众。

（2）机构投资者应标及应标申请的送达。应标人在新闻公报发布后，将政府提出的发行条件与市场状况作出比较，根据借款期限和市场利率变化，分析政府债券的优惠程度和获利的风险损失及可以接受的条件，决定应标某种债券的数额和价格，并在规定的时间内，向联邦银行及其分支机构提供应标申请。联邦银行证券部在汇总各地非竞争应标和不同收益率竞争应标总额向财政部报告的同时，还要向财政部提供外国和国际金融机构认购的到期国债，系统公开市场账户认购的情况以及外国和国际金融机构认购新发行国债券的情况等，以便财政部拍卖日准备活动的进行。

（3）公布拍卖结果，办理清算交割。财政部在接受全部应标送达资料以后，即可进行正式拍卖。全部非竞争应标按平均收益率接受，平均收益率由应标竞争收益率的加权平均数确定。竞争性拍卖首先满足最低应标收益率，然后依次满足较高收益率的应标者，直到全部拍卖数额完成为止。公开拍卖活动结束后，财政部即在政府报纸上公布本次拍卖结果，并通知每个应标人已经认可的数量，联邦中央银行及其分支机构凭财政部的通知办理款项的划拨和债券移交事项。

加拿大拍卖发行整个活动在一周内完成，具有较短的时间内筹集巨额资金的特点。其所以能够采取拍卖发行方式，主要是金融市场高度发达，存在一个庞大的初级交易商网络。初级交易商作为主要竞买人，在拍卖国债时积极参加国债竞买活动，然后再次将竞买数额转卖给其他投资人，并在结算日当天或以后在二级市场上进行交易。加拿大政府对银行认购国债没有限制，政府发行国债，中央银行往往大量认购，并在公开市场上进行买卖政府债券活动，借以调节市场利率和社会资金供求关系，从而达到实现金融宏观控制目标。

2. 承销发行方式。加拿大中、长期国债仍保留着传统的银团承购包销发行方式，其规范程序为：国债发行主体（财政部）提出债券发行数量、期限、利率，供参加认购国债的证券商进行投资。投资者根据市场需求状况和对未来市场利率变动的趋势预测，提出可以接受的价格。经过双方协商，筹资者和投资者都能找到满意的发行条件，其投标价格可能低于债券面值，也可能高于债券面值，称为折价和溢价发行。在此基础上签订承销合约，并按合同规定的各项条款，履行各自的权利和义务。

加拿大财政库券，市政债券多采取承销法，具体方式分为全额承销和余额承销。不论采取哪种方式，到期必须按规定划款。实行这种方式，发行主体要支付一定数额的发行费用，但在短期内可以筹措大额的长期资金。包销证券商虽然可以赚取手续费和承购与包销之间的差价，但也要承担市场利率变化带来的风险性损失。

3. 直接发行方式。加拿大不可转让债券，如储蓄债券，投资性公债和对外发行债券采用直接发行方式。这种方式不需借助证券发行的中介机构代为推销，而是直接向特定的投资者销售国债券。一般将个别与发行者关系密切的机构投资者作为发行对象，不公开对其他投资者出售，也不进入市场流通。如储蓄债券通过官方发行机构以及一些金融机构的柜台直接销售，每年从11月1日到6日发行一次，规定数量，售完为止。目前加拿大销售机构十分广泛，购买极为方便。在这些机构有储蓄账户的，还可以通过在线的方式购买债券。储蓄债券分为实物券和无实物券两种。无实物券购买者可在免费提供的账户服务系统中保有储蓄债券账户。实物券为记名债券，购买者丢失或损毁债券，可以重新补发，不损失利息收入，储蓄债券可以随时兑付。又如投资性债券，主要是吸引公共机构，发行的对象由政府管理的各种信托基金组织认购,任务直接分配,到期偿还本息。

(二) 国债发行条件的选择

以最小的成本,获得最大的筹资成果是国债发行的长期目的。鉴于国债发行涉及诸多问题,因此国债发行条件的选择尤为重要。研究加拿大国债发行的全过程,其条件的选择主要有以下几个方面:

1. 发行数额的确定。国债发行数额一般说来是发行者根据对资金的需求情况而提出的。加拿大国债发行数额主要由三个方面的需要组成:一是财政预算收支平衡对资金的需要量;二是偿还到期国债本息与财政的支付差额;三是经济发展速度对国家资金投入的需求量。但国债的需求量又受市场可以提供的资金和财政承受能力的制约。因此,加拿大确定发行数量要分析发行时的市场资金供求,市场利率水平以及财政负债的承受能力等,既保证确定的债券数量能如期发行,又不要因为过高的国债价格影响市场利率的波动,加重国家和企业的负担。

2. 国债利率的确定。利率水平是筹资者与投资者共同关心的问题,从筹资者来讲,降低利率可以减少筹资成本;从投资者来讲,提高利率可以增加投资收益率。加拿大国债利率的选择主要依据三个方面的因素决定:(1) 金融市场的利率水准。原则上国债票面利率按金融市场的利率决定,利率定得过低,在市场上难以发行,如果定得过高,则增加国家负担,而且还可能引起市场利率的上升;(2) 与其他债券利率比较。国债是国家发行的,以国家财政收入担保,具有安全、无风险的特点,加拿大国债利率一般是高于同期储蓄利率但低于公司债券利率;(3) 社会资金提供的程度。加拿大金融体系发达,国际投资广泛,市场资金充裕,国债利率水平一般较低,而变动的因素主要取决于国家资金需求量的变化。

3. 国债价格的确定。加拿大国债发行通常先决定年限和票面利率,然后根据发行时的市场利率水平进行微调,最后决定实际的发行价格。由此导致国债发行多采取折价发行和溢价发行。在债券的名义利率高于实际利率的情况下,潜在投资者乐于购买,因为这时的发行者必然会以高于债券面值的价格出售,发行价格超过债券面值的部分可冲抵按高于实际利率支付利息的部分损失。在债券的名义利率低于实际利率的情况下,潜在的投资者必不愿认购,这时的债券发行者只能以低于债券面值的价格出售,发行价格低于债券面值的部分补偿投资者可能遭受的损失。加拿大发行价格按照两种方法定价,目的在于平衡票面利率与债券认购者收购率之间的差距。但采取浮动利率的债券均不使用上述发行方法,而是按票面价格发行,称其为平价发行。

(三) 国债发行的对象

从联邦政府机构内部到居民个人,从国内证券市场到国际市场,筹措债券款项的来源和渠道十分广泛。目前加拿大国债销售对象主要有以下三类:

首先,联邦政府机构和信托基金账户历来是国债的重要销售对象。利用政府支出过程中暂时形成的存留资金购买短期国债,政府管理的信托基金组织拥有大量预算内专项基金，多年来均有结余，因而需要在联邦政府债券上进行投资。上述两种对象构成了短期国库券和投资性债券的来源。

其次，联邦中央银行既代理财政部发行国债和支付利息，又直接承购国债，并运用手中持有的国债经营权在公开市场上进行买卖活动。一般来说，中央银行直接购买国债具有提高通货膨胀性质，但加拿大中央银行购买国债不是以营利为目的，而是通过公开市场的业务操作起到金融调控的作用。当它在市场上收购国债时，意味着对市场的货币投放，相反若在市场上抛售国债时，则意味着货币的回笼。联邦中央银行利用国债买卖调节货币政策，手中必须持有大量的政府债券。因此，加拿大中央银行也是国债券的销售对象。

再次，国债的认购者还有私人投资者，包括商业银行和非商业银行。商业银行历来是国债的最大买主，它们持有的国债约占政府债券的30%左右。商业银行购买国债一方面是因为政府证券无风险，可以增加盈利；另一方面可以利用国债向中央银行取得贴现。一般来说，在经济发展时期，商业银行持有国债下降，在经济衰退时期，国债持有比例上升。非商业银行来源包括个人、保险公司、信托和抵押公司、信贷联盟、大众仓库、其他公司、州和地方政府等也均是国债的买主，形成多层次、多渠道的销售网络，使国债易于销售。

最后，国外投资者持有的加拿大国债规模也在不断上升。1960年，只有4%的加拿大政府债务是由外国投资者持有的。从2009/2010财年到2013/2014财年，外国投资者持有的加拿大国债的比例从15%上升到了27%，在2017/2018财年达到了32%，但这一水平仍然低于大多数G7国家（法国约55%、德国约49%、美国约42%、意大利约33%、英国约28%和日本约11%）[①]。由此可见，外国投资者对于加拿大国债的持有比率在国际上仍处于中低水平。

总之，加拿大庞大的金融市场，为国债的发行提供了极大方便，既为投资人的资本投资开辟了出路，又为借款人提供了筹资来源，并随着经济、金融国际化的迅速发展，筹资的渠道更为广泛。可以说国债发行促进了资本市场的发展，而发达的资本市场又为国债的发行创造了良好的发行环境。

（四）国债发行的透明度

在每年年初，财政部根据预算情况制定本年度发债计划，并适时向市场参与者公布包括本年度国债的发行品种、条件及每季度的拍卖计划在内的信息。每次发债的规模在拍卖前一周向社会公布。如发债计划在执行中有所变更，财政部也要预先通知公众，以便市场消化信息并做好事先调整。财政部还要公布阶段性的借款需要，以便市场参与者准确估计财政的借款规模。政府债券计划性和透明性可以给市场提供信息，提高市场运作效率，并可进一步降低财政借款成本，减少国债拍卖中不确定因素的影响，对国债市场价格起到一定的稳定作用。

---

① 加拿大2017/2018财年债务管理报告，https://www.fin.gc.ca/dtman/2017-2018/dmr-rgd18-eng.asp.

四、国债的流通转让

加拿大国债发行的市场化,为国债顺利进入二级市场创造了良好的经济环境。政府在长期的发行过程中,认识到国债的生命力在于流通,只有流通领域的发展,才能促进发行市场的繁荣。因此,加拿大政府十分注意对流通市场的培育,一是在制定发行条件时,明确规定证券发行结束后,即可上市流通,适应投资者资本投入和资本退出的需要;二是政府加大不同品种证券的上市量,为流通市场的发展提供充足的融资工具;三是从调节经济的职能出发,制定证券法规,强化对证券交易行为的管理。以便充分发挥流通市场的功能,推动经济朝着持续、稳定、协调的方向发展。

(一) 政府证券市场的形成和发展

受美国和英国经济发展模式的影响,加拿大政府证券流通市场形成较早。国债的大量发行需要有市场,经济运行中的资本多余和资本短缺也需要有市场相互融通,因此,政府证券市场的形成是资本主义经济发展的必然结果。在国债发行的过程中,加拿大早就具备了形成政府证券市场的三大要素:一是加拿大金融市场形成较早,市场上资金借贷活动十分活跃,为政府证券的自由让度提供了活动的天地。二是加拿大发行国债的历史较长,政府证券品种齐全,期限结构多样,巨额的国债存量为投资者选择投资提供了充足的债券。三是国债的发行中造就了一批专门从事经营国债业务的证券商。

加拿大国债流通市场从形成到发展经历了一个长期的发展阶段。早期的交易市场出现于20世纪30年代。20世纪50年代初期,市场的参与者只有注册银行和中央银行,并且交易对象也只有政府发行的短期国库券。1953年,在加拿大银行的倡导下,各注册银行和大型证券投资机构开始通力合作,建立了一个现代化的证券市场。首先,政府大大增加了国库券和短期债券的发行量。其次,加拿大银行和少数几个专门经营政府短期债券的证券投资商,以"回购协议"方式提供最终贷款,鼓励持有大量国库券和各种政府债券的机构扩大市场交易量。同时各注册银行也于1954年开始为证券投资商提供贷款,鼓励它们买卖政府证券。20世纪50年代末期,大多数非银行金融机构纷纷加入,进一步扩大了证券市场的业务领域,并在证券市场上与注册银行展开激烈竞争。到20世纪70年代,大批外国金融机构进入加拿大银行业,它们在加拿大证券市场上发行短期金融债券,经营企业信贷,到20世纪80年代初它们也成为证券市场的重要参与者。从上述发展过程看,加拿大国债流通市场经历了一个从无到有,从小到大的逐步发展过程,形成了一个现代化的国债流通转让市场。

(二) 政府证券的交易制度

加拿大政府证券流通市场,是指已发行的并被投资者认购的政府证券,进行转让、买卖和流通的市场。与美国相比,加拿大的二级市场是由交易所控制的,但证券交易所本身不买卖证券,只是为投资人买卖证券提供一个集中交易的场所。加拿大证券交易所实行公司制,由银行、证券公司、投资信托机构及各类公(民)营公司等投资入股建成,是一个以营利为目的法人团体,其职责根据行政授权,负责交易所的自我管理和组织日常交易活动。从加拿大 6 个证券交易所的情况看,政府证券交易制度主要有以下几个方面的内容:

1. 证券交易所的空间设置。加拿大证券交易均设立固定的交易所,其空间设置主要取决于上市证券的种类、数量和交易量。以加拿大最大的"多伦多证券交易所"为例,建有 3 万平方英尺的交易厅,交易厅按债券、股票和交易方式分设 9 个交易站,每个交易站又分成若干交易台。为方便交易,各证券交易所对交易时间都有明确的规定,如股票和股票期权的交易时间为 9:30 至 16:00,政府债券和国库券期货为 9:00 至 15:15,35 种股票指数期货为 9:15 至 16:15,300 种股票指数期货为 9:30 到 16:15,35 种股票指数期权为 9:30 至 16:15,美元期货为 8:30 至 16:00,每天第一笔交易称开盘,最后一笔交易为收盘。

2. 交易程序。

(1) 联系证券经纪人。由于投资人不能直接进入证券交易所买卖证券,因此投资者进行交易的第一步是寻找一个信用可靠并能提供有效服务的证券经纪人。经纪人的职责是以最有利的成交价格为客户买卖证券,并为客户提供有关服务。

(2) 开立资金与证券账户。选择好经纪人后,证券投资买卖人即向经纪人办理名册登记,并在经纪人处开立资金专户和证券专户。名册登记分个人名册登记和法人名册登记:个人名册登记应载明登记日期、姓名、证件号码、通讯地址及联系电话等,并留存印鉴。法人名册登记应提供法人证明,并注明法人代表人及证券交易执行人的姓名、性别,留有法人代表授权证券交易执行人的书面授权书。

(3) 委托及委托的执行。开立账户后,投资人通过电话、电报、传真、信函或当面委托发出委托指令,通知委托买卖证券的名称,交易的种类,买卖数量,出价方式及价格幅度等。证券商受理委托后,立即通知驻场交易员,在委托有效期限内,按客户委托的要求,买入和卖出证券,并将委托执行的结果由证券商通知委托人。

(4) 证券买卖的交割及过户。证券交易结束后,办理买卖协议的交割。加拿大的交割时间规定在成交后 5 日内进行,即买入证券付出现金取得证券,卖出证券收入现金交出证券。证券交割后,对记名证券还应到发行公司办理过户手续,因为只有办理完过户手续,证券的新持有者才能取得享受股息、红利、债券本息的权利,至此,整个交易活动全部结束。

3. 交易方式。加拿大证券交易方式多样,主要有现货交易、信用交易、期货交易和期权交易四种,期货合约与期权交易是 20 世纪 70 年代发展起来的新型交易方式。从国债交易情况看,主要是采取现货交易和期货合约两种交易方式。

(1) 现货交易方式。现货交易又称现金现货交易,是指买卖双方成交后即办理交割手续的交易。从理论上说,现货交易一手交钱,一手交券,钱货两清。但在实际中由于交易数额大等技术上的原因,具体交割往往有一个过程,各国的交割时间不尽相同,加拿大规定5日内交割完毕。

(2) 期货合约交易方式。加拿大国债期货市场分为国库券期货,中、长期财政部债券期货,地方市政债券期货和政府机构债券期货。此种交易方式是协约双方同意在约定的期限内,按商定的买卖条件(包括在价格,交割地点和交割方式)买入或卖出国债的一种流通转让方式。具有以下几点特征:第一,合约的交易单位,交割日期,交割地点均在协议上明确规定。交易双方须具体协商的是交易时的价格,并将商定的买卖价格列入合约的各项条款内,双方不得违约。第二,交易双方不直接接触,而是各自跟专门的清算公司结算。清算公司是所有期货买者的卖者和所有卖者的买者,因此交易双方无须担心对方毁约。第三,期货方式的买者或卖者可在交割日之前采取对冲交易,只清算差额,而无须每笔单独进行交割,既省事又比较灵活,故此很受投资者欢迎。第四,期货合约交易具有收益性和风险性,投资者凭借自己对业务的自信和正确判断,可以获得较高的收益率,但也要承担风险带来的经济损失,因此这种交易本身就存在投机性与风险。

五、国债的还本付息

加拿大国债偿还作为一种制度,通常按照国际惯例进行,即按预先规定的偿还条件,包括偿还期限、利息率、计息方法和偿还方式,办理债务的清偿。加拿大国债偿还政策具有强制性和稳定性,使国债在长期的发行中保持了较高的信誉,为政府的筹资和投资者选择投资渠道开辟了广阔的市场,进而起到了稳定经济的作用。

(一) 国债偿还政策

国债偿还政策是国债政策的重要组成部分,其政策执行的好坏,不仅关系到国债的信誉,而且关系到今后的长期发行。正因如此,加拿大采取强制性政策偿还到期国债,即使在财政十分困难的条件下,也不采取违约或推迟偿还的做法。这一政策的连续性,使国债在投资者的心目中树立了良好的信誉形象。既促进了国债的长期发行,又为投资者选择无风险的债券投资扩宽了渠道。从加拿大多年的偿还政策情况看,主要体现在以下几个方面:

首先,根据经济发展速度和财政的偿债能力,确定发债的规模。发行国债可以弥补财政赤字,增加国家对经济的投入,进而达到控制通胀刺激经济增长的目的,但这并不意味着国债发行越多越好。因为国债不同于税收,到期需要偿还,而且还要加付利息。过重的债务负担会使国家经济陷入困境。加拿大国债发行规模由财政部提出,报经国会批准,预算一经通过,政府不得随意突破,而且根据财政法规定,国家预算和政府发债上限都控制在一定的幅度内,每年的增减变化都要与经济发展速度和财政的收入增长相适应,以避免过重的债务支出带来财政偿债压力。

其次,合理配置不同期限结构的债券,使国债平均偿还年限保持相对的稳定。加拿大国债偿还期限的确定,服从于宏观经济管理的目标。当经济处在发展时期,总需求大于总供给时,多发行中长期债券,以配合国家财政、金融政策的实施,压缩财政赤字,减少通货膨胀压力;当经济处于萧条,总需求不足时,则发行短期国债,增加资本的流动性,以配合财政实施扩张政策,促进社会投资满足有效需求。但不论经济情况如何,期限的确定都要注意合理配置,使国债的平均到期年限保持相对的稳定,避免债券集中到期导致的偿债压力。

最后,建立偿债基金制度,直接偿还债务。加拿大财政预算每年拨出专款,专门用于偿还国债,通过直接购买和兑付的方式,减少政府的债务,直到全部债务清偿为止。建立偿债制度,是政府落实强制性偿还的一项重要政策措施,是政府因为债务积累过多,怕到期无力偿还而影响政府信誉而设立的。它的设立还有助于促进发行,减少筹资成本。因此,政府预算每年都编制债务支出计划。

(二) 国债的偿还方式

加拿大政府依约偿还到期债务,根据发行时的不同条件,采取不同方式,主要分为期满偿还和期中偿还两种类型。期满偿还是指在债券所规定的到期日偿还;期中偿还是指在债券未到期前的偿还。期中偿还按具体方式划分,又可分为定期偿还,选择偿还和买入注销三种,其主要偿还方式如下:

1. 市场买销法。加拿大买入注销是财政部或政府发行机构从市场上赎回所发行债券的全部或一部分,以注销其债务。这种方式一般是发行者利用手中剩余资金,在市场价格低于或等于国债票面价格时采用,当然也不排除在特殊条件下用高于国债票面价格购买。加拿大实行这种方法的历史较长,至今仍然是一种主要方式,其原因是这种形式比较灵活,有利于减少筹资成本,稳定国债的市场价格,保护投资者的收益和国债信誉。

2. 国债调换法。加拿大实行强制性偿还政策,到期必须还本,当政府出现偿债能力不足时,往往采取借换或转换方式清偿到期债务,即借新债还旧债,投资者可以持有原有到期国债认购新发行国债。加拿大确定新债发行数额时,充分计算到期国债的本息,调换后旧债消失,转换为新发行的国债,今后按新的发行条件还本付息。

3. 减债基金偿还法。加拿大政府每年从财政收入中拨出一定数额的款项,建立偿债基金专户,专门用于清偿到期债务。其具体做法由国债发行主体财政部委托中央银行承办,按照发行时约定的期限、利率及偿还方式等条件,直接偿还国债本息。采取这种方法,使国债偿还资金来源稳定,避免政府债券到期不能兑现,对国债发行的连续性和吸引投资者起到了重要的作用。

六、促进国债市场发展的举措

(一) 建立规律而透明的筹资模式

加拿大政府致力于建立规律而透明的筹资模式,使其各项筹资活动尽可能地透明和可预期。近年来,加拿大政府始终坚持定期提前向市场公布发债计划,政府每年年初公布每个季度关键期限国债的发行计划,每季季末公布下一季度的发债计划。规律而透明的发债计划有助于一级交易商和投资者提前制定投资计划,调动了他们参与发行投标的积极性。政府还坚持重要事项的事前告知制度,如调整原发债计划之类的重要事项都通过央行网站提前向市场公布。此外,加拿大政府十分重视与市场参与者的沟通和协商。政府每年至少举办一次市场座谈会,与市场参与者沟通市场情况,了解他们对流动性和市场效率的看法,并根据所反馈的意见和建议,对现行政策进行相应的调整和改进。

(二) 特别注重关键期限国债

为帮助市场确立定价基准,加拿大政府特别重视关键期限国债的发行管理。目前,加拿大的关键期限国债包括2年期、3年期、5年期、10年期和30年期五个品种。近年来,政府有规律地发行关键期限国债,几乎每一个季度都发行全部品种的关键期限国债。此外,政府还特别重视发挥关键期限国债在二级市场中的作用,注意维持各关键期限国债的最低市场存量,以保持其较高的流动性。政府在每年的年度政府债务管理战略中都特别制定各关键期限国债市场存量的计划最低目标。

(三) 有规律地实施债券买回操作

为确保新债的顺利发行和提高二级市场流动性,加拿大政府在国债二级市场上有规律地实施债券买回操作。买回操作的对象一般是存续期为1~25年的国债。债券买回操作主要分为两类:一是以债券置换为目的而进行的买回操作,即用新发行的关键期限国债置换市场中同期限、流动性差的老国债,以提高二级市场的流动性。二是出于国库现金管理的需要而进行的买回操作。该类买回操作主要是为了提高国库现金的管理效率,防范大量国债集中到期对国库现金需求造成冲击,并使每年国库券的发行规模基本保持稳定。

第三节 省级政府债务管理

随着现代世界经济社会的发展,尽管各国的社会制度不同、具体国情不同、经济发展水平不同、财政收入筹集方式不同,但地方政府举债已经成为一种比较通行的做法①。举债不仅是发达国家地方政府普遍采用的融资手段,而且也越来越受到发展中国家的重视。据统计,世界53个主要国家中,有37个允许地方政府举债,因此研究加拿大省级政府债务管理对于了解加拿大政府债务管理至关重要。

---

① 此处"地方政府"指省及省以下政府。

第十一章 政府债务管理

一、省级政府债务管理体制

加拿大省级政府债务管理体制主要采用市场约束型。省级政府举债不受宪法或联邦政府的限制，是否借款和借款额度直接受制于金融市场。由于在举借债务前，需要由一个或多个国际投资机构评定其可授信债务额度，因此各省必须服从市场秩序。值得注意的是，与省级政府不同，加拿大地方政府必须按照省级政府要求进行经常性预算平衡，涉及长期借款的市政府资本性支出必须获得省政府批准[①]。实践中，各省均通过公共金融中介（市政财务公司）或以配套拨款方式帮助地方政府举债。在加拿大，联邦政府可以为经常性支出和资本性支出举债而不受宪法的限制。省级政府也同样可以进行此类举债活动而不受任何宪法或联邦政府的约束。联邦政府和省政府无需每年平衡其经常预算。但由于需要接受国际投资评级机构对其债务额度的评定——这种额度对于创造有利的借款环境具有至关重要的作用，联邦政府和各省政府都需要服从一定的市场秩序。

二、省级政府债务管理机构

（一）中央层次的债务管理机构

在加拿大，财政部金融政策分部金融市场处负责政府融资、债务管理及风险控制工作。金融市场处由政府融资和资本市场政策部门、债务管理政策部门、储备和风险管理部门三部分组成，它们共同负责在联邦政府融资和金融市场发展方面提供政策分析建议。其分工如下：（1）政府融资和资本市场政策部门负责在政府贷款、贷款担保、特殊目的借款等方面提供政策分析建议；（2）债务管理政策部门负责在政府公债管理、借款计划实施等方面提供政策分析建议；（3）储备和风险管理部门负责在国际储备、与政府金融资产和债务相关的风险管理方面提供政策分析建议。

（二）省级债务管理机构

省级政府债务管理与现金管理密切配合。加拿大省级政府债务管理和现金管理由省财政厅国库部门下属的两个部门分别负责。政府现金管理的主要模式是通过与其他政府部门、银行等相关单位建立资金信息共享系统，预测财政收支和现金流变动情况，在此基础上将暂时闲置的资金委托投资机构进行运作，不足的资金头寸通过短期票据融资解决。债务管理部门一方面将债务管理相关的资金信息及时通知现金管理部门，另一方面按照现金管理部门预测的资金需求情况完成政府的短期筹资。在执行过程中，债务管理部门和现金管理部门定期研究市场环境和中短期政府资金

---

① 此处"地方政府"指的是省以下政府。按照加拿大的政府管理框架，分设三级政府，即联邦政府、省（区）政府及省以下的地方政府。

余缺情况，共同确定下一阶段的工作安排，同时在操作中相互参与彼此的管理实施过程并及时获得共享信息，保障双方管理目标的实现和操作行为的顺利衔接。

以 BC 省为例，BC 省财政厅国库与资产登记局下属的债务管理处（简称 DMB）负责省政府债务管理工作。DMB 的主要职责是在合理风险范围内以尽量低的长期成本管理全省公共债务，为省政府、省属非政府机构提供债务管理和咨询等服务。每年财政预算审议通过后，DMB 在债务余额上限内，按照风险管理委员会确定的各项指标约束开展债务管理操作。BC 省债务管理按照不同职责分为前台、中台、后台业务。具体来说：（1）前台业务包括分析市场信息、设计发行方案；组建、管理债券包销团；组织实施发行操作；实施衍生工具交易操作；（2）中台业务包括进行法律支出和文本管理；客户及中介机构管理、风险监控和绩效考核；定期分析报告；（3）后台业务包括偿债基金管理和资金债权清算；会计制度修订及账务处理；接受审计监督和信息系统管理。

三、省级政府债务的资金运行管理

（一）举债方式

加拿大的省政府主要有两个借款渠道，即传统债券市场和加拿大养老金计划（Canadian Pension Plan，CPP）。CPP 利用其满足经常需求后的剩余资金从各省购买价格优惠的有价证券。一些省自行使用 CPP 的资金，另一些省则将其作为市政府发行债券的渠道。CPP 曾是省级债券的主要持有者，但从 1997 年加拿大养老金计划投资委员会（CPPIB）成立后，加拿大养老金计划的投资组合从低风险的国内债券转向风险与收益较高的国外股权和不动产投资，目前持有省级债券比例有所下降。加拿大各省均通过政府中介机构（如市政财务公司）或以配套拨款形式帮助地方政府举债。

（二）举债用途

在加拿大，省政府举债的用途既可用于经常性支出，也可以用于资本性支出，地方政府举债用途则受到省政府的严格限制。

四、省级政府债务的风险管理

（一）风险管理目标

加拿大省级政府债务风险管理的主要目标是降低金融市场波动和操作失误等给政府造成损失的可能性。为此，省政府通常设立由来自政府相关部门、大学和投资机构等单位的专业人士组成的债务风险管理委员会来制定政府融资策略，监督省政府的债务管理行为，设定债务组合和偿债基金的风险系数等。债务管理部门在风险管理委员会的指导和监督下，定期进行债务管理绩效和风险评估。目前，加拿大省级政府债

第十一章　政府债务管理

务风险管理的主要对象包括流动性风险、市场风险、信用风险和结算操作风险等。

（二）硬预算约束

省政府债务管理以立法院确定的债务预算和余额上限为约束。加拿大各级政府的财年为每年 4 月 1 日至次年 3 月 31 日。每财年第三季度，省政府债务管理部门根据未来 3 年政府赤字和省属非政府机构债务计划起草全省未来 3 年的债务预算草案，债务预算中区分纳税人支持债务和自我支持债务，明确政府和各省属非政府机构的年度融资需求和债务余额上限、债务付息支出等规模，并汇总出省政府债务整体预算。省级政府债务年度余额上限以上年年末实际债务规模为基数，加上当年债务预算融资额后确定。债务预算草案作为年度财政预算草案的一部分提交立法院审议后付诸实施，执行中的重大调整需得到立法院批准。

与省级政府不同，加拿大地方政府面临上级政府所施加的明确的硬预算约束。地方政府的税收收入和支出决策都受到严格限制，从省级政府所获得的转移支付多是属于高度限制的转移支付。地方政府举债必须得到省级政府批准，并受到严格限制。有关省级政府在地方政府预算、举债、条款和对财政困境的监督等方面的规则框架，各个不同的省份都有自己独有的特征。在安大略省法律规定中适用于监管地方政府的条款在 20 世纪 30 年代就已经通过，并且保持到今天都一直没有什么变化。在地方政府的债务水平和重要财政事务的管理上，安大略省地方政府董事会和地方政府事务委员会都有自己的重要作用。法令允许董事会或者是委员会派人接管地方政府的财政工作。

（三）举债限制

早在 1849 年加拿大《地方政府合作法》中就对地方政府举债进行了限制。在加拿大，早期大多数有关地方政府的立法，其目的都是为了阻止地方行为的滥用，而不是支持或控制地方行为。魁北克省可能是在 20 世纪早期最恰当地实施这类法律的省份，当地方政府试图在法律限制范围之外进行举债的时候，就会被要求加强约束和政府管理。

加拿大每一个省份都对地方政府的长期举债进行限制。一些省份设立特殊代理机构来代表地方政府举债。在另外一些省份，地方政府可以直接开展长期举债业务，但是要受到省级政府管理机构或者代理机构的批准。尽管如此，即使是拥有良好信用记录的地方政府，也不能得到他们希望中的举债数额。为了鼓励地方政府开展更多的举债业务，省级政府放松了地方政府在资本市场上的权利，并且为提高地方政府的举债能力，为以国外货币的举债形式以及所使用的举债工具提供担保。

近年来，加拿大所有的省级政府都开始认识到实施更灵活管理机构的重要性。安大略省和阿尔伯塔省最近的改革简化了管理程序，并且在一定程度上加强了地方政府在资本市场上的权利，但是其他地方的管理系统仍然相当复杂。在不列颠哥伦比亚省，地方政府的举债（范库弗除外）仍然是由一个省级政府的机构代理来完成，长期举债则需要省级政府的批准并在议员中以 2/3 的多数通过（也有可能是公民投票）。在魁北克，除了蒙特利尔和魁北克城以外，地方政府的举债既需要公民投票通过，还需要省级政府的批准，而以国外货币所借的款项则受到省级政府的控制。阿尔伯塔省在 1995 年之前，举债计划需要省级政府的审批。尽管省级政府的监管已经取消，但是只要举债额度超过了限制，省级政府就会检查所有的债务（地方政府收入的 1.5 倍），并且偿债的水平（收入的 25%）必须在许可的范围之内。

（四）政府贷款或贷款担保的管理原则

加拿大政府于 20 世纪 80 年代建立了一套管理其所承担的贷款和贷款担保的原则：(1) 关于贷款的任何让步条件——比如低于市场标准的利率，都视作预算支出。在某些情况下——如补助金太高，全部贷款都被列入预算支出。(2) 在提供贷款或担保前，发起部门必须仔细分析工程项目，并确信：如果没有政府援助它将不会对项目进行融资，现金流足以偿付债务本息和营业费用，并能产生令人满意的收益回报率。(3) 私人单位发起人必须同政府一起分担风险。该私人单位用自有资源提供所需资金的绝大部分，万一发生违约，政府将从私人发起人那里获取补偿。(4) 银行也要分担风险，最少承担任何违约有关净损失的 15%。(5) 贷款利率的设定应补偿下列成本：政府的货币成本、估计的贷款担保的未来损失、估算的未来损失、交付管理和行政管理支出费用。(6) 担保准备金总额应以风险评估为基础，并且发起部门必须从发行担保赚取的收入以及年度拨款中支付。(7) 新贷款和贷款担保方案必须经过财政部长认可并由议会核准。(8) 各部门和皇家公司必须报告其或有债务，并以政府年度财务报告注释的形式公布。或有债务及其损失评估由直接向议会报告的审计官进行审计。

专栏 11-3：BC 省政府债务的风险管理

BC 省政府债务的风险管理主要表现在两个方面：一是结合历史数据信息和相关影响参数，建立 BC 省政府债券基准收益率曲线（Bench mark），将政府债券市场运行情况与基准收益率曲线进行动态比较分析，并可作绩效评价，以及时报告相关提示信息和管理建议。二是建立下沉基金（Sinking Fund），所谓下沉基金，就是指对一定条件的政府债券还本采取类似于年金方式逐年累计筹集的一种债券还本基金。

资料来源：李萍，《地方政府债务管理：国际比较与借鉴》，中国财政经济出版社 2009 年版。

第四节 对我国政府债务管理的启示

加拿大政府债务管理体系较为完善，政府促进债券市场发展的措施较为有效，因此政府能够长期稳定并低成本地从市场筹资，实现其债务管理的目标。我国地方政府自 2014 年新《预算法》通过，才从法律上获得举债权，中央政府也正式开启对地方政府债务的规范化管理。因此，相较于管理较为成熟的国债，我国地方政府债务管理还存在很多不足。加拿大政府债务管理的经验，对我国政府债务管理，特别是地方政府债务管理的启示有：

一、明确政府债务信息披露制度

加拿大政府对债务信息公开有明确的规定，政府需公开包括债务在内的政府财政状况并每年发布相应的政府债务管理报告。此外，加拿大债券市场也有信息披露制度和传统，投资者获得债券及发行人偿债能力信息十分便捷，无异于对发行人形成了市场与社会监督。然而，目前我国政府债务数据实时性差，加上政府预决算报告的透明度不高，不利于投资者的选择以及债务风险的控制。因此，明确债务信息披露制度是完善政府债务管理的首要条件。具体来说，既要定期对政府债务的存量和偿还情况、偿债资金来源、经济状况、财政收入预测等进行披露，还要对地方政府的一般债务和专项债务分别制定不同的披露标准。例如，首先专项债务除披露基本情况外，还应披露项目建设计划和项目预期收益，以便投资者对潜在风险和回报进行推算。其次，完善现有债务统计报告制度，逐步建立以权责发生制为基础的财务报告制度，落实政府债务纳入全口径预算管理和全程化监控的要求。最后，健全债务风险信息披露制度，及时发布重大风险事项信息，并披露政府应急处置方案。

二、完善政府信用评级制度

"定期评估原则"是加拿大政府在制定和实施债务管理政策时遵循的主要原则之一，同时，加拿大政府也将保持 AAA 信用评级作为其债务管理的目标之一。加拿大各级政府的信用评级由穆迪、标普等专业信用评级机构提供。信用评级结果直接影响政府债券发行定价，约束政府举债行为。目前，我国政府信用评级尚不规范、公信力差。因此，我国应该：一是制定一套标准化程度较高的政府信用评级管理制度，建立反映政府债务使用和偿还情况、资产负债情况、财政治理能力和经济发展水平等多项指标为基础的信用评级体系。二是要建立公正、规范的评级规则。客观公正的信用评级有利于投资者有效判断债券风险程度，从而提高投资者对政府债券的投资积极性。目前，我国各省地方政府债券评级均是 AAA 级，平均发债成本在 3.69% – 4.14%[①]，与各地实际债务风险程度不符，应通过公正规范的市场化手段作出差异性评级。三是要大力培育专业评级机构。为强化市场化评级，政府应采取措施鼓励和培育更多债券信用评级机构。在对政府债券进行评级时，可由发行人确定评级机构并付费转变为投资人确定评级机构和付费，确保信用评级结果的客观

---

① 杨婷婷：《我国地方政府债务风险管理研究》，中央党校（国家行政学院）2019 年论文。

公正。

三、健全政府债务风险管理机制

加拿大各省政府的债券发行额度、笔数及余额之和位列 G20 国家前茅，但却从未受到债务危机的困扰，这很大一部分归功于其健全的风险管理机制，如明确的风险管理目标、硬预算约束、举债限制、政府贷款或贷款担保的管理等等。因此，我国应健全政府债务风险管理机制，积极应对政府债务风险。债务风险的爆发具有很强的外部性，有效的风险预警对于防范债务风险和及时采取紧急措施至关重要。首先，应进一步完善风险预警评估指标体系，指标选取要充分反映债务规模、结构、效率和动态变化。其次，通过专家赋权、模糊评价法等赋权方法，形成债务风险综合评价指数，以评估政府的整体债务风险水平。再次，应建立债务风险预警动态监督机制，对债务风险进行动态评价，并及时将风险情况向上级政府和市场反馈，做到风险早发现、早报告、早处置。最后，从中长期来看，要防控隐性债务风险，关键是提高债务资金使用效率，实现债务与偿债能力的良性循环。债务资金使用（即投资）能否带来社会经济效益是决定政府债务是否会出现债务风险的最终判断标准。若债务资金的使用符合地区发展的现实需求，能提高地区全要素生产率和潜在经济增长率，并实现地方政府财力的持续增长，那么此种债务就是良性债务，其风险可控。因此，强化对债务资金的使用管理对于从源头治理债务风险十分关键。

四、发挥行业组织在债券市场的作用

建立多层次的债券市场管理体系有利于金融市场的发展，政府监管和行业自律管理二者应并重。加拿大投资行业自律管理组织在政府部门的授权下，承担了很多债券市场管理职能，具体包括：制定行业自律规则和行业标准；审核下属会员机构雇佣的投资顾问的资格；组织会计检查，确保下属会员机构具有开展特定债券业务的资金实力和资金准备；组织业务检查，敦促下属会员机构制定完备的内部操作规程；实施债券市场监管，确保各项交易行为合规；受理并调查客户对下属会员机构的投诉，并对违规者进行处罚等。目前我国债券市场的监管以政府监管为主导，行业组织的作用发挥得不够充分。借鉴加拿大的经验，应进一步明确行业组织在债券市场中的定位，赋予其更多职能，充分发挥其作用，使我国债券市场逐步形成政府监管和行业自律管理并举的、多层次的市场管理体系。

第十二章

政府预算信息公开

■ **本章导读**

　　加拿大政府预算的公开透明体现在其预算文件上，也体现在从预算编制、预算审议到预算执行的各个环节上。其参与式预算使得社会公众能参与决定部分或全部的预算分配，能清晰地掌握预算的制定运行情况，这为预算的公开透明提供了良好的途径。本章首先介绍加拿大政府预算公开的历程、法律依据和原则，紧接着从预算内容和预算过程两个角度梳理其预算公开的特点，而后介绍国际预算合作组织（IBP）对加拿大预算公开的评价，最后总结提高我国预算公开透明度的政策建议。

第一节 预算信息公开概述

一、预算信息公开的历程

20世纪80年代初，在经历较为严重的经济危机之后，加拿大政府为拉动经济增长，采取了扩张性财政政策。财政支出的大幅增加导致政府债务和财政赤字的大幅增长，政府因而面临着严重的财政危机。这一危机引起社会公众对政府财务管理水平和政府财务信息披露机制的质疑。为应对财政危机，强化财政支出管理，提高政府财政部门的管理水平，增强政府的受托责任意识，加拿大联邦政府从1982年起实施权责发生制的政府会计改革，逐步实现从收付实现制为基础的政府会计和政府财务报告制度转向以权责发生制为基础的制度。为此，联邦议会修订了《财政管理法案》（Financial Administration Act），从法律的层面明确要求编制《加拿大公共账目》（Public Accounts of Canada），发布政府整体财务报告和各部门的财务情况。1983年，联邦政府实施《信息获取法》，从法律上保障民众可以从联邦政府机构获得信息。随后，各省纷纷制定并实施各自的信息自由法，明确政务信息公开的具体要求。

近些年来，加拿大政府通过不断地提供工具和发布更为详细的信息来提高财政公开透明度。2018年，加拿大政府发布《加拿大2018～2020年开放政府国家行动计划》（Canada's 2018～2020 National Action Plan on Open Government）。针对许多加拿大人发现很难理解政府是如何花他们的税款的问题，《加拿大2018～2020年开放政府国家行动计划》中提出的"2018～2020年财政透明度和问责制行动计划"，说明了2018～2020年政府将采取的提高财政透明度和问责制的行动的目标、责任部门、具体内容以及完成日期。如表12-1所示，2018～2020年，政府将致力于：（1）使政府预算和支出信息更容易找到和理解；（2）对所有预算措施发表性别影响分析；（3）确保公众可以访问政府采购的公开数据；（4）探索在各地采用通用合同数据标准，从而不断提高财政预算信息的公开透明度。

表12-1　2018～2020年财政透明度和问责制行动计划表

目标和责任部门	具体目标或行动	完成日期
使加拿大人更容易找到和了解政府预算和支出信息（FIN/TBS）	议员和加拿大公民审查政府在提高预算及主要估算的及时性、完整性和透明度方面取得的进展	2019.10
	根据上述工作中收到的反馈，就2020～2021年和未来几年的预算和主要估算的方法发表建议	2020.2
	改进对预算支出计划的描述和详细信息，包括按部门列出更详细的预算分配信息	2020.2～2020.3

第十二章 政府预算信息公开

续表

目标和责任部门	具体目标或行动	完成日期
使加拿大人更容易找到和了解政府预算和支出信息（FIN/TBS）	扩展加拿大政府信息库（GC InfoBase），使加拿大人能够容易地跟踪所有政府项目从宣布到实施的资金和结果	2019.3
	更新加拿大政府《赠款和捐款奖励报告指南》，以确保主动披露赠款和捐款数据继续符合加拿大的法律和政策要求	2020.6
为所有新公布的预算支出和税收措施发布基于性别的分析（GBA+）（FIN）	加拿大人和议员可以获得有关预算措施对性别和多样性影响的信息	2019.2~2019.3
确保加拿大人可以访问有关加拿大政府采购的公开数据（PSPC/TBS）	对公开合同数据标准（OCDS）实施情况进行测试，试点数据包括至少300份各种合同（包括重大项目）的合同记录。试点数据将包括采购周期的所有阶段（规划、招标、授标、合同和实施）	2019.12
	举行3~5次有关公开合同的公开研讨会，以分析当前可用的合同数据类型，并评估发布公开合同数据的障碍。 • 研讨会将讨论开放数据试点的结果。 • 研讨会将邀请社会公众，采购专家和行业代表参加。 • 编写一份报告，概述研讨会期间收到的意见和建议	2020.6
	2016/2017财年和2017/2018财年的所有合同的招标、授标和合同数据均符合公开合同数据标准（OCDS）。数据在open.canada.ca上发布，并定期更新	2020.8
	PSPC的新电子采购解决方案（EPS）旨在增加所有PSPC合同记录的合同数据的发布。发布有关EPS的开发进度的报告	2020.6
	更新加拿大政府《关于主动披露合同的指导方针》，以确保主动披露合同数据继续符合加拿大的法律和政策要求	2020.6
探索在加拿大采用通用合同数据标准（PSPC）	联邦政府和省及地区政府的代表开会讨论采用通用合同数据标准进行招标的可能性	2019.8
	政府官员进一步探讨在整个采购周期中采用通用合同数据标准的问题	2020.6

注：FIN：加拿大财政部（Department of Finance Canada）；PSPC：加拿大公共服务和采购部（Public Services and Procurement Canada）；TBS：加拿大国库委员会秘书处（Treasury Board of Canada Secretariat）。

资料来源：加拿大2018~2020年开放政府国家行动计划（Canada's 2018-2020 National Action Plan on Open Government），https://open.canada.ca/en/content/canadas-2018-2020-national-action-plan-open-government#toc5。

二、预算信息公开的法律依据

早在 20 世纪 60 年代,加拿大联邦议会就开始了关于信息公开和知情权立法的讨论,由于受到英国所谓"秘密行政"状态的影响,法案几经争论和反复修改。1982 年,《信息获取法》(Access to Information Act)正式颁布,并于次年开始实施。在保障信息公开和公民知情权的同时,加拿大也特别注重对公民隐私权的保护。与信息获取法同时出台的还有《隐私保护法》,之后又制定了《个人信息和电子文件保护法》。目前,这三部法律共同构成了保护公民知情权和隐私权的法律制度体系。为适应公民对各级政府信息的需要,加拿大各省、市还分别制定了类似的法律,如安大略省和多伦多市都制定了《信息自由法和隐私保护法》,分别适用于地方政府机关以及教育、卫生等机构。

此外,加拿大各级政府颁布专门法律将公开透明原则渗透在预算管理的各个环节。联邦政府制定了《联邦责任法案》和《财政管理法案》,不列颠哥伦比亚省(BC 省)制定了《预算透明度和问责法案》,安大略省制定了《财政透明度和问责法案》,其他一些省份也相继出台了这方面的法规。这些法律对预算公开透明管理作出了具体规定:(1)法律要求政府管理必须问责,预算公开透明是问责的重要内容。政府要为其绩效对公众负责。(2)法律要求政府必须向公众公开与预算有关的信息。公民无论其身份如何,都有权获得信息。(3)法律赋予审计部门很大的职责和权力,监督预算运行管理。赋予审计部门为开展其审计业务可向支出部门索取所需财务和经济数据的权力。(4)规范预算文件披露内容。包括预算文件或其背景资料必须反映中期宏观经济预测与财政预测、负债等综合信息,还要包括明确的财政政策目标、财政规则、主要财政风险,财政可持续性分析、会计准则,支出估算的格式和内容等。如安大略省规定必须公开的信息包括:多年度财政框架、中期经济展望和财政计划审核报告、长期报告(每届政府上台后的两年之内,要对安大略省未来 20 年财政环境进行预测和评估)、季度财政报告、选举前报告。(5)要求对预算执行情况定期采取多种方式及时向社会各阶层发布。如中期报告、年度决算报告等,以接受广泛的监督和评价。法律对决算报告内容也有详细规定,如要求内容全面,包括预算的执行情况、预算执行结果偏离预期的主要原因(经济假设的变化、新政策、突发事件等)、实现绩效结果的情况等。

三、预算信息公开的原则

(一)公开原则

"以公开为原则,不公开为例外"是世界各国确立政府信息公开制度的基本的共同的原则,其基本内涵是:除法律明文规定可以不予公开的以外,政府行为都应该公开进行;任何会对相对人的权利义务产生影响的法律法规、规章、各级规范性文件以及行政决定等都应该予以公布后再予执行,相对人有查询、复制的权利,并以此预测和规范自己的行为;除依法应该予以保密以外,行政机关及其工作人员的活动情况,都应允许媒体依法采访、报道和评论。

加拿大政府信息公开制度的规则切实贯彻体现了该原则:(1)所有政府机构的信息记录都应公开,可以豁免公开的信息或者豁免公开的机构都通过列举予以明确;可豁免公开的信息分为强制豁免和非强制豁免,非强制豁免公开的信息在某些条件下仍然可以予以公开;(2)联邦和地方的法律法规等都在其政府的统一网站上予以公布,方便社会公众查阅、复制;(3)保障新闻媒体采访和报道的自由,保障社会公众旁听有关行政会议的权利;(4)即使某信息记录同时含有可公开和不可公开的信息,也须将两者分离开来,公开可以公开的信息。

(二) 及时原则

这一原则恰是信息公开的生命力所在,政府机关及时公开相关信息,不但可以及时满足公众的知情权,还可以节约信息管理成本、提高行政效率。加拿大联邦政府《关于政府信息公开政策的绿皮书》(1977年)指出,"政府信息不仅要向公众公开,而且应及时公开"。

加拿大《信息获取法》保障了信息获取申请人获取、使用政府信息以及寻求权利救济的效率,对于申请公开政府信息的程序中政府机构应该遵循时间限制在该法的第 7 条至第 9 条进行了明确的规定:政府机构首长应该在收到申请人提出信息公开申请后的 30 天内,以书面通知告知其申请是否被批准,如果请求被准许,那么应同时对其披露信息。如果收到申请的政府机构认为另一个政府机构对于该信息具有更大的利益,那么该机构的首长应在收到请求后的 15 天内,将该请求转移给另一个政府机构,同时将转移事项书面通知申请人。信息获取申请有转移时,政府机构予以回应的 30 天期限仍然以第一个机构收到申请的那天开始起算。除此之外,对时间期限也有明确的例外规定:政府机构首长在以下情形中可以要求将时间期限延长至一个合理的时间段:(1)该申请请求了大量的记录,或者该申请内容需要在大量的记录中进行搜寻,而且按照最初的时间期限会不合理地干扰该政府机构的运作;(2)有必要对该申请进行协商以致于在最初的时间期限内不能合理完成的要求。对于时间延长的决定,政府机构应该在 30 天内书面通知申请人,并告知其有权就延期决定向信息专员进行申诉;此外,也应该将该时间期限延长的事项书面通知信息专员。

(三) 不营利原则

政府信息具有公共财产的性质,而公共财产理应免费提供给公民,鉴于此各国的信息公开制度明确规定政府公开信息不得营利。营利是指通过提供产品或服务以谋取一定利益,因此不营利并不等于不允许收取费用,复印、打印等成本费用在一般情况下是允许的。

对于披露政府机构记录的费用问题,加拿大《信息获取法》第十一条做了相当详尽的规定：申请费用一般不超过 25 加元，但是也有例外：如果用可以替换的形式来制作复件，那么可以收取反映替换形式产生的介质的成本；也可以收取以规例（regulation）中规定的方式计算的复印费用。查询该记录或者准备公开其中任何一部分而合理要求的时间，超过 5 小时后的每一个小时，以规例所规定的方式计算额外费用，并且可以要求在获取记录之前支付。申请的记录是作为一个在政府机构管控下的机读文件所产生的要求的结果，政府首长可以要求以规例所规定的方式来计算费用。对于因为查询时间的超出和机读文件的原因而要求支付费用时，机构首长可以要求支付该数额合理比例的保证金，保证金应予在查询该记录或该记录产生前或该记录部分公开前支付。当政府机构首长要求申请人支付费用时，应该书面通知其费用数额以及其有权利就支付费用数额问题向信息专员提出申诉。政府机构首长可以免除该申请全部或一部分费用，也可以在收取后退回申请费用或是其他费用。

值得注意的是，《信息获取法》规定了对不营利原则的救济，即申请人有权利就支付费用的费用数额问题向信息专员提出申诉。一方面，该规定防止政府机构通过占有信息资源营利；另一方面，该规定保障公民在获取政府信息过程中的财产权利。这一非常细微的规定不但体现了加拿大《信息获取法》对权利的保护意识，也体现了政府机构承担的责任和义务。

（四）信息分割原则

当一个政府信息中既含有可以公开的内容，又含有可以豁免公开的内容，此时行政机关应采用信息分割原则：即删除豁免公开的部分信息后，公开可以公开的部分，并说明理由；政府机关不能以请求披露的信息中含有限制公开的内容为由而拒绝公开所有信息。因为可以提高信息的利用率，《信息获取法》规定了可分割性原则，政府应该尽其最大努力来披露从限制公开的信息中分离出来的可以公开的信息。加拿大《信息获取法》在对可以豁免公开的信息范围的条款下规定了这一原则，主要体现在该法第 25 条可分离性（severability）：不论本法的其他条款如何规定，向政府机构作出获取记录的请求，而政府机构首长可依据本法的授权以该记录包含的信息或其他材料为由而拒绝披露该记录时，该政府机构首长应当披露该记录中不包含此类信息或材料、并能从该记录中合理地分离出来的任何部分。"可分割性"原则有助于提高政府信息的利用率，提高政府工作的透明度以及可信度。

（五）便民原则

关于获取信息记录的方式上，加拿大《信息获取法》的第十二条规定了查阅、获得复印件、以特定的官方语言公布、对于有感觉障碍的人以替代方式公开，体现了加拿大行政法上"便民原则"：（1）根据本法将得到记录或是部分记录的人应该符合规例的规定，可以得到查阅该记录或部分记录的机会，或是得到该记录的复印件。（2）根据本法可以获得记录或是部分记录的获取信息请求人要求以特定的官方语言对其公布该记录，如果该记录或部分记录已经以该要求的语言形式存在于政府机构的管控下，那么应该立即将该语言形式的记录或部分记录的复印件提供给该人；

如果管控该记录的政府机构首长认为因其涉及的公共利益需要有译文的准备时间，那么应该在合理的时间段里将记录或部分记录的复印件提供给该人。（3）根据本法公开记录或部分记录，而请求获取该记录的人以具有感觉障碍为由要求以一种替代的方式获取记录，如果该记录或部分记录已经以该人能接受的替代方式存在于政府机构的管控下，那么应该立即以该替代方式向该人公开记录或者部分记录；如果管控该记录的政府机构首长认为以替代的方式公开记录是该请求人实现其权利的必要途径，且认为实现该替代方式需要合理的转化期间，那么应该在合理的时间段里以该替代方式向该人公开记录或者部分记录。

第二节 预算内容的公开

一、基于预算文件的分析

加拿大联邦政府预算报告的主要形式是"预算案"（Budget）和"估算案"（Estimates）。预算案是财政部提交给下议院的政府全部财政收支规划，包括新的财政举措，由财政部长在下议院发表演说，对外宣布；估算案是各部门和机构的详细支出计划，通常在预算案的后几天由国库委员会主席提交到下议院①。2019 年 3 月 19 日，加拿大财政部发布了 2019 年联邦预算，主题为"投资中产阶级"。"预算案"全文分为四章和五个附录，长达 460 页。其具体内容如表 12-2 所示：

表 12-2　　　　　　加拿大 2019 年"预算案"结构表

序号	章节	主要内容
1	引言	加拿大居民所面临的不确定的未来；自 2015 年政府致力于加强和发展中产阶级所取得的成就；2019 年进一步投资中产阶级
2	概览	加拿大经济概况；2019 年预算案中的投资计划；保持加拿大的低债务优势
3	第一章　投资中产阶级	住房支持；就业及工作支持；医疗卫生支持；养老支持
4	第二章　建设更美好的加拿大	建设强大的社区；降低能源成本以及实现清洁经济；提高网络速度；加强加拿大北部建设；建设创新型国家；加大科学研究

---

① 加拿大国库委员会是一个内阁机构，由一名主席和包括财政部长在内的五位部长组成，主要负责财政支出管理，包括协助财政部编制部门预算，按预算进度下达财政金拨付计划，监督部门预算的执行。

续表

序号	章节	主要内容
5	第三章 推进和解	改过自新；加强治理工具；缩小差距；为原住民和因纽特人儿童提供更好的服务；保护、促进和振兴土著语言；健康、安全和有弹性的土著社区
6	第四章 实现真正的变革	健康和福利；支持多样性、文化和艺术；支持退伍军人及其家人；公共安全和正义；国际参与；更好的政府服务；公平的税收制度
7	性别平等声明	促进性别平等和多样性；性别平等结果框架；2019年性别预算
8	附录1 经济和财政展望	经济发展状况；2019年经济展望；2019年财政展望
9	附录2 经济和财政预测	私人部门经济预测；2018年秋季经济报告以来的财政前景变化；财政预测；补充信息
10	附录3 立法措施	拟议的立法行动
11	附录4 加拿大金融业现代化	审查开放银行业务的优点；支持创新和运作良好的加拿大支付系统；支持可持续融资；设立加拿大金融消费局；更新联邦金融部门法规；更新无人认领资产保护框架；债务管理战略；2019/2020财年的借款计划
12	附录5 政府税收支出和支出审查	2019年实施的税收措施可节约的税收额度；政府支出审查

资料来源：根据《加拿大2019年预算报告》归纳整理而得，https：//www.budget.gc.ca/2019/docs/plan/anx-04-en.html，2019年8月15日。

加拿大2019/2020财年的"估算案"全称为《2019/2020财年估算，第一部分和第二部分，政府支出计划和主体估算》，是按现金收付制编制的。加拿大议会每年批准大约三分之一的联邦政府开支，这些支出通过拨款法案授权，并被称为"已表决的"支出（voted），通过其他立法授权的支出被称为"法定支出"（statutory）。"估算案"既包括已表决的支出，也包括法定支出。全文分为三部分，共306页，详见表12-3。

表12-3 估算案的结构与内容

序号	部分	主要内容	页数
1	政府支出计划	主要支出为给其他层级政府、个人及其他组织的转移支付。预算内的估算支出为2 996.4亿加元，其中转移支出为1 849.7亿加元，占61.7%，运营和资本支出为899.8亿加元，占30%，债务支出为246.9亿加元，占8.2%	11

第十二章 政府预算信息公开

续表

序号	部分	主要内容	页数
2	主体估算	包括124个加拿大联邦机构的部门预算，每个机构都有表格和图辅助说明	221
3	附录	列入拨款提案拟议附表的科目，分为拟议附表1（2019/2020财年）和拟议附表2（2020/2021财年）	64

资料来源：根据《加拿大2019/2020估算案》归纳整理而得，https：//www.canada.ca/content/dam/tbs – sct/documents/planned – government – spending/main – estimates/2019 – 20/me – bpd – eng.pdf，2019年8月15日。

由上文展示的预算案和估算案的结构和内容可以看出，加拿大联邦政府通过主动公开其预算文件为公众提供了丰富的财政预算信息，包括详细的经济假设、预算措施、多年度财政预测、多年度宏观经济预测、性别预算、借款计划、税收支出、政府支出计划、部门拨款计划等。与年度预算案一同公开的预算文件还包括：财政部长的预算讲话、预算案的背景资料和性别报告等。除预算文件之外，加拿大财政部还每年公开年度决算报告（Annual Financial Report）、联邦转移支付报告（Federal Transfers to Provinces and Territories）、债务管理战略（Debt Management Strategy）、债务管理报告（Department Management Report）、部门计划（Department Plan）、部门结果报告（Department Results Report）、税收支出报告（Tax Expenditure Reports）和收费报告（Fees Report），按月或季公开财政执行情况监督报告（Fiscal Monitor）、金额超过1万加元的合同（Contracts over $1 000）、金额超过2.5万加元的转移支付（Grants and Contribution Awards over $2500）、国际储备（Official International Reserves）、差旅和公务接待费（Travel and Hospitality Expenses）和财政季度报告（Quarterly Financial Reports）。此外，加拿大财政部还公开各部门的内部审计报告（Internal Audits）、外部审计报告（External Audits）和项目绩效评价报告（Evaluations）。加拿大政府通过主动公开各类财政预算文件，不断丰富细化其中的内容信息，让公众更充分地了解自己，不断地提高其财政预算公开透明度。

专栏12–1：预算公开的形式

　　加拿大各级政府预算经议会批准之后，采取多种方式公之于众。在加拿大的议会、财政厅，放有全套的政府预算文本，来客均可随意翻看，也可带走。同时，随着网络信息技术的发展，网络公开越来越成为预算公开的重要方式。相对于纸质媒介，电子网络的巨大空间，便于政府上传大容量的数据库和相关的分析报告，使相关的利益群体、研究机构和公众可以容易地获得更为全面的信息。加拿大各级政府网站为新预算草案设立了专用网页，内容包括加拿大各级政府将所有预算文件、支出估算、部门计划和部门结果报告全部在法律规定的时间内上网公布，使公民非常方便及时地浏览到联邦、省市政府预算情况，并可以清楚地了解各部门的使命、政策、职责、服务计划、所需资源与绩效结果等。有些政府专用网页除了英语之外，还提供其他语言的预算信息，如 BC 省包含 5 种不同语言（英语、法语、阿拉伯语、繁体中文、简体中文）的预算信息。

资料来源：本书根据加拿大各级政府预算网站信息归纳总结。

二、"三公"经费的公开

根据国库委员会发布的《关于差旅、公务接待、会议和活动支出的指令》（Directive on Travel, Hospitality, Conference and Event Expenditures），联邦部门或机构的差旅、招待或会议支出与支持该部门或机构的任务和政府优先事项的活动有关。除受《信息获取法》和《隐私法》保留的信息外，加拿大联邦政府实时公开其部门和机构的每一笔差旅、公务接待和会议支出，并发布关于这三项支出的年度报告。下文以加拿大财政部（Department of Finance Canada）公开的"三公"经费为例，说明加拿大"三公"经费公开的内容及其详细程度。

根据公开的加拿大财政部《差旅、公务接待和会议支出年度报告 2018/2019》（Annual Report on Travel, Hospitality and Conference Expenditures：2018/2019）可知，其不仅公开了三项支出数，还依据差旅的目的将差旅费进一步细化为经营活动、关键利益相关者、内部治理、培训和其他，并单独列出"部长及部长工作人员国际差旅费"的数据（参考表 12-4）。此外，还公开上一年的数据，以便与当年数据做对比。文字说明部分解释了各项支出增长或减少的原因。

表 12-4　　　　加拿大财政部"三公"经费支出　　　单位：1 000 加元

支出类别	2018/2019 财年支出	2017/2018 财年支出	差异
差旅			
业务活动	2 577	2 219	358
关键利益相关者	433	195	238
内部治理	76	9	67
培训	92	63	29
其他	6	8	-2
差旅费总计	3 184	2 494	690
公务接待费	147	130	17
会议费	28	29	-1
"三公"经费总计	3 359	2 653	706
部长及部长工作人员国际差旅费（包含在差旅费中）	281	238	42

资料来源：加拿大财政部《差旅、公务接待和会议支出年度报告 2018/2019》，https：//open.canada.ca/en/search/travela/reference/70e63969535a2b00ffe3138c987b26e5，2020 年 4 月 27 日。

第十二章 政府预算信息公开

加拿大财政部《差旅、公务接待和会议支出年度报告2018/2019》指出："与2017/2018财年相比，部门差旅支出增加69万加元，主要用于业务活动和主要利益相关者的差旅。该部门继续代表加拿大出席各种国际财政机构会议，但在澳大利亚和印度尼西亚等距离较远的地方，这导致成本高于2017/2018财年。由于咨询和接洽的增加，公务接待费较2017/2018财年增加了1.7万加元。此外，与2017/2018财年相比，财政部长及其工作人员的国际差旅支出增加了4.3万加元，支出的增加包括与财政部预算前的协商、预算后的发言以及国际义务有关的差旅费。"

此外，加拿大政府还在其"开放政府"网站主动公开各部门的每一笔差旅费和公务接待费信息[①]。网站上，可以依据部门或机构名称、年份、金额范围进行相应信息查询，数据实时更新。表12-5展示的是加拿大财政部于2020年2月发生的一笔差旅费支出，表12-6展示的是加拿大财政部于2019年12月发生的一笔公务接待费。依据其差旅费和公务接待费信息公开的内容，可知加拿大政府信息公开的内容已经非常细化。

表12-5　　　　　　　　差旅费信息公开

参考号码	T-2020-P11-0038
披露对象	高级职员或雇员
职位名称	副部长
姓名	Rochon, Paul
机构	加拿大财政部
出行目的	部长级会议简报
目的地	加拿大安大略省多伦多
飞机票	949.97加元
其他交通	35加元
住宿	269.12加元
餐饮和杂费	128.09加元
其他支出	12.43加元
总金额	1 394.61加元
出行开始日期	2020年2月13日
出行结束日期	2020年2月14日

资料来源：加拿大"开放政府"网站，https://open.canada.ca/en/search/travelq/reference/0da81e1c9b0b2f367e7e438063be3294，2020年4月27日。

---

① 差旅费和公务接待费公开网址：https://open.canada.ca/en/proactive-disclosure。

表 12-6　　　　　　　　公务接待费信息公开

参考号码	H-2020-P11-005
披露对象	高级职员或雇员
职位名称	联邦—省关系和社会政策司，副部长助理
姓名	Kovacevic, Michelle
机构	加拿大财政部
地点	加拿大安大略省渥太华
总金额	1 887.96 加元
描述	联邦、省和地区财政部长会议
开始日期	2019 年 12 月 16 日
结束日期	2019 年 12 月 17 日
出席者（加拿大政府雇员）	0
出席者（宾客）	15
业务招待中涉及的商业机构或公司	Beckta Dining and Wine Bar

资料来源：加拿大"开放政府"网站，https://open.canada.ca/en/search/hospitalityq/reference/50fa2414c8ccc06a61ee2b4425c326c3，2020 年 4 月 27 日。

第三节　预算过程的公开

一、预算编制环节：鼓励社会公众参与

加拿大政府在预算编制的过程中十分重视鼓励和吸引社会公众的参与，切实增强预算的民意基础，广泛地听取各个方面的意见和建议。从联邦政府来看，每年秋天，财政部长在各支出部门的协助下发布预算咨询文件，主要内容涵盖财政经济形势和政府预算政策目标，这标志着正式的预算前期磋商开始。之后财政部长向议会财政委员会、各省财政部门、利害关系人和公众广泛征询预算建议。在预算编制的过程中，无论是财政部，还是议会财政委员会，都广泛征求公众的意见。就议会财政委员会来说，会在政府提交预算案前，进行实地走访，以更多地了解不同社区的经济活动及其需求；在各地组织一系列由专家、利益集团和普通公众参与的公开听证会，听取意见；通过电子邮件或传真，广泛征集公众对预算的意见和建议。到年底，预算报告被分门别类地进行梳理后，财政委员会对收集到的各种意见和建议加以系统整理，形成专门报告，在报告中提出对政府编制预

算的具体意见和建议。根据咨询阶段的结果和议会建议，财政部长编制预算并提交议会审批。

省级和市政府也采取类似的预算公众磋商活动。如安大略省，除针对一些具体政策的专门公众咨询或磋商之外，每年预算编制前，财政厅都要在全省范围内组织预算磋商会议，普通公众和利益攸关方都可对全省预算提出自己的建议。安大略省新市在推进预算公开方面有一套成熟的做法①。为使辖区居民真正参与到预算编制中来，保证每个相关人员感到公开透明，市政府和财政部门采取许多有效措施，向居民说明预算安排面临的挑战、采取的创新型措施，以及公众参与预算的程序。一是采取问卷等形式征求居民对预算安排的基本意见，主要是项目的优先顺序和重点。根据居民反馈意见，政府制定愿景和总体绩效目标，以保证预算安排能够体现根本的民意。二是设计了一个"猪"形的储钱柜作为预算文件的标志，向公众表明，积累是为了未来。每周二公众在政府网站都可以看到这些信息。三是开设预算公开场所，制作宣传栏、摆放宣传材料、居民调查表等，居民可以在此对预算情况发表意见。有调查表明，参加者中 80% 认为是有帮助的，76% 的人同意新市政府的努力是可行的。四是政府编发预算小册子，发放到每一个家庭，使居民了解他们缴纳的税收用在了哪些方面。五是政府开辟专门的关于预算的固定网站，公布专门电话和邮箱，欢迎市民随时对预算提出自己的观点。六是召开财政新闻发布会，每月出一期电子版新闻，介绍预算工作和具体编制情况。七是确定预算开放日，由市长和财政管理部门人员介绍市政预算的基本情况、政府施政重点和主要服务措施，并将相关文件张贴在公共场所，接受公众的咨询和建议。

专栏 12-2：实行参与式预算管理，进一步扩大地方政府预算透明度

加拿大地方政府的参与式预算可分为三种类型：一是政府主导型，比较典型的有安大略省谷付市、温哥华市以及多伦多市社区住房公司等。二是非政府组织发起型，包括"民主观察"（公民公用事业委员会）、"国际参与式预算项目"以及安大略"卫生社区协会"。三是市民自发型，主要有"多伦多参与式预算网络"、安大略汉密尔顿的"市民议程"等。以政府主导型的安大略省谷付市参与式预算为例，该市位于安大略省南部，距多伦多市以西 100 公里，有 10 万人口。自 1999 年开始，谷付市采用参与式预算分配部分市政预算，在市政府有关部门的指导下，由社区组织分配用于社区项目的资金，包括休闲项目、青少年项目以及社区设施维修项目等。2001 年年底，谷付市启动了"科学的谷付市"公众咨询程序，旨在"建设一个富有生机的可持续社区"，以增进社区事务的民主、平等、透明和效率。1 100 名当地居民组成若干个小组负责 460 个支出项目，资金来源

---

① 新市是加拿大多伦多市约克区下属的 9 个县之一，面积 38 平方公里，人口 8.4 万人，在加拿大 179 个县中，排名第 15 位。

分别来自省政府、地区政府和市政府预算。资金分配过程分三个步骤：首先小组确定项目的优先顺序；其次小组代表向市政府提交项目建议；最后由市政府批准项目建议。在整个过程中，市政府部门工作人员起着重要的组织和协调作用，参与者的意见对预算的最终形成起到了决定性作用，体现了多数人的意愿。通过这种方式形成的预算，自然更大程度地体现了预算的公开与透明。

资料来源：李杰刚，徐卫，刘鹏，"加拿大政府预算透明度考察"，《经济研究参考》，2011 年第 50 期。

二、预算审批环节：议会工作公开

加拿大议会十分注重公开性和透明度，一直致力于采取多种方法让公众了解议会制度及其运作过程、法律制定程序、议员工作内容和议会工作进展等各方面情况。主要做法有：

（一）议事录和议会纪录

议员在全体会议上的所有发言都记载到议事录中。议事录由专门的工作人员记录，原话原录，只作个别文字编辑，不作实质内容的修改，议员个人也不能就自己的发言作实质性修改。安大略省议会还整理每日的会议纪要，包括当日会议议程、法案清单、主要辩论内容、议会委员会审议情况以及投票结果等。议事录和会议纪要是完全公开的，向公众免费发放，同时也登载在议会网站上。

（二）旁听和听证

联邦议会和省议会都是对外公开的，允许公众旁听全体会议和委员会会议。公民旁听全体会议时不能发言，旁听委员会会议时可以发言。为了充分听取公民的意见，加拿大议会正在审议的法案是对外公开的，而且规定听证是立法的必经程序，听证会可以在议会大厦内进行，也可以到听证人比较集中的地方进行。在听证会上，听证人可以自由发言，因人数限制未被邀请的公众可以提供书面意见。除极个别涉密内容外，听证会的所有文件都要对外公布。

（三）电视直播

加拿大有专门的有线议会频道，无偿全程直播议会活动情况。这个频道于 1992 年成立，1995 年正式命名为有线公众事务频道（the Cable PublicAffairs Channel，简称为 CPAC）。CPAC 不仅直播众议院辩论，报道参议院、议会委员会听证会、政府委员会会议、特殊事务调查等一系列公众事务，还注重开发自己制作的节目，如在选举期间，举办候选人之间的电视辩论。电视直播的内容也在互联网上播出。加拿大各省议会也有类似的免费电视频道，直播议会活动情况。

（四）议会网站

联邦议会和省议会都有专门的互联网网站，作为披露议会信息和加强与公众交流的重要平台。议员信息、议会文件、议事录、会议议题及日程安排、全体会议实况、委员会工作情况等内容都可以在网站上找到。同时，公民也可以通过网站向议会反映意见，这些意见会由工作人员送有关部门并负责答复公民。除互联网网站外，议会还设立了内联网，内容更加专业，方便议员和工作人员查阅资料和共享信息。加拿大议会对电子信息化工作十分重视，投入了大量人力、物力，比如联邦议会信息服务部就有工作人员650人，每年预算达6 000万加元。

具体到预算的审批过程，由财政部门提出预算方案，议会逐项讨论方案的内容，分步分项批准预算。这一过程的公开性表现在以下几个方面：（1）公众可以进入议会现场旁听。对公众来说，政府预算是关系自己钱包的大事，因此，积极主动去议会现场听会的公众很多。公众进入议会不需要事先报名登记，也不需要做特别的入口检查，出入随意。安大略省伦敦市议会室可以容纳60名观众，一般座无虚席。为了尽可能安排前来参会的公众，有时还需开放其他的会议室，利用多媒体观看现场直播。公众需要遵守议会室的规则，不可以交谈扰乱会议秩序，但可以鼓掌或举牌抗议。（2）通过网络和电视直播预算会议过程。加拿大比较大的城市的议会一般都安装有录像设备，议会开会期间可以在政府官方网站上同步观看整个会议过程，也可以在网站上观看回放记录。安大略省伦敦市曾经将议会批准预算的整个过程网上直播，还租用本地电视台的第13频道进行直播和重播。一些乡、镇、村政府的议会，由于缺乏录像设备，预算过程只能借助文字记录，然后以会议记录的形式公布在政府网站上。（3）媒体现场报道预算过程。加拿大地方媒体众多，如地方报纸、地方电视台等。政府预算是公众关心的大事，也是媒体关心的话题。媒体不仅报道预算内容，还报道议员们的细节，如谁迟到了，谁在会议期间离开了会场，哪位议员的态度如何，事无巨细。整个预算审批过程的公开不仅公开了政府工作的内容，也公开了议员们对待各项预算措施的态度。谁支持基础设施建设，谁支持提高社会服务水平，都清楚地呈现在公众面前。公开预算审批过程即意味着公开行政部门和议会博弈的过程。

三、预算执行环节：定期披露相关信息

在预算执行过程中，联邦和省级政府密切跟踪预算执行情况，以进展报告的形式定期向公众披露相关信息。联邦财政部发布财政执行月报，提供详细的阶段性预算执行情况，包括净债务、预算平衡、绩效目标实现情况等。联邦政府还要求各部门跟踪、监督、评价部门主要项目执行绩效，并定期向议会和公众披露。每个财年结束后，联邦财政部要发布年度财务报告，涵盖上一财政年度收支结果情况，并详细说明影响预期结果实现的原因。国库委员会秘书处编制整个联邦政府包含社会指标的绩效报告，各部门也要提交部门绩效报告。省级政府遵循相同原则，向议会和

公众发布季报和年报，披露财政运转状况和项目绩效信息。如安大略省，预算执行过程的公开透明通过一些公开报告实现，如省长的工作进展报告，各部门网站上公布的年度绩效计划、全省预算、支出估算、财政季度报告等。

第四节 预算公开的国际评价

一、国际预算合作组织（IBP）——《预算公开调查》

目前，比较有影响力的预算公开透明国际标准有三个：一是国际货币基金组织（IMF，International Monetary Fund）于1998年推出《财政透明度良好做法守则》（Code of Good Practices on Fiscal Transparency）；二是经济合作与发展组织（OECD）于2001年发布的《预算透明度最佳做法》（Best Practices for Transparency）；三是国际预算合作组织（IBP，the International Budget Partnership）于2006年发布的《预算公开调查》及《预算公开指数》。IMF发布的《财政透明度良好做法守则》是最早将各国在财政管理上透明公开的做法总结出来，并形成一部指导性的手册，为各国财政公开与透明确立了统一的原则，并提供了评价的基本依据。但它的财政透明度评估本质上是定性的，没有提供定量评估标准，也就没有对各国透明度进行评级。OECD的《预算透明度最佳做法》是在总结成员国经验基础上形成的，其目的是为成员国和非成员国提高预算透明度提供一个参考性工具。这些最佳做法是围绕各类具体的报告而设置，由于不同的国家有着不同的报告制度，关于透明度的侧重点也因此各不相同。但这些最佳做法只是基于不同成员国在各自领域中的经验累积，它同样没有提供一套普适的衡量预算透明度的指标。

1997年，美国以财政预算研究和监督以及扶贫为主旨的非政府组织——预算和政策优先序中心（Centre on Budget and Policy Priorities）成立了国际预算合作组织（IBP）。IBP认为预算是发展的核心，因为预算是政府用以满足社会需要，特别是弱势群体需要的最有力工具。当普通人可以有途径及时地接触全面的预算信息、有能力和机会参与预算过程时，政府管理效率可以得到提升并且贫困问题能够得到解决。因此，IBP致力于促进民间社团参与预算公开，从而使预算系统更加透明、更具公信力，并更能迎合贫困及低收入人群的需要。①

2006年，IBP发布世界上首个关于预算透明度和公信力的独立的、可比较的调查报告——《预算公开调查》（Open Budget Survey）。IBP主要采用问卷调查法对各个国家的预算公开情况进行了解和调查，调查问卷的问题主要涉及五个方面的情况：预算文件的公开性、行政预算草案的披露情况、其他主要预算文件的披露情况、预算监管的力度、预算过程中的公众参与。并使用前三部分的问题构成

---

① IBP官方网站：www.internationalbudget.org/。

预算公开指数（Open Budget Index）来衡量一个国家的预算透明度。《预算公开调查》报告每两年发布一次，覆盖的国家越来越多，从2006年59个增加到2017年115个。

IBP认为预算支出应当在预算文件中分别按照部门、按照支出的经济分类、按照支出的功能分类以及按照不同的项目进行列示；政府部门应当编制并公开的预算文件包括：预算前报告、预算草案、经立法机构审议的预算、公民预算、年内报告、年中审查、决算报告和审计报告。其中，值得关注的是公民预算，这是由IBP提出的一种特别的预算报告，是指专门编制的便于普通公众理解的预算报告，要求简单易懂但必须包含预算的所有关键信息。公民预算可以有效地消除公众理解预算报告内容的障碍，从实质上达到预算公开的目标。预算的公开还要满足全面性的要求，政府预算报告中不仅要披露该财政年度的预算收支计划，还应当披露政府债务情况（包括总规模、利率结构、债权结构等）、编制预算依据的宏观经济预测、新出台政策对预算收入的影响等非财务性的信息。

与IMF及OECD预算透明标准相比，《预算公开调查》及《预算公开指数》具有以下特点：第一，《预算公开调查》是独立性的民间社团专家进行的调研，而非政府官员或捐赠机构员工。第二，《预算公开调查》围绕着公众是否能查阅政府预算信息而进行评估。相反，其他调查通常围绕着政府出具预算信息的能力，它们并不检查该信息宣传的可得性、对象以及途径。第三，《预算公开调查》提出了一些问题，这些问题涉及公众参与预算的机会以及立法机关监督和最高审计机构。《预算公开调查》的局限性在于它重心在中央政府，不检查中央政府以下的各级政府是否提供信息。另外，这项调查考察信息的全面性，但并未对该信息的质量和可信度进行评价。

专栏12-3：《预算公开调查》与预算公开指数

《预算公开调查》反映了与公开财政管理有关的公认良方，所用的许多标准同多方组织制定的标准相类似，如IMF、OECD和国际最高审计机构组织。IBP的预算调查问卷共有123问题，其中91个问题是评估公众获取预算信息的情况，余下32问题涉及公众参与预算机会和政府重点监督机构让执行者担负公信力的能力有关的话题。答案得分经过平均处理，形成《预算公开指数》。通过对这些问题的问卷调查来评估一国政府公布的预算信息，多数问题是关于实践中发生的，而不是法律上要求的内容。填写问卷的研究者和发表评论的同行评论员都必须提供作答证据，或答案来源于某份预算文件、法律或其他公开文件、某政府官员的公开声明，或与某政府官员或其他知情方的面谈。预算公开指数满分为100分，根据调查，2008年各国预算透明度平均得分为39分，排名第一的英国为88分，排名最差的刚果、苏丹等为0分，中国预算透明度得分为14分。2017年中国的预算公开指数得分为13分，加拿大为71分。

资料来源：IBP官方网站：www.internationalbudget.org/。

二、加拿大的《预算公开调查2017》[①]

(一) 透明度 (预算公开指数)

借鉴国际货币基金组织 (IMF)、经济合作与发展组织 (OECD)、最高审计机构国际组织 (INTOSAI) 和全球财政透明度倡议 (GIFT) 等多边组织制定的国际公认标准,《预算公开调查 2017》使用 109 个同等权重的指标衡量预算透明度。这些指标评估中央政府是否及时向公众提供 8 项关键预算文件,以及这些文件是否全面而有用地提供预算信息。每个国家的综合得分 (100 分) 决定了其在预算公开指数上的排名,这是世界上唯一独立且可比较的预算透明度衡量指标。《预算公开调查 2017》的整个研究过程在 2016 年 8 月至 2018 年 1 月之间进行了大约 18 个月,涉及 115 个国家的大约 300 名专家。

依据《预算公开调查 2017》,加拿大 2017 年的预算公开指数为 71,与瑞典 (87)、挪威 (85)、美国 (77)、英国 (74)、法国 (74)、意大利 (73)、德国 (69)、葡萄牙 (66)、西班牙 (54) 等国家相比,处于中等偏下水平,但远超世界平均水平 (42) (参考图 12-1)。对于《预算公开调查 2017》评估的代表透明度的 8 个主要预算文件——预算前声明、行政预算草案、经批准的预算案、公民预算、年度内报告、年中回顾、年终报告和审计报告,加拿大除了公民预算未编制外,8 项中的其他 7 项均有编制并对公众公开,且符合国际标准的时间表 (参考表 12-7)。

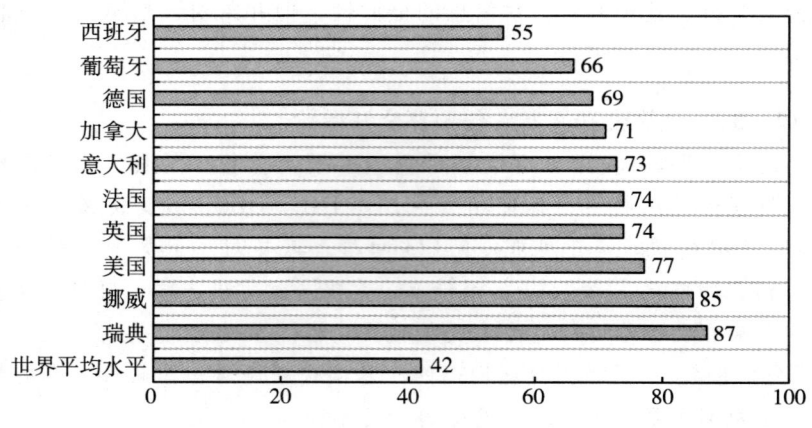

图 12-1 加拿大预算信息公开的国际比较

注:0~20 分表示预算公开不足;20~40 分表示预算公开最低限;40~60 分表示预算公开有限;60~80 分表示预算公开充分;80~100 表示预算公开广泛。

数据来源:加拿大 2017 年预算公开调查 (Canada Open Budgt Survey 2017)。

[①] 加拿大预算公开调查 2017, https://www.internationalbudget.org/wp-content/uploads/canada-open-budget-survey-2017-summary.pdf。

此外,《预算公开调查 2017》也对加拿大所公开的 7 项预算文件所提供信息的综合性及有用性进行了评估,得分最高的为经批准的预算案(83)和年终报告(83),得分最低的为行政预算草案(68 分)。由此可见,加拿大预算文件的公开度较高,且披露的信息能较好地满足公众的需求,整体来说,加拿大预算公开透明度较高。

表 12-7　加拿大向公众公开的预算文件(2017 年)

文件名称	是否向公众公开	文件所提供信息的综合性和有用性(100 分)
预算前声明	是	78
行政预算草案	是	68
经批准的预算案	是	83
公民预算	否,未编制	—
年度内报告	是	78
年中回顾	是	71
年终报告	是	83
审计报告	是	81

资料来源:加拿大 2017 年预算公开调查(Canada Open Budgt Survey 2017),https://www.internationalbudget.org/wp-content/uploads/canada-open-budget-survey-2017-summary.pdf,2019 年 8 月 28 日。

《预算公开调查 2017》建议加拿大应优先采取以下行动以进一步提高预算透明度:(1)编制并发布公民预算;(2)参照国际标准,对支出按照职能和经济性质进行分类,并在行政预算草案中,为多年支出概算提供更详细的资料;(3)在行政预算草案中,提供更多有关政府债务和财政长期可持续的资料;(4)增加年度报告和年中回顾中提供的信息。

专栏 12-4:关键的预算文件

《预算公开调查 2017》对所评估的 8 项关键的预算文件进行了说明:

预算前声明:在行政预算草案之前,预先披露财政政策的宏观参数;概述政府的经济预测,预期收入、支出和债务。

行政预算草案:由行政长官提交立法机关批准;详细说明收入来源,各部门的预算拨款,拟议的政策变化和有助于了解国家财政状况的其他重要信息。

经批准的预算案:经立法机关批准的预算案。

公民预算:一个更简单和更直白的政府预算案版本,旨在向公众传达关键信息。

年度内报告:包括实际收入、实际支出及在不同期间发生的债务等信息;按季或按月发布。

年中回顾:在财政年度中期,对预算执行情况进行全面更新;包括对经济假设的回顾和更新预算结果预测。

年终报告：描述财政年度末时政府账户的情况，对预算政策目标的实现情况进行评估。

审计报告：由最高审计机构出具，审查政府年终账目的可靠性和完整性。

资料来源：加拿大2017年预算公开调查（Canada Open Budgt Survey 2017）。

（二）公众参与度

仅仅依靠透明度衡量约束政府预算行为还不足以改善治理状况，公众参与预算对于实现和提高预算透明有着至关重要的作用。为衡量公众参与度，《预算公开调查》评估政府为公众参与预算过程提供机会的程度。行政部门、立法机构和最高审计机构应在整个预算周期内为公众提供参与机会。如图12-2所示，加拿大的公众参与程度在满分为100分的调查中得到了39分。虽然这一得分仅次于英国（57分），远高于世界平均水平（12分），但这仍表明加拿大为公众参与预算过程提供的机会较少。① 此外，在行政部门、立法机构和最高审计机构之间，立法机构提供了较多的机会让公众参与预算的审批，而行政部门和最高审计机构给予公众参与的机会则较少，公众更难参与预算的编制及审计过程（参考图12-3）。

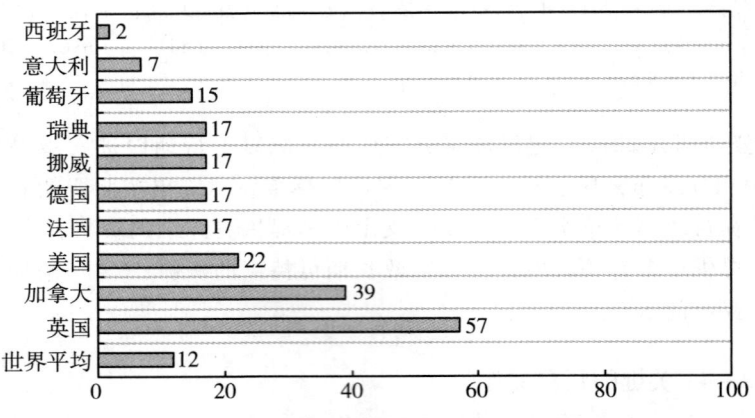

图12-2 加拿大预算公众参与度的国际比较

注：0~40表示公众参与较少，40~60表示公众参与有限，60~100表示公众参与充足。
数据来源：加拿大2017年预算公开调查（Canada Open Budgt Survey 2017）。

《预算公开调查2017》建议加拿大优先采取下列措施以促进公众参与预算过程：（1）为公众提供监测国家预算执行情况的试点机制；（2）就审计报告举行立法听证会，公众或民间社会组织成员可以参与听证；（3）建立公众参与相关审计调查的正式机制。

---

① 此次，对《预算公开调查2017》中评估公众参与程度的问题进行了修订，以使其与全球财政透明度倡议（Global Initiative for Fiscal Transparency）关于公众参与的新原则保持一致，该原则现在成为公众参与国家预算过程的普遍公认准则。因此，《预算公开调查2017》中关于预算公众参与程度的数据不能直接与早期版本的数据进行比较。

第十二章　政府预算信息公开

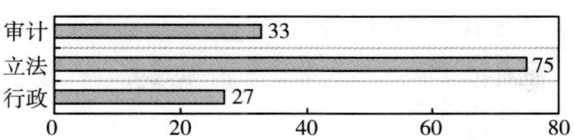

图 12-3　加拿大不同机构提供的公众参与机会

注：0~40 表示公众参与较少，40~60 表示公众参与有限，60~100 表示公众参与充足。
数据来源：加拿大 2017 年预算公开调查（Canada Open Budgt Survey 2017）。

（三）预算监督（立法和审计）

《预算公开调查》考察了加拿大的立法机构、最高审计机构和独立的财政机构在预算过程中发挥的作用以及它们能够对预算实施有效监督的程度。这些机构依据宪法或法律的规定，在制定预算和监督预算执行过程中扮演着重要角色。根据图 12-4 可知，加拿大立法机关在整个预算周期内实施的监督有限。其中，立法机关在预算周期的编制阶段提供了薄弱的监督（29 分），但在预算周期的执行阶段提供了足够的监督（80 分）。加拿大立法监督的不足表现为：（1）没有在预算年度开始前两个月向立法者提供行政预算草案；（2）行政预算草案在预算年度开始之前未获得立法机构的批准；（3）立法委员会未对年度预算执行情况进行审查。

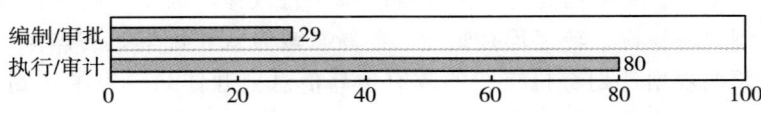

图 12-4　加拿大立法机构提供的预算监督

注：0~40 表示监督力度较弱，40~60 表示监督力度有限，60~100 表示监督力度较强。
数据来源：加拿大 2017 年预算公开调查（Canada Open Budgt Survey 2017）。

加拿大最高审计机关实施了适当的预算监督（72 分）。根据法律，它有充分的酌情权进行审计。此外，最高审计机构有足够的资源来履行其职责，但其审计程序不由独立机构审查。最后，该机构的负责人是由立法机关或司法机关任命的，但可以不经立法或司法批准而取消，这导致了对其独立性的质疑。

在改善监管方面，《预算公开调查 2017》建议政府应保证在预算年度开始前至少两个月向立法者提供行政预算草案，并使预算草案和主要估算更好地联系起来。此外，确保立法委员会在年度预算执行中进行审查，并公布其结果和建议的报告。最后，要确保审计报告在预算年度结束后六个月内或更短的时间内公布，这有助于立法者在新预算投票前仔细审查前一年的成果。

专栏 12-5：独立财政机构实施的监督

加拿大议会预算办公室是独立的财政机构（Independent Fiscal Institution，IFI）。它的独立性是法律规定的，它向立法机关报告。它公布了对国家财政状况、政府开支计划、经济趋势以及议会管辖范围内选定提案的成本估算的分析。虽然 IFIS 在全球尚未普及，但它们越来越被视为独立、无党派信息的重要来源。IFIS 采取多种不同的制度形式。常见的例子包括议会预算办公室和财政委员会。

资料来源：加拿大 2017 年预算公开调查（Canada Open Budgt Survey 2017）。

第五节　对我国预算信息公开的启示

一、构建预算公开的顶层制度设计

预算公开既是政府重要的公共服务基本职责，又是科学行政、民主理财的重要手段。促进预算公开对于提高行政效率、降低行政成本、约束政府行为和反腐倡廉具有重大意义。我国与加拿大政府预算公开的一个最大的差别在于：预算管理所提供的条件不同。加拿大自 20 世纪 80 年代以来，在预算管理不断完善的过程中循序渐进的推动预算公开。而我国是在预算改革急速推进的过程中启动预算公开。也就是说，我国是在预算管理还并不是很完善的条件下来推动预算公开。因此，顶层的制度设计尤为重要，必须构建与政治体制改革、行政体制改革、财政体制改革相适应，与服务型政府建设、转变政府职能、创新行政方式相配套，与国家、地方经济社会发展中长期规划计划有机统一的政府预算信息公开体系。为了达到上述目的，政府预算公开制度体系的设计必须围绕重构财政责任来展开，必须明确预算公开的目的及所要达到的效果。因此，所公布的信息不能仅仅满足把政府的账本晒出来这个简单的目的，更重要的是，这个晒出的账本必须能够提供以下信息：（1）政府做了哪些事？（2）政府为什么要做这些事？（3）政府如何筹集财政资金来做这些事？（4）政府做这些事的效果怎么样？

二、增加预算及相关文件的公开

预算文件是预算公开的重要内容，包含了政府的规模、结构以及政府如何使用公共资金的全部信息。因此，预算文件公开的完整性和详细性是公众及其代表获得政府财政预算信息的重要保障，也是现代财政制度的重要标志。但目前我国各级政府公开的预算文件尚不完整，也不够详细。表现在仅仅重视对"预算报告"和"决算报告"的公开，并没有编制或公开预算前声明、行政预算草案、年中报告和公民预算报告。此外，也没有编制或公开其他预算相关文件，如财政转移支付报告、部门计划报告、部门绩效报告、政府债务管理报告等。

即使是已经公开的预算文件，包括"预算报告""年内报告""决算报告"和"审计报告"，与加拿大相比，我国也还存在较大差距，主要表现为预算报告比较粗糙。例如，作为国家收支计划，一份合格的预算可以体现国家对经济的预期及政策

第十二章　政府预算信息公开

倾向，但我国的预算文件中对经济计划与财政政策的表述还不够细致，"决算报告"中也没有将对于经济的预期与实际情况进行比较。而加拿大在预算报告中就宏观经济政策等给出详细的说明，使预算能够更好地指导经济的发展。我国各级政府应编制、公开更完整、详细的预算文件，为政府履责和公众及其代表问责提供充分的信息。此外，我国应学习加拿大，逐步开始编制各部门的计划和优先事项报告、绩效报告，逐步编制完善中央政府的财政可持续报告、长期预测报告、月度监控报告、政府财务报告、税式支出报告、债务报告等一系列预算相关文件，使预算编制有雄厚的数据和事实支撑。

三、加强对预算过程的公开

目前，我国预算公开主要关注对预决算报告的公开，虽然一些地方政府如浙江温岭、河南焦作、江苏无锡、上海闵行等也在积极探索让公众参与到预算的编制或审批过程中来，但总体来说，我国对预算编制、审批和执行过程的公开仍然很不足。下一步，我国应积极推进预算过程中的公众参与，以全面提高我国预算公开透明度。

具体来说，在预算编制阶段，建立预算协商参与机制以提高公众的参与度。政府可以在编制预算方案之时，对影响公众切身利益的重大问题，通过大众媒体、热门报纸、电视和互联网征求社会各界的意见，召开专家会论证预算项目的可行性。在重大项目决策前寻求公众和专家的意见，一方面使公众事先知晓预算资源配置计划和安排，为公众真正参与到预算辩论之中打好基础；另一方面可以充分发挥专家的作用，做出更科学合理的预算计划，从而提升预算编制的水平及质量。在预算审批阶段，加入听证程序。听证机制是比较科学合理的公开形式，是公民有效监督的可行途径，它在增加政府预算透明度的同时，也在政府和民众二者间搭起了沟通的桥梁，为民众影响、参与预算决策打通了阻碍，让民众亲身参与到预算辩论中来，使民众的意见和观点得到有效表达，也让公民切实了解政府供给公共服务的水平及能力。在预算执行阶段，构建公众预算监督机制，监督政府或部门财政支出的使用方向及使用效率，以促公开的方式达到提高财政绩效的目的。

参 考 文 献

［1］Audit of CIHR's Management, Resources and Results Structures ［EB/OL］, http：//www.cihr－irsc.gc.ca/e/46435.html#fnb1.

［2］Canada Treasury Board (2000), Results for Canadians: A Management Framework for the Government of Canada ［EB/OL］, http：//publications.gc.ca/site/fra/374081/publication.html.

［3］Christopher Hood (1991), A Public Management for all Seasons. Public Administration, Vol.69, No.1.

［4］Christopher Pollitt (1990), Managerialism and the Public Services: The Anglo－American Experience. Oxford: Basil Blackwell.

［5］Directive on Accounting Standards: Introduction－Government of Canada Accounting Handbook ［EB/OL］, https：//www.tbs－sct.gc.ca/pol/doc－eng.aspx? id＝32509#.

［6］G. Jan Van Helden (2005), Researching Public Sector Transformation: The Role of Management Accounting. Financial Accountability & Management, Volume 21, Issue 1.

［7］Humbreto Petrei (1998). Budget and Control: Reforming the Public Sector in Latin America. Johns Hopkins University Press, Washington, D.C..

［8］IMF (2007), Code of Good Practices on Fiscal Transparency ［EB/OL］. http：//www.imf.org/external/np/pp/2007/eng/051507C.pdf.

［9］IMF (2014), Budget Institutions in G－20 Countries—Country Evaluations ［R］. Washington, D.C., 2014.

［10］Jane Broadbent, James Guthrie (1992), Changes in the Public Sector: A Review of Recent "Alternative" Accounting Research. Accounting, Auditing & Accountability Journal, Vol.5, No.2.

［11］James O'Conor (1973), The Fiscal Crisis of the State, Saint Matins Press, New York.

［12］June Pallot (1992), Elements of a Theoretical Framework for Public Sector Accounting, Accounting, Auditing &Accountability Journal, Vol.5, No.1.

［13］Kelly Joanne (2000). Budgeting and Program Review in Canada 1994－2000, Australian Journal of Public Administration, Vol.59, No.3.

[14] M. Peter van der Hoek (2005), From Cash to Accrual Budgeting and Accounting in the Public Sector: The Dutch Experience, Public Budgeting & Finance, Vol. 25, No. 1.

[15] Management Accountability Framework [EB/OL], https://www.canada.ca/en/treasury-board-secretariat/services/management-accountability-framework.html.

[16] Management Accountability Framework - Assessment Process [EB/OL], https://www.canada.ca/en/treasury-board-secretariat/services/management-accountability-framework/assessment-process.html.

[17] Management Accountability Framework - Methodologies [EB/OL], https://www.canada.ca/en/treasury-board-secretariat/services/management-accountability-framework/maf-methodologies.html.

[18] Michael Barzelay (1993), Breaking Through Bureaucracy: A New Vision for Managing in Government, The American Political Science Review, Vol. 87, No. 3.

[19] Policy on Management, Resources and Results Structures [EB/OL], http://www.tbs-sct.gc.ca/pol/doc-eng.aspx?id=18218.

[20] Results for Canadians: A Management Framwork for the Government of Canada [EB/OL], http://www.tbs-sct.gc.ca/report/res_can/rc02-eng.asp.

[21] Richard Laughlin (1991), Can the Information Systems for the NHS Internal Market Work?, Public Money and Management, Vol. 11. No. 3.

[22] Russell, p. and Sherer, M. (1991), Further Discourse on the 'Thatcherisation' of the UK: Illustrations of New Accounting (s) and Control (s) in the State Sector, Proceedings of the Third Interdisciplinary Perspectives on Accounting Conference, University of Manchester.

[23] Supply Manual [EB/OL], https://buyandsell.gc.ca/policy-and-guidelines/supply-manual.

[24] 安立伟. 美日加澳四国地方政府债务管理做法对我国的启示 [J]. 经济研究参考, 2012 (55).

[25] 财政部《财政制度国际比较》课题组. 加拿大财政制度 [M]. 北京: 中国财政经济出版社, 1999.

[26] 财政部国库司. 美国、加拿大政府债务管理及债券市场监管考察报告 [EB/OL], http://gks.mof.gov.cn/zhengfuxinxi/guojijiejian/200806/t20080620_47556.html.

[27] 财政部国库司政府财务报告制度考察团. 美国、加拿大政府财务报告制度考察报告 [J]. 预算管理与会计, 2010 (7).

[28] 财政部国库司政府财务报告制度考察团. 美国、加拿大政府财务报告制度考察报告（续）[J]. 预算管理与会计, 2010 (8).

[29] 财政部国际财金合作司. 加拿大政府部门预算支出和资产管理情况介绍 [EB/OL], http://www.mof.gov.cn/mofhome/guojisi/pindaoliebiao/cjgj/201309/t20130

927_994352. html.

［30］财政部国际财金合作司. 美国、加拿大国库支付电子化管理［EB/OL］, http：//www. mof. gov. cn/mofhome/guojisi/pindaoliebiao/cjgj/201406/t20140611_1097505. html.

［31］财政部会计司. 欧洲政府会计与预算改革［M］. 大连：东北财经大学出版社，2005.

［32］财政部会计司. 政府会计研究报告［M］. 大连：东北财经大学出版社，2005.

［33］财政部《税收制度国际比较》课题组. 加拿大税制［M］. 北京：中国财政经济出版社，2000.

［34］财政部预算司. 预算管理国际经验透视［M］. 北京：中国财政经济出版社，2003.

［35］财政部预算司考察团. 美国、加拿大州（省）、地方政府债务情况考察报告［J］. 财政研究，2010（2）.

［36］财政部预算司. OECD 国家预算改革新进展及泰国预算改革［EB/OL］, http：//yss. mof. gov. cn/zhengwuxinxi/guojijiejian/200810/t20081029_85913. html.

［37］财政部预算司. 加拿大的权责发生制改革［EB/OL］, http：//yss. mof. gov. cn/zhengwuxinxi/guojijiejian/200809/t20080922_76983. html.

［38］曹远剑. 加拿大议会预算审查监督一瞥［EB/OL］, http：//www. jsrd. gov. cn/rmyql/2008/200805/16/200901/t20090108_38564. htmlhttp：//china.

［39］陈学安. 加拿大政府会计改革及对我们的启示［J］. 中国财政，2005（12）.

［40］程北南. 加拿大政府绩效评价制度及其启示［J］. 上海金融学院学报，2013（3）.

［41］丁锐. 政府会计基础比较研究与启示［J］. 商业会计，2012（24）.

［42］范博超. 加拿大省政府债务管理的经验［J］. 中国财政，2017（10）.

［43］方美佳. 美加两国财政预算准备技术的借鉴与思考［J］. 上海财税，1996（1）.

［44］顾群. 我国中央部门预算编制改革研究［D］. 中央民族大学，2005.

［45］贺邦静. 国外财政监督借鉴［M］. 北京：经济科学出版社，2008.

［46］何力. 加拿大税收征管体制及对我国的启示［J］. 税务研究，1995（7）.

［47］胡溪阳. 各国政府预算公开化对比研究以及对我国影响分析［J］. 经营者，2013（5）.

［48］加拿大财政部网站：http：//www. fin. gc. ca/access/fedprov - eng. asp.

［49］加拿大国库署秘书处网站（Treasury Board of Canada Secretariat），https：//www. canada. ca/en/treasury - board - secretariat. html.

［50］加拿大联邦政府公共工程和政府服务部官网（Public Services and Procurement Canada）：http：//www. tpsgc - pwgsc. gc. ca/comm/index - eng. html.

[51] 加拿大联邦政府官网：https：//www.canada.ca/en.html.

[52] 加拿大预算网站：https：//www.budget.gc.ca.

[53] 孔龙，徐在起. 我国政府会计引入权责发生制会计基础的思考［J］. 财会研究，2009（6）.

[54] 蓝菲，敖丽峰. 加拿大国债市场现状［J］. 决策借鉴，1994（3）.

[55] 李春阁. 政府信息公开的动力机制研究［D］. 吉林大学，2011.

[56] 李春燕. 部门预算问题研究［D］. 浙江大学，2004.

[57] 李店标. 当代加拿大参议院立法程序［J］. 人大研究，2016（2）.

[58] 李海，王奇. 加拿大国库现金管理经验介绍及启示［J］. 金融会计，2010（3）.

[59] 李季泽. 国家审计法理研究［D］. 中国社会科学院研究生院，2002.

[60] 李杰刚，徐卫，刘鹏. 加拿大政府预算透明度考察［J］. 经济研究参考，2011（50）.

[61] 李建发. 政府财务报告研究［M］. 厦门：厦门大学出版社，2006.

[62] 李萍. 地方政府债务管理：国际比较与借鉴［M］. 北京：中国财政经济出版社，2009.

[63] 李世初. 我国政府会计引入权责发生制的思考［J］. 当代会计，2015（6）.

[64] 廖晓军等. 国外政府预算管理概览［M］. 北京：经济科学出版社，2016.

[65] 林忠华. 国外绩效审计及其启示［J］. 预算管理与会计，2016（1）.

[66] 刘翠微. 加拿大联邦政府预算报告分析及借鉴［J］. 财政科学，2018（9）.

[67] 刘连环. 发达国家政府会计改革对我国的启示［J］. 公共经济与政策研究，2014（1）.

[68] 刘晓嵘. 我国中期财政规划实施情况、困境及对策［J］. 地方财政研究，2018（7）.

[69] 刘谊，廖莹毅. 权责发生制预算会计改革：OECD 国家的经验和启示［J］. 会计研究，2004（7）.

[70] 娄洪，李春阳. 经合组织国家社会性别预算实践及经验［J］. 预算管理与会计，2018（10）.

[71] 楼继伟. 政府预算与会计的未来——权责发生制改革纵览与探索［M］. 北京：中国财政经济出版社，2002.

[72] 吕志胜. 加拿大财政管理体制考察报告［J］. 经济社会体制比较，2001（3）.

[73] 马剑锋. 加拿大地方财政管理与借鉴［J］. 山西财税，2007（2）.

[74] 马国强. 加拿大财政制度［M］. 北京：中国财政经济出版社，1999.

[75] 马骏，赵早早. 公共预算：比较研究［M］. 北京：中央编译出版社，2011.

[76] 么冬梅. 中外政府会计的比较研究［J］. 学习与探索，2006（03）.

[77] 孟久儿. 预算透明度国际标准体系比较与启示［J］. 理论与现代化，

2014（2）.

［78］牛淑珍. 中外国债市场的比较［J］. 地质技术经济管理，2000（1）.

［79］欧阳宗书，狄恺，张娟，等. 美国、加拿大政府会计改革的有关情况及启示［J］. 会计研究，2013（11）.

［80］漆亮亮. 加拿大的国债管理制度简介［J］. 中国财政，1999（2）.

［81］戚振东，吴清华. 政府绩效审计：国际演进及启示［J］. 会计研究，2008（2）.

［82］求知. 加拿大的政府会计改革［J］. 预算管理与会计，2005（5）.

［83］全国人大机关预算工作委员会调研室. 国外预算管理考察报告（第二辑）［M］. 北京：中国民主法制出版社，2010.

［84］全国哲学社会科学规划办公室. 公共预算. 比较研究［M］. 北京：中央编译出版社，2011.

［85］任岩. 加拿大的信息公开制度［J］. 中国人大，2009（8）.

［86］石颖. 加拿大国库现金管理对我国的借鉴与启示［J］. 新产经，2018（5）.

［87］汤坤. 政府预算绩效管理改革研究［D］. 安徽财经大学，2014.

［88］万春梅. 加拿大财政预算编制简介与启示［J］，湖北财税（理论版），2009（1）.

［89］王保安，欧文汉，卜祥来等. 加拿大财政支出预算编制与管理的做法和启示［J］. 预算管理与会计，2000（5）.

［90］王春华，张楠，张军. 加拿大综合审计对我国绩效审计服务国家治理的借鉴［J］. 生产力研究，2013（7）.

［91］王椿元，杨心葵. 加拿大联邦预算决策程序及借鉴［J］. 财政研究，2008（3）.

［92］王加林. 发达国家预算管理与我国预算管理改革的实践［M］. 北京：中国财政经济出版社，2006.

［93］王瑞贺，焦亚尼，蔡晨风，杨宝珍. 加拿大议会［M］. 北京：中国财政经济出版社，2005.

［94］王珊珊. 美国、加拿大、澳大利亚地方政府债务融资国际比较研究［J］. 经济研究参考，2017（44）.

［95］王胜华. 典型国家财政支出绩效评价经验借鉴与启示［J］. 财政科学，2018（6）.

［96］武玉坤，黄丽. 加拿大绩效预算改革研究［J］. 江苏师范大学学报（哲学社会科学版），2019（7）.

［97］夏艳华. 加拿大政府间转移支付制度及借鉴［J］. 中国财政，2012（12）.

［98］信春霞. 加拿大预算实践简介［J］. 上海财税，2001（6）.

［99］徐永胜，徐揆. 加拿大公共预算管理和监督的特点及其启示［J］. 财政

研究，2007（12）.

［100］薛军，闻勇. 地方政府债务管理的国外借鉴［J］. 党政视野，2015（4）.

［101］严华惠. 加拿大国债市场分析和借鉴［J］. 西南财会，2002（12）.

［102］闫晓燕，徐卫. OECD国家预算编制新模式［J］. 中国财政，2009（6）.

［103］杨春荣. 加拿大政府信息公开制度研究［D］. 西南政法大学，2012.

［104］杨丹华，张郧. 加拿大联邦政府采购的做法及启示［J］. 中国政府采购，2008（8）.

［105］杨婷婷. 我国地方政府债务风险管理研究［D］. 中央党校（国家行政学院），2019.

［106］杨雅琴. 我国中期预算改革基本方向与国际借鉴——来自加拿大British Columbia省的经验［J］. 地方财政研究，2015（3）.

［107］杨雅琴. 我国政府间事权与支出责任划分在思考——基于对加拿大财政联邦主义制度安排的分析［J］. 地方财政研究，2015（5）.

［108］杨雅琴. 中国与美国及加拿大财政体制比较［J］. 上海经济研究，2017（2）.

［109］殷君兰. 加拿大绩效审计对我国的借鉴［J］. 中国审计，2009（18）.

［110］余可平. 当代各国政治体制——加拿大［M］. 兰州：兰州大学出版社，1998.

［111］赵永旺，刘文卿，石桂华，孙士和，陈璐璐，田红梅. 美国、加拿大国库支付电子化管理及启示［J］. 中国财政，2013（22）.

［112］张璇. 国外财政支出绩效评价理论发展与实践探索［J］. 中国经贸导刊（中），2018（32）.

［113］张雪芬. 政府会计发展与对策［M］. 北京：中国时代经济出版社，2006.

［114］张曾莲. 国际公共部门会计准则的制定历程和趋势［J］. 中国管理信息化，2011（4）.

［115］郑国栋. 浅谈加拿大地方政府的预算公开［J］. 楚雄师范学院学报，2016（1）.

［116］周诗韵. 政府综合财务报告制度国际比较与完善［J］. 现代商贸工业，2016（15）.

［117］中国总会计师. 美国、加拿大政府会计一瞥［J］. 中国总会计师，2014（05）.

［118］朱岩. 加拿大的国债市场管理［J］. 中国财政，2010（21）.